北京联合大学“十二五”规划教材

21世纪经济与管理精编教材·金融学系列

金融学

Principles of Finance

房 燕◎主 编

北京大学出版社
PEKING UNIVERSITY PRESS

图书在版编目(CIP)数据

金融学/房燕主编．—北京：北京大学出版社，2016.7
（21世纪经济与管理精编教材·金融学系列）
ISBN 978-7-301-26563-5

Ⅰ.①金…　Ⅱ.①房…　Ⅲ.①金融学—高等学校—教材　Ⅳ.①F830

中国版本图书馆CIP数据核字（2015）第276004号

书　　名	金融学 Jinrongxue
著作责任者	房　燕　主编
责任编辑	张　燕
标准书号	ISBN 978-7-301-26563-5
出版发行	北京大学出版社
地　　址	北京市海淀区成府路205号　100871
网　　址	http://www.pup.cn
电子信箱	em@pup.cn　QQ：552063295
电　　话	邮购部62752015　发行部62750672　编辑部62752926
印 刷 者	北京大学印刷厂
经 销 者	新华书店
	787毫米×1092毫米　16开本　15.5印张　377千字 2016年7月第1版　2016年7月第1次印刷
定　　价	35.00元

前 言

金融业是现代经济中最具魅力、最富变化的热门行业。种类纷繁的金融资产为人们提供了众多的投资与融资工具；发达的金融市场为金融投机者提供了无穷的发财致富机遇，也为资金需求者提供了“取之不尽，用之不竭”的金融资源；而金融泡沫、金融风险和金融危机也使无数人的美梦破灭，甚至倾家荡产。金融的无限魅力和无穷变幻更使金融蒙上了神秘的光环。众多的金融参与者和研究者为揭示这些金融秘密进行了大量的探索，并取得了许多推动金融理论和实践迅速发展的优秀成果。金融学成为现代经济学中最热门的学科。

金融学是高等院校经济类专业的核心课程，也是金融专业的基础理论课程。本课程的主要任务是使学生对货币金融方面的基础理论有较全面的理解和较完整的认识，掌握观察和分析金融问题的正确方法，培养辨析金融理论和解决金融实际问题的基本能力，为今后学习金融学的专业知识和理解金融业的基本现象打下良好的基础。

本书的前身是2008年8月出版的《货币银行学》。为了适应当前我国金融业改革和高等教育人才培养模式改革的需要，本书在之前版本的基础之上进行了修订，以充分反映人才培养模式、教学改革最新趋势及教学改革成果，并结合编者多年的教学经验，对内容和体例作了独特的设计。目前市场上关于金融学的教材很多，与之相比，本书在设计及编写过程中，力求在理论和实践的结合上有所创新，注重基础性、时效性和实用性；在表达形式上具有一定的特色，做到内容编排上繁简适当，论述与分析难易适度，章节安排清晰合理。本书有以下几方面的特点：

（1）反映经济金融改革的新变化。在介绍金融学基本原理、基本知识和基本方法的基础上，力求反映当前金融领域的理论知识和实践变化，增强教学内容的时效性。

（2）立意新颖。突破了以往单纯从货币制度、货币政策及金融中介等方面介绍货币银行学的模式，重在从不同层次和角度，多维立体地进行分析。

（3）体系架构完整，内容精心编排。本教材在编写时以包含不同内容的模块为一篇，注重各篇内容的独立性及其相互之间的衔接；编写体例上增设“案例阅读”。

（4）实现电子课件与纸质教材的有机结合。从不同角度、不同层次，为教学提供整体解决方案，以纸质教材为基础，依托网络学堂，加强多媒体教学资源的建设，促进教学改革，提升教学效果。

本书由北京联合大学管理学院房燕主编，由北京联合大学管理学院多位教师参编。具体分工如下：第一、七、十二章由邢秀芹编写，第二、三章由陈岩编写，第四章由苏艳芝编写，第五、八、十三、十四章由房燕编写，第六、九、十、十一章由张峰编写，全书由房燕拟订编写大纲并最后总纂定稿。

本书适合作为财经类、管理类和金融类专业学生“货币银行学”“货币金融学”“金融学”等课程的教材，也可作为从业人员了解金融业基础知识的参考资料。

本书受北京联合大学规划教材项目资助。本书在编写和出版过程中得到了北京大学出版社的大力支持和责任编辑张燕女士的精心指导，同时也得到了北京联合大学管理学院老师的大力支持和关心，他们的努力使本书增色不少，在此一并向他们表示诚挚的感谢！

由于编者所学有限及时间仓促，加之金融学是一门处在发展中的学科，书中难免有纰漏和不尽如人意之处，敬请读者不吝指正，以便编者对本书的体系、内容和阐述不断加以改进。

房　燕

2016 年 1 月于北京联合大学

目 录

第一章　货币与货币制度

学习目标：

- 了解货币产生和发展的历史，掌握现代货币形式；
- 理解和掌握货币的职能；
- 掌握货币制度的演进及构成要素；
- 熟悉人民币制度的内容。

第一节　货币的出现与货币形式的演进

一、货币的出现

货币是充当一般等价物的特殊商品，这是反映货币本质的概念。从这一概念表述中可知，货币首先是商品，但它又不是一般的商品，而是特殊商品，它的特殊性表现在什么地方呢？这需要我们从货币产生的过程中去寻找答案。

从历史资料的记载可以看出，货币的出现是和交换联系在一起的。历史上曾经有许多东西充当过货币，不同的经济交易或不同的历史时期使用过不同的支付手段。对于货币的起源，世界上第一个给予科学回答的是马克思。马克思从分析商品交换的发展及其有关的大量历史材料中得出科学论断："货币的根源在于商品本身"，即货币起源于商品。

商品是为交换而生产的劳动产品，具有使用价值和价值双重属性，从而也就具有两种表现形式：使用价值的表现形式，即商品的自然形式；价值的表现形式，即它只有在和其他商品相互交换时才能表现出来，并在其他商品上相对地表现出来。比如，一只羊与两把石斧相交换，羊的价值便表现出来，具体表现就是两把石斧；两把石斧则成为表现羊的价值材料，成为羊的等价物。在交换不断发展的进程中，逐渐出现了作为其他一切商品价值的表现形式，或者说作为其他一切商品等价物的商品，这种商品就是货币。

在漫长的历史进程中，随着交换的不断发展，价值形式经历了一个由低级到高级，从简单到复杂的历史发展过程，先后经历了四个发展阶段，即简单的、偶然的价值形式，扩大的价值形式，一般价值形式和货币价值形式。

（一）简单的、偶然的价值形式

在原始社会末期，由于当时的生产力水平低下，人们生产的产品有时甚至连自己的需要都不能满足，很少会有剩余产品用于交换，只是在维持其生活必需以外，偶尔有少量剩余产品。于是，在两个部落之间产生了偶然进行的交换。此时交换价值还没有取得独立的自由形态。与这种物物交换相适应，就产生了简单的、偶然的价值形式——一种商品的价值偶然地以另一种商品来表现的价值形式，它是价值形式发展过程中的原始阶段。例如：

1 只绵羊 =2 把石斧

在简单价值形式表现中，两端的商品处于不同的地位，起着不同的作用。等式左边的绵羊起着主动的作用，它主动地要求表现自己的价值，它的价值相对地表现在石斧上。所以，绵羊处于相对价值上。等式右边的石斧起着被动的作用，它被动地做绵羊价值的表现材料，成为绵羊的等价物。所以，石斧处于等价形式上。在这种价值关系中的等价物，还是个别的等价物，商品的价值表现还很不充分。因为从简单价值形式上，只能看到一件商品和另一件商品相等，还看不出它是否在质上和所有商品都相等，也看不出它能否在量上和所有商品相比较。这表明，在简单价值形式下，价值作为无差别的人类劳动的凝结物的这种性质、交换的比例以价值量为基础这一本质，还没能充分地显示出来。

（二）扩大的价值形式

随着社会生产力的发展和第一次社会大分工的出现，劳动生产率提高了，剩余产品逐渐增多，产生了私有制，各种商品进行规则、频繁的交换并逐渐趋向经常化，简单的价值形式就发展为扩大的价值形式。扩大的价值形式，亦称“总和价值形式”，指一种商品的价值表现在其他一系列商品上，从而有无数的简单价值表现。例如：

$$1\text{ 只绵羊} = \begin{cases} 2\text{ 把石斧} \\ 1\text{ 袋小麦} \\ 1\text{ 件上衣} \\ 5\text{ 斤茶叶} \end{cases}$$

在这个阶段，一件商品的价值已经不是偶然地表现在另一件商品上，而是经常地表现在一系列的其他商品上。例如，由于有许多商品成为绵羊的等价形式，于是绵羊的价值就能够比较充分地表现为无差别的人类劳动的凝结物。同时，由于交换已成为经常发生的事情，一种商品可以按照不同的交换比例同许多种商品相等价，显示出交换的比例以价值量为基础，而不再是偶然确定的，从而把价值量更准确地表现出来。

（三）一般价值形式

随着商品交换的进一步发展，交换的商品日益增多，交换行为日益频繁，物物交换的矛盾日益突出。当日益增多的物品进入频繁交易的过程中，必然会有某种物品进入交换的次数较多，其使用价值较多地为进入市场的人们所需要。于是各种物品先与这种商品交换，再用它与自己需要的其他物品相交换。这时，该种物品便成为所有其他产品价值的表现形式，成为所有物品的等价物。马克思称之为一般等价物。这样，物物的直接交换就让位于通过媒介的间接交换。于是扩大的价值形式过渡到一般价值形式。一般价值形式，就是指所有商品的价值同时表现在一种商品上的价值形式。例如：

$$\left.\begin{matrix} 2\text{ 把石斧} \\ 1\text{ 袋小麦} \\ 1\text{ 件上衣} \\ 5\text{ 斤茶叶} \end{matrix}\right\} = 1\text{ 只绵羊}$$

一般价值形式的出现，是价值形式发展史上质的飞跃。每一种商品的价值都表现在唯一的、同一的商品上，或者说，只有一种商品作为等价物去表现其他一切商品的价值。由于一切商品的价值都通过一种商品来表现，所以，价值作为无差别人类劳动凝结物的这种性质，便完全、充分地表现出来了。既然一切商品在质上表现为共同的东西，那么在量上它们也是可以互相比较的。由于一般价值形式中等价物是所有商品共同的、一般的等价物，所以，商品交换由原来的物物直接交换转化为以一般等价物为媒介的间接交换，即商品要交换时先要换成媒介品，也就是先要求媒介品表现自己的价值，再用媒介品换取自己所需要的其他商品。

一般价值形式虽然克服了扩大价值形式的缺点，但是一般等价物还没有固定在某一种商品上。它在不同地区、不同时期是不一致的，还不能成为整个商品世界的一般等价物。因此，一般等价物的不固定，限制和阻碍了商品交换的扩大及发展。

（四）货币价值形式

随着商品生产的进一步发展，发生了第二次社会大分工，手工业从农业中分离出来，出现了专门为交换而进行的生产，即商品生产。随着交换的商品增多，交换的范围也进一步扩大了。商品世界就要求一般等价物固定地由某一种商品来充当，从而克服一般等价物的不固定给交换造成的困难。当一般等价物最终固定在某种特殊商品上时，这种商品就成了货币，一般价值形式就转变为货币价值形式。货币价值形式，就是指一切商品的价值都只表现在货币上的价值形式。例如：

$$\left.\begin{array}{l}1\text{ 只绵羊}\\2\text{ 把石斧}\\1\text{ 袋小麦}\\1\text{ 件上衣}\\5\text{ 斤茶叶}\end{array}\right\}=1\text{ 克黄金}$$

一般价值形式转变为货币形式，并没有发生本质的变化。所不同的只是在货币形式中，一般等价物被固定在一种商品上。当一般等价物被固定在某一种特殊商品上时，这种商品就成了货币商品，执行货币的职能。所以，货币是固定地充当一般等价物的特殊商品，其特征是：它是衡量和表现一切商品价值的材料，可用来购买任何商品，具有与一切商品直接交换的能力。历史上虽然有许多商品充当过货币材料，但在货币形式中一般等价物同金银本身的自然形态固定地结合在一起。马克思说："金银天然不是货币，但货币天然是金银。"这是因为金银是自然界早已存在的，而货币是商品经济发展到一定阶段的产物。所以，金银不可能天然是货币。但由于金银具有质地均匀、体积小、价值大、便于分割、便于携带等自然特性，它们天然具有充当货币材料的优点，所以，货币天然是金银。

二、货币的定义与形式

（一）货币的定义

货币是日常生活中人们经常使用的一个词，它的含义丰富，在不同的场合有不同的意义。本书中，我们所研究的货币是一个经济学意义上的概念。

在经济学家看来，货币是指在购买商品和劳务或清偿债务时被普遍接受的任何物体。

具有普遍接受性是货币的重要特征。

为了更好地理解货币的含义，必须理清经济学中的货币概念与人们日常使用的货币概念的区别。

1．货币与通货

当人们在日常生活中谈论“钱”时，实际上他们指的是流通中的货币，即纸币和硬币。如果将货币仅仅定义为“通货”，就将经济学定义的货币范围大大缩小了。这是因为，经济学中的货币，除了通货以外，主要是指以支票、本票、汇票形式表现的对于货物、劳务等所具有的权利。

2．货币与财富

在日常生活中，人们会把现钞、银行存款、股票、债券、汽车、别墅和游艇等视为财富。这种关于“钱”的概念又大大扩展了经济学中的货币定义。其实，货币并不就是社会财富本身，即使是贵金属币材，也至多是社会财富的一部分。把部分夸大为整体并且变成“唯一”，就会得出货币乃社会唯一的追逐目标这种极其荒谬的结论。

3．货币与收入

人们在日常工作中获得的“钱”，其实是指收入。收入与货币是有区别的。首先，不可否认，在商品经济时代，人们的收入大多表现为货币。其次，收入是货币的流量概念，是指某一时期内的货币变动量，如一个月、一年；而货币是一个存量概念，是指某一时点的货币余额，如第一季度末的货币余额。

（二）货币的形式

货币的形式就是指货币的物质体现，即采用什么样的材料或物品充当货币。这种充当货币的材料或物品就叫做币材。货币币材必须满足下列条件：（1）价值比较高，这样可用较少的媒介完成大量的交易；（2）易于分割，即分割之后不会减少它的价值，以便于同价值高低不等的商品交换；（3）便于携带，以便于在广大地区之间进行交易；（4）易于保存，即在保存过程中不会损失价值，无须支付费用等。

货币的形式是随着经济发展程度的提高而不断由低级向高级发展演变的。总的说来，大致经历了实物货币、金属货币、代用货币、信用货币、电子货币这 5 个阶段。

1．实物货币

实物货币是指以某种自然物品来充当一般等价物的货币。构成实物货币的材料是以某种自然存在的物品或是人们生产的某种物品来充当。最早成为货币的商品材料除了牲畜之外，还有贝、兽皮、五谷、布匹、石刀和农具等。

由于实物货币本身具有价值不稳定、不易保存、不易携带等弊端，因此，随着社会生产力的进步，金属货币便逐渐取代实物货币而登上了历史的舞台。

2．金属货币

金属货币是指以金属作为货币材料、充当一般等价物的货币。金属具有价值稳定、易于分割、便于储藏等其他实物币材所不能比拟的优点，这是金属货币替代实物货币的原因，而金属冶炼技术的出现与发展是金属货币广泛使用的物质前提。从币材角度讲，金属货币有一个从贱金属向贵金属演变的过程，“金银天然不是货币，但货币天然是金银”说明了货币不是自然产生的，而是社会生产和交换产生的。从货币形状的角度讲，金属货币有一个从称量货币到金属铸币的演变过程。典型的金属铸币是国家铸币，最初的铸币是由铜、铁等贱金属铸成的。其后，过渡到贵金属，出现了银币和金币。由于具有适宜充当货币的自然属性，如度量均匀、性能稳定、易于分割和携带等特点，所以金属货币代替实物货币、贵金属代替贱金属是历史发展的必然结果。

3. 代用货币

代用货币通常是指政府或银行发行的代替金属货币流通的纸币或银行券。在贵金属货币流通阶段，代用货币是为了降低贵金属货币的流通成本而产生的一种货币代用品。代用货币自身基本上没有价值，它能够作为商品交换的媒介在市场上流通，是因为有足值的金属货币作准备，而且还可以自由向发行机关兑换足值铸币或与其相等的金属货币条块。虽然代用货币本身的价值大大低于其面值，但是公众持有代用货币等于拥有对实质货币的要求权。代用货币的优点是：发行成本较低；易于保管、携带和运送；可以把稀有的金银节省下来移作他用。

4. 信用货币

所谓信用货币是由政府或银行通过信用程序发行和创造的、能行使货币全部或部分职能的信用工具。现代货币具体包括哪些内容，大多数国家都已达成共识，它包括现金和存款。现金包括纸币和铸币。现金的发行权为政府和金融机构垄断，因各国的货币信用管理体制不同，大多数国家的货币由中央银行发行，也有的国家的货币由财政部或政府专门成立的货币管理机构发行。我国的货币是由我国的中央银行——中国人民银行发行的。

5. 电子货币

电子货币是信用货币的表现形式之一，是一种在网上以电子信用为基础发展起来的、以商用电子机具和各类交易卡为媒介、以电子计算机技术和现代通信技术为手段、以电子脉冲进行资金传输和存储的信用货币。具体地说，电子货币实际就是用电脑储存、处理和转移的存款。它的流通不借助于任何有形实体如支票等，而是依靠电、光波传递，比借助支票存款具有更大的优越性。

电子货币的种类有：(1) 信用卡：信用卡是银行或其他发卡机构发行最多的电子货币，它可以采用联网设备在线刷卡、POS 结账、ATM 提取现金等方式进行支付，可以在商场、饭店及其他场所中使用；(2) IC 卡或智能卡：IC 卡是一种功能比较单一的储值卡，通常称为智能卡、智慧卡或电子钱包；(3) 电子支票：电子支票是运用银行系统的自动化或专业网络、设备、软件及一套完整的用户识别、数据验证等规范化协议完成数据运输。

电子货币的出现，是现代商品经济高度发达和银行转账清算技术不断进步的产物，在实际经济活动中运用起来较传统货币更为快捷、便利和准确。随着金融电子化的发展，电子货币的应用范围和规模将进一步扩大。但电子货币还有安全性等问题有待解决，这些问题制约着电子货币前进的步伐，因而电子货币的发展会是一个渐进的过程。

第二节　货币层次的划分

一、货币层次划分的依据

货币层次划分，是指将流通中的各种货币形式按不同的口径划分为不同的层次。各国中央银行在划分货币层次时，都以流动性作为划分的依据和标准。所谓流动性，是指金融资产能够及时转变为现实购买力，而使持有人不蒙受损失的能力。流动性越强的金融资产，现实购买力也越强。例如，现金就是流动性最强的金融资产，具有直接的现实购买力；定期存款则需要经过提现或者转成活期支票存款才有现实购买力，故流动性较弱。流动性程度不同的金融资产在流通中周转的便利程度不同，形成的购买力强弱不同，从而对商品流通和其他各种经济活动的影响程度也就不同。因此，按流动性的强弱对不同形式、不同特性的货币划分不同的层次，是科学计量货币数量、客观分析货币流通状况、正确制定实施货币政策、及时有效地进行宏观调控的必要措施。

在我国，中国人民银行作为掌管货币发行和实施货币政策的中央银行，会定期向社会发布货币量的统计数据。货币量的统计数据不只是一个总量指标，而是包括了若干口径，目前有三个层次的货币量数据。中央银行将货币划分为不同的层次，分别统计货币量，是由当代信用货币的构成特点和中央银行宏观调控的需要决定的。

二、货币层次的一般划分

（一）国际货币基金组织关于货币层次的划分

国际货币基金组织对货币层次的划分为：

M0 = 流通中的现金

M1 = 狭义货币

M2 = 广义货币

流通中的现金（M0）是指流通于银行体系以外的现金，即居民手中的现钞和企业单位的备用金，而不包括商业银行的库存现金。由于这部分货币可以随时作为流通手段和支付手段，因而具有较强的购买力。

狭义货币（M1）由现钞和商业银行存款构成。由于活期存款随时可以签发支票而成为直接的支付手段，所以它是同现金一样最具有流动性的货币。各种统计口径中的“货币”通常是指狭义货币 M1。狭义货币 M1 作为现实的购买力，对社会经济生活有着最广泛而直接的影响，因此，许多国家都把控制货币供应量的主要措施放在这一层，使之成为政策调控的主要对象。

广义货币（M2）由狭义货币和准货币构成。所谓准货币，一般是由银行存款的定期存款、储蓄存款、外币存款以及各种短期信用工具，如银行承兑汇票、短期国库券等构成。准货币本身虽非真正的货币，但由于它们在经过一定的手续后，能比较容易地转化为现实货币，加大流通中的货币供给量，故又称之为亚货币或近似货币。显而易见，广义货币相对于狭义货币来说，范围扩大了，它包括了一切可能成为现实购买力的货币形式。广义货币 M2 层次的确立，对研究货币流通整体状况具有重要意义。

具体到各个国家，对货币层次的划分殊为相异。

（二）我国货币层次的划分

我国从 1994 年开始划分货币层次，并按照货币层次进行货币量统计，目前我国货币划分为三个层次，具体划分如下：

M0：流通中的现金

M1：M0 + 单位活期存款 + 个人信用卡存款

M2：M1 + 企业单位定期存款 + 城乡居民储蓄存款 + 其他存款

从我国及其他国家货币层次划分状况来看，货币层次划分具有以下几个特点：一是随着流动性强弱的变化，货币的范围也在变化。流动性越强，所包括的货币的范围越小。二是金融制度越发达，金融产品越丰富，货币层次也就越多。经济发达国家的货币层次就多于经济欠发达的国家。三是每个国家各个货币层次里所包含的货币的内容不同。这是由于各个国家都有各自独特的金融产品，无论是产品的名称还是产品的功能都有差异，因此即使是两个国家流动性相同的货币层次，实际所包含的具体内容也有很大的差别。四是货币层次的划分不是固定不变的。随着金融产品的创新、经济环境的改变，原有的货币层次可能就无法准确地反映货币的构成状况，需要对货币层次进行重新划分。金融产品创新速度越快，金融制度的变化越大，对货币层次进行修订的必要性也就越大，例如美国、英国等国家的货币层次划分的变动就很频繁。

第三节　货币的职能

货币的职能，指货币本身所具有的功能，是货币本质的体现。货币最基本的职能是价值尺度和流通手段，随着商品经济的发展，货币还相继发挥了储藏手段、支付手段和世界货币的职能。

一、价值尺度职能

价值尺度职能是指货币作为衡量商品价值标准的职能，即评价商品包含多少社会劳动，把社会承认的劳动量表现为一定数量的货币。货币之所以能表现和衡量商品价值，是因为货币本身是商品，本身具有价值。所有商品价值量的大小都可以用货币来衡量。货币执行价值尺度的职能，是通过把商品的价值表现为价格来实现的。商品的价值表现在货币上，就是商品的价格，或者说商品价值的货币表现就是价格。比如，一辆轿车标价 10 万元人民币，我们就可以用 10 万元人民币来表示轿车的价值。货币执行价值尺度职能，表现商品的价值量，并不需要现实的货币，只需要观念上的或想象中的货币。

货币作为价值的尺度，为了准确地把各种商品的价格表现出来，就必须有一个统一的货币计量单位，即货币单位。每一个货币单位包含一定金属重量及其等分，称为价格标准。价格标准是由价值尺度职能派生的，价值尺度的职能又借助于价格标准来实现。作为价值尺度，它是人类劳动的化身，用以衡量商品的价值，使之表现为价格；作为价格标准，它是规定贵金属重量的技术标准，是用来衡量和计算货币金属本身的数量的。虽然如此，两者之间仍有密切的联系。价格标准是货币执行价值尺度职能作出的技术性规定，也就是说，货币充当商品价值尺度，必须借助于价格标准，才能准确地表现每一商品的价值量。价格标准是为价值尺度职能服务的。价格与价格标准，是货币在发挥价值尺度职能时产生的两个派生事物。

二、流通手段职能

流通手段职能是指货币在商品交换中充当交换媒介的职能。货币作为流通手段，使直接的物物交换（W—W）变成了以货币为媒介的间接交换（W—G—W）。这种间接交换就被称为商品流通。

作为流通手段的货币，必须是现实的货币，而不能是观念上的货币。货币作为交换的媒介，在商品生产者之间不断转手、流通，完全可以用不足值的金属铸币和本身没有价值的纸币、信用货币来代替。因为商品交换者所关心的只是这些交易工具是否能够起媒介作用，而不必考虑它本身是否足值。由于纸币、信用货币是法律强制流通的货币，因此它能够作为交易工具在流通中交换。可见，价值符号作为货币的象征是从货币的流通手段职能中产生的。

价值尺度和流通手段是货币的两个最基本的职能。商品价值要能表现出来，需要一个共同的、一般的价值尺度；商品要实际转化为与自己价值相等的另一种商品，则需要有一个社会所公认的媒介。当这两个要求由某种商品来满足时，该商品就取得了货币的资格。所以，马克思曾指出，价值尺度和流通手段的统一是货币。

三、储藏手段职能

货币的储藏手段职能，是指货币退出流通领域被人们当作社会财富的一般代表保存的职能。货币的储藏手段职能是在价值尺度和流通手段职能的基础上产生的。退出流通领域被人们储藏起来的货币，就是储藏货币。

货币是一种超越时间的购买力储藏，可以将收入和支出的时间分离开来。由于货币是流动性最强的资产，因此是购买力最佳的栖息地，也是人们重要的价值储藏手段之一。凡是货币都可以执行储藏手段的职能。不同的货币形式执行储藏手段的职能是不一样的。

在金属货币流通的条件下，储藏具有保值的性质，也就是说，只要金属价值稳定，储藏的价值就不会发生损失。货币作为储藏手段，当货币供过于求时，过多的货币就转化为储藏；当货币供不应求时，储藏的货币便相应地进入流通。这是金属货币流通条件下一个极其重要的自发调节机制。在这种条件下，储藏货币可以自发调节货币流通量。

在纸币流通的条件下，纸币也能满足人们保存价值的需要。它起着与金属货币储藏不同的作用。但纸币储藏是有条件的，纸币储藏的条件是：货币流通正常，纸币币值稳定。如果出现物价上涨，人们是不会储藏纸币的，不仅不储藏，还会把原有储藏中的纸币大量地重新投入流通。

在信用货币的条件下，货币作为储藏手段退出流通的主要目的不是保值，而是满足重新进入流通的需要。这部分储藏的货币是流通手段与支付手段的准备金。信用货币能够执行货币储藏职能的原因是法律规定它代表着一定的价值量，具有社会认同的本质。由于一些客观因素的影响，信用货币不能自发地调节货币流通量，这是信用货币储藏手段与金属货币储藏手段的本质区别。信用货币必须通过中央银行调整市场上流通的货币数量，才能保持正常与合理的货币流通秩序。这是由现代信用货币制度所决定的。

四、支付手段职能

货币的支付手段职能是指货币在不同时期伴随商品运动而作价值单方面转移时执行的职能。货币的支付手段最初是由商品赊销引起的。在偿还赊销款项时，货币已经不是作为商品交易的媒介，而是作为价值的独立存在进行单方面转移。

随着商品经济的发展，货币作为支付手段，不仅用于偿还债务，还用于支付租金、利息、工资和赋税等。比如，财政的收支、银行吸收存款和发放贷款，都是货币作为独立的价值形态而进行的单方面转移；在工资和各种劳动报酬支付中，货币也同样发挥支付手段职能。

在流通中，作为流通手段的货币和作为支付手段的货币有着密切的联系，它们共同构成流通中的货币。流通中的每一单位货币，往往交替地发挥这两种职能。因而，流通中货币的需求实际包括对流通手段的需求和对支付手段的需求。

五、世界货币职能

世界货币职能是指货币在国际市场上作为一般等价物时执行的职能。商品流通一旦越出国界，扩大到世界范围，货币的职能就会跟着发展，即作为国际间购买手段、支付手段和财富的一般代表。作为世界货币，按照马克思的观点，此时的货币只能以贵金属的条块形态出现。而现代经济理论认为，一种货币只要在国际范围内被社会公认并具有普遍接受性，它就能在经常性的国际交往中执行世界货币职能。

随着金银退出货币历史舞台并被纸币取而代之，纸币充当世界货币是商品经济发展的必然，但是，并非任何国家的纸币都能直接充当这一角色。只能由少数币值稳定、经济后盾坚强、其国内价格体系易于为别国公众所接受的纸币直接行使此职能，多数国家的纸币则采取间接或转换的方式履行这一职能。

货币的各个职能之间存在着有机的联系，它们共同体现了货币作为一般等价物的本质。价值尺度和流通手段是货币的两个最早、最基本的职能。正因为货币具有价值尺度职能，才有可能在商品交换中充当媒介，用来实现商品的价值，发挥流通手段的职能。这两个职能是形成货币的先决条件，其余职能都是随商品流通的发展而产生的。

第四节　货币制度

一、货币制度及其构成要素

货币制度简称为币制，是一个国家以法律形式确定的货币流通结构和组织形式。货币制度是货币运动的准则和规范。从规范化的角度来看，典型的货币制度包括以下五个方面的内容。

（一）币材的确定

币材的确定是指国家规定用什么材料来充当本位货币。币材是货币制度的基础，是建立货币制度的首要步骤。本位货币就是指一个国家的基本货币或主币。确定以什么金属作为货币材料，是由各国的生产力水平和经济条件决定的，不是由国家任意选择的。不同的货币金属，构成不同的货币制度。例如，金、银或金银并用就构成了金本位制、银本位制和金银复本位制。而在普遍实行信用货币制度的今天，币材的选择已经不是一个重要因素了。

（二）货币单位的确定

货币单位是指货币本身的计量单位。货币单位包括货币单位名称及其货币的值。

1．规定货币单位的名称。通常是以习惯形成的名称为基础来规定货币单位的名称。如英国的货币单位是“英镑”，美国的货币单位是“美元”，货币单位与货币名称相同；也有些国家货币单位与名称不同，如中国的货币名称是“人民币”，货币单位是“元”。

2. 在金属货币政策下，货币的值就是每一货币单位所包含的货币金属的重量和成色。例如，在银本位制度下，我国1914年北洋政府颁布的《国币条例》规定的“圆”，1圆含纯银6.408钱。在金本位制度下，作为美国货币单位的“美元”，根据1934年1月的法令，1美元含纯金13.714格令（1格令=0.064 798 91克）。目前，世界各国的货币单位都是法定的公制单位，即1单位币等于100个最小等分单位。

（三）本位货币和辅币的铸造、发行及流通

本位货币即主币，是一国流通中的基本货币，是国家用法律规定的计量经济价值的标准货币。在金属货币制度下，本位币是按照国家规定的币材和货币单位所铸成的铸币。例如，我国在1935年以前白银流通的时候，银元就是本位币。

本位币的主要特点是：(1) 自由铸造。在金属货币流通的条件下，本位币可以自由铸造。所谓自由铸造有两方面的含义：一是每个公民都有权把货币金属送到国家造币厂请求铸成本位币；二是造币厂代公民铸造本位币，政府不收或只收取少量的费用。(2) 无限法偿能力。用本位货币来偿还债务时，不论数量大小和债务性质的差异，任何债权人都必须接受。因为本位货币是按国家规定的币材和标准制造的，具有绝对的权威性。

在信用货币条件下，本位货币表现为纸币货币或账户货币，它是根据政府或中央银行的信誉而投入流通的信用货币。

本位币的最小规格是一个货币单位，而商品价格和劳务付费有时不到一个货币单位，因此就出现了辅币。辅币是日常零星交易或找零之用的主币以下的小额通货，其面值大多为本位币的1/10或1%。例如美国的辅币为“分”，1美元等于100美分。中国的辅币为“角”“分”。

相对于主币而言，辅币具有以下特点：(1) 辅币是法律规定的不足值货币。如果辅币按实际价值与名义价值一致的原则铸造，那么当辅币金属昂贵时，大量辅币就会被私自熔毁，从而造成流通中的辅币不足。(2) 辅币是有限法偿货币。国家对辅币规定了有限的支付能力，也就是说，在一次支付行为中，在一定的金额内可以用辅币支付，如超过一定的金额，卖方或债权人可以拒绝接受。如美国规定，10分以上的银辅币每次的支付限度为10元；铜镍所铸造的分币，每次的支付限度为25分。(3) 辅币一般采用贱金属铸造，如铜、镍、铝等。(4) 辅币可以与本位币自由兑换。辅币的实际价值虽然低于名义价值，但法律规定，辅币可以按固定比例与本位币自由兑换。这样，就保证了辅币可以按名义价值流通。(5) 辅币实行限制铸造。所谓限制铸造，即只能由国家用属于国库的金属来制造。由于辅币的实际价值低于其名义价值，铸造辅币就会得到一部分铸币收入，所以，辅币不能实行自由铸造，必须采用限制铸造。

（四）货币发行制度

在金属货币制度下，由于金属铸币不能满足流通中对于流通手段和支付手段的要求，所以就产生了信用货币和纸币。信用货币和纸币都是货币符号，其本身没有任何价值。它们的作用是代替真实金属货币流通，同时也体现了社会成本的节约和流通手段的进步。在信用货币制度下，各国的货币发行准备大都为商品准备和信用准备。

（五）金准备制度

金准备制度亦称黄金储备制度，是指国家规定的黄金储备保管机构的收支、统计、核算和黄金管理的制度。金准备制度是一个国家货币稳定的基础。当今金准备的主要用途是作为国际支付的准备金，即作为世界货币的准备金。世界上大多数国家的货币金属储备都集中于中央银行或国库。

二、货币制度的演变

货币制度自产生以来，从历史发展过程来看，世界各国先后曾采用过以下几种类型的货币制度，如图 1–1 所示。

- 货币制度 ⟶ 金属货币制度
  - 银本位制
  - 金银复本位制
    - 平行本位制
    - 双本位制
    - 跛行本位制
  - 金本位制
    - 金币本位制
    - 金块本位制
    - 金汇兑本位制
  - 信用货币制度

图 1–1　货币制度的演变

（一）金属货币制度

1. 银本位制

银本位制是指以白银作为本位币币材的一种货币制度。银本位制的主要特征有：(1) 以白银作为本位币币材，银币为无限法偿货币；(2) 本位币的价值与其所含白银价值相等，银行券可以自由兑换银币或等量白银；(3) 银币可以自由铸造和自由熔化；(4) 白银和银币可以自由输入输出。

银本位制是历史上最早的货币制度。该制度萌芽于 16 世纪，废止于 19 世纪末。实行过银本位制的国家有墨西哥、日本、印度和中国等。中国于 1935 年 11 月实行“法币改革”，废止了银本位制。其他国家则早在 19 世纪末期就放弃了银本位制，有的改为金银复本位制，有的改为金本位制。银本位制作为一种独立的货币制度在一些国家存在的时间并不长，而且实行银本位制的范围也不广。

银本位制在世界各国存在时间较短的主要原因是：一是白银价格不稳定。尤其是 19 世纪中叶以来，金银比价大幅波动，黄金需求大量增加，实行银本位制的国家的货币对外严重贬值。二是白银价值低，体积大。在大宗交易和价值较大的商品交易中使用银币，给计量、运输带来很多不便。由于银本位制已不能适应商品经济的发展，因此，世界各国纷纷放弃了银本位制。

2. 金银复本位制

金银复本位制是指一个国家以金和银两种金属同时作为本位货币流通的货币制度。这是资本主义发展初期最典型的货币制度。金银复本位制的主要特征有：(1) 金、银同时被法律承认为货币金属；(2) 两种本位币都具有无限法偿能力；(3) 两种金属都可以自由输入输出；(4) 两种本位币都可以自由铸造和自由熔化；(5) 两种本位币都可以自由兑换。

由于金币和银币同时作为本位货币，它们之间必须有一个比价才便于商品交易的计价和流通，因此按照金银比价的形成方式，金银复本位制又可分为平行本位制、双本位制和跛行本位制。

（1）平行本位制。平行本位制是指金银两种货币均按其所含金属的市场实际价值流通，是复本位制的早期形式。国家对两种货币的交换比率不加规定，由市场自发形成、确定。在平行本位制下，金银比价变动频繁，不能很好地发挥价值尺度的职能和作用，造成交易混乱，市场极不稳定，于是便产生了双本位制。

（2）双本位制。双本位制是指国家以法律规定金银两种本位币的比价，按法定比价流通。这是复本位制的主要形式。“双本位制”的目的是克服“平行本位制”的缺点，但其结果是存在了官方与市场两种定价制度，更加深了复本位制的矛盾，即官方定价的滞后性使得金银名义价值（官方定价）常常偏离实际价值（市场价值），于是“劣币驱逐良币”的规律便在货币流通中发挥作用。“劣币驱逐良币”规律，又称“格雷欣法则”。它是指货币流通中一种货币排挤掉另一种货币的现象。当两种实际价值不同而名义价值相同的货币同时流通时，实际价值较高的货币（良币）必然被收藏、熔化而退出流通界或输出；而实际价值较低的货币（劣币）则会充斥市场。实行复本位制的必然结果是“双重本位制”分裂为“单本位制”（或银或金单本位制），实际价值较高的贵金属退出流通，使金融投机猖獗，货币流通混乱。这样，复本位制已经不能适应商品经济的发展和要求，必然为其他货币本位制度所代替。

（3）跛行本位制。跛行本位制是指名义上金铸币和银铸币都被规定为本位币，并有法定兑换比率，但金币可以自由铸造而银币则不能自由铸造，从而将银置于金的从属地位，这就是跛行本位制。在跛行本位制下，银币的币值不再取决于其本身的金属价值，而取决于银币与金币的法定兑换率。因此，银币实质上已演化为金币的符号，起着辅币的作用。从严格意义上讲，跛行本位制已经不是金银复本位制，而是由复本位制向金本位制过渡的一种货币制度。

金银复本位制的演变过程表明，两种本位货币的存在必然会产生独占性和排他性。因此金银复本位制是一种极不稳定的货币制度。这种不稳定性对于迅速发展着的资本主义经济起着阻碍作用。19 世纪 70 年代以后，金银比价已不能维持法定比价，因此许多国家就逐渐向金本位制过渡。

3. 金本位制

金本位制是指以黄金作为本位货币的货币制度。金本位制又可分为金币本位制、金块本位制和金汇兑本位制三种不同形式。

（1）金币本位制

金币本位制是典型的金本位制。金币为本位货币，单位货币包含了一定量的黄金。它具有以下特点：① 金币可以自由铸造、自由熔毁，具有无限法偿能力；② 价值符号（辅币和代用货币）可以自由兑换金币；③ 黄金可以自由输出、输入国境。

金币本位制是一种相对稳定的货币制度。这种相对稳定性，在国内表现为流通中通货的币值对金币不发生贬值现象；在国外则表现为外汇行市的相对稳定。这种相对稳定的货币制度对于资本主义经济的发展起到了重要的促进作用。

最早实行金本位制的国家是英国。20 世纪初，金币本位十分盛行，是名副其实的有效金本位制。由于第一次世界大战的爆发，各资本主义国家经济发展的不平衡加剧，各国黄金存储量严重失衡，价值符号的自由兑现遭到破坏，黄金自由输出输入受到阻碍，从而金币本位制在第一次世界大战中崩溃。战后，各资本主义国家曾经试图恢复金币本位制。但由于各资本主义国家都将黄金集中在中央银行，作为战时的财政准备金，金币本位制恢复已不可能，于是建立了变相的金本位制，即金块本位制和金汇兑本位制。

（2）金块本位制

金块本位制又称为“生金本位制”，是指没有金币的铸造和流通，而由中央银行发行以金块为准备的纸币流通的货币制度。主要特点是：不准申请铸造金币，不准金币流通，黄金集中储存于政府。在这种制度下，市场流通银行券，居民可用银行券按规定的含金量在一定数额以上、一定用途之内兑换黄金。例如，英国在 1925 年规定银行券数额在 1 700 英镑以上方能兑换黄金，法国在 1928 年规定至少需 215 000 法郎才能兑换黄金。

金块本位制存在的历史不长，因为要维持金块本位制，就必须做到国际收支保持平衡或大量的黄金足以满足对外支付之用。若国际收支发生逆差或资金外流严重，则黄金储存不足，投机盛行，金块本位制势必难以维持。

（3）金汇兑本位制

金汇兑本位制又称“虚金本位制”。其特点是：在国内市场上没有金币流通，本国流通银行券，既无铸币流通，也无金块可供兑换。中央银行将黄金和外汇存放在另一个实行金本位制的国家，并规定本国货币与该国货币的法定兑换比率，居民可按这一比率用本国货币兑换外汇，再用外汇间接兑换黄金。

实行金汇兑本位制的国家，实际上是使本国货币（纸币）依附于一些经济实力雄厚的外国货币，如英镑、美元、法郎等，并成为它们的附庸，从而在经济上和货币政策上受这些国家的控制及左右。对实行金汇兑本位制的独立国家来说，它们要依附于货币信用良好的国家；对殖民地国家来说，它们要依附于宗主国，通过无限制供应外汇，维持本国货币的币值稳定。

金块本位制和金汇兑本位制是金本位制后期的一种残缺不全的、极不稳定的本位制。首先，这两种货币制度下都没有金币的自由铸造和流通。黄金的流通手段和储藏手段职能难以发挥作用，不利于币值的稳定。其次，银行券虽然规定有法定的含金量，但其兑现能力已大为降低，使银行券的稳定性大大削弱。在金汇兑本位制下，银行券要通过兑换外汇才能兑换到黄金；在金块本位制下，银行券受最低兑换量的限制。最后，采用金汇兑本位制的国家，使本国货币依附于与之相联系的国家的货币，一旦该国币制混乱，其依附国的币制也必然受到严重影响，无法独立自主地保持本国货币的稳定。

1929—1933 年资本主义国家爆发了世界性的经济危机和金融危机，这次大危机的冲击迅速摧毁了金本位制。资本主义各国先后实行了不兑现的信用货币制度。

（二）信用货币制度

信用货币制度是指以不兑换黄金的信用货币为本位币的货币制度。这是当今世界各国普遍推行的一种货币制度。在这种货币制度下，没有金属本位货币的铸造和流通，由不兑现的银行券或者说纸币（现金）与银行存款（非现金）执行货币的职能。

信用货币制度具有以下特点：（1）信用货币一般是中央银行发行的本位货币，币材为纸，具有无限法偿能力；（2）货币不能兑换黄金，也不规定含金量，完全是信用发行；（3）货币的发行在客观上受国家经济发展水平的制约，从而使国家对货币的供应实施管理；（4）信用货币是通过银行信贷渠道投放的；（5）信用货币供应量不受贵金属量的约束，具有一定的伸缩弹性，以使货币流通数量与经济发展需要相适应。

另外，由于信用货币是银行的债务凭证，现代的货币流通实际是银行债务的转移。如果银行货币投放过多，就会出现通货膨胀；反之，就会造成通货紧缩。因此，为了使货币流通适应经济发展的需要，金融当局必须对货币供应总量和银行信贷投放总量加以控制。

三、我国现行的货币制度

人民币是代表一定价值的货币符号，它没有含金量的规定，是不兑现的信用货币。我国的人民币制度是从人民币的发行开始的。1948 年 12 月 1 日，中国人民银行正式成立并发行人民币，新中国货币制度正式建立。我国的人民币制度是独立、统一、稳定的货币制度。其主要内容包括以下三个方面。

（一）人民币是我国的法定货币

人民币是我国使用的法偿货币，即国家以法律赋予其购买和支付能力的货币。在我国境内市场上，人民币是一般等价物，国内一切货币收付、结算和外汇牌价，均以人民币为价值的统一尺度和计算单位，执行货币职能的只有人民币，国家赋予人民币以强制流通力。以人民币支付我国境内的一切公共和私人的债务，任何单位和个人不得拒收。人民币是本位币，基本单位为“元”，辅币的单位为“角”“分”。人民币符号为“￥”，是取“元”字汉语拼音“Yuan”的字首“Y”加两横而成，读音同“元”。人民币没有法定含金量，是一种典型的信用货币。

（二）人民币实行经济发行的原则

人民币的发行必须坚持集中统一发行原则和经济发行原则。所谓集中统一发行原则，是指人民币的发行权集中于中央；中央授权中国人民银行，统一发行人民币。除此之外，任何地区、任何部门不准发行任何货币、变相货币或货币代用品。所谓经济发行原则，是指为适应生产发展和商品流通的正常需要，通过信贷程序进行的货币发行。这种根据经济增长的客观需要而发行的货币，是符合货币流通规律的，能保持币值稳定。

（三）人民币的流通

人民币的流通是在中央银行监管下进行的。这种监管通过现金管理和工资基金监督两方面来实现。

现金管理办法规定：一切机关、团体、部队、学校、国营企事业和集体单位，都必须实行现金管理；实行现金管理的单位，除核定的现金库存限额外，其余款项一律存入银行；受管单位支付现金要限制在一定的范围和数量之内，超过规定的范围和数量，不允许支付现金，只能通过非现金结算；严禁在现金收入的单位坐支现金；等等。实行现金管理，可以控制人民币的投放，促进现金回笼，掌握现金收支动向，摸索现金管理运行规律，为国家有效地调节货币流通提供有利的条件。

工资基金监督办法规定：实行工资基金监督的单位要根据国家有关劳动工资政策和本单位情况，编制按季分项的工资基金使用计划，报上级主管部门审批，然后由银行监督支付；各单位不得在各项业务收入中坐支，也不准变相支付；不得巧立名目向职工发放资金和实物。对于违反工资基金管理制度的企业，银行有权拒绝支付现金。加强工资基金的监督，对控制现金投放、有效调节货币流通渠道有着极为重要的作用。

中国人民银行专门行使中央银行职能以后，授权国有商业银行按照国家有关规定执行现金管理和工资基金监督。

四、国际货币制度

（一）国际金本位货币制度

国际金本位货币制度是指世界主要国家实行的金本位制度。典型的金本位制是以黄金作为本位货币的金币本位制。最先实行金本位货币制度的国家是英国。随后，法国、比利时、瑞士、意大利、德国、美国、日本等国也陆续实行了金本位货币制度。到1880年，金本位制已在资本主义国家普遍采用，从而具有了国际性。由于英国当时在世界经济中占有突出地位，英镑具有较强的信用能力，所以最早的国际金本位制是以英镑为中心、以黄金为基础的货币制度。

国际金本位制的典型形式是金铸币本位制。其基本内容是：（1）用黄金规定货币所代表的价值，每一货币单位都有法定的含金量，黄金充当国际货币；（2）各国货币的汇率由其含金量之比来确定；（3）金币可以自由铸造、自由熔化；（4）金币具有无限法偿的能力，银行券可以自由兑换金币；（5）金币可以输出国境。

金铸币本位制的这些内容和特点，在国内能够保证铸币面值与它所含的黄金价值相一致，并自发地使金币的数量适应流通的需要；在国外则使汇率有了自发调节机制，保证了世界市场的统一与外汇行情的相对稳定。

国际金本位制是一种比较稳定和健全的国际货币制度。它有利于国际收支平衡，有利于国际资本流动与信用发展，有利于国际贸易的发展和各国经济政策的协调。但由于第一次世界大战的爆发，黄金在国际间的分配日益不均，金币自由铸造、自由流通、自由兑换、自由输出输入的基础受到了严重削弱。因此资本主义各国相继停止了金币流通，并禁止黄金出口，国际金本位制开始瓦解。

第一次世界大战结束后，1922年在意大利热那亚召开了世界货币金融会议，确立了一种节约黄金的国际货币制，即1925年建立起来的国际金汇兑本位制。英、法、美等国货币直接与黄金挂钩，其他国家通过这些国家的货币间接与黄金挂钩。这暂时在一段时间内缓解了矛盾，但未从根本上解决问题，从而国际金本位制在1929—1933年的世界经济大危机爆发时崩溃了。

（二）布雷顿森林体系

在1929—1933年资本主义世界经济危机的十余年里，世界各国都实行了不兑现的纸币制度。由于各资本主义国家信用制度危机加深和各国之间矛盾重重，难以建立起统一的国际货币制度，因此各种货币集团纷纷成立，如英镑集团、美元集团、法郎集团等。

1944年7月，在美国新罕布什尔州的布雷顿森林召开了有44个国家参加的联合国货币金融会议。会议同意成立国际货币基金组织，并确立了以美元为中心的国际货币体系，即布雷顿森林体系。其主要内容是：（1）美元与黄金挂钩，各国政府或中央银行可用美元向美国兑换黄金；（2）各国货币与美元挂钩，各国货币与美元的汇率可按其含金量与美元含金量之比来确定；（3）实行可调整的固定汇率制，各国货币对美元的汇率一般只能在法定汇率1%的幅度内上下波动，而且各国政府有干预外汇市场、稳定汇价的义务；（4）通过货币基金组织来调节国际收支，会员国在出现国际收支逆差时，可向基金组织取得贷款来弥补。

布雷顿森林体系对战后国际贸易和经济发展普遍发挥了积极的作用。以美元为中心的固定汇率成了美国向其他国家输送通货膨胀的工具。由于实行了可调整的固定汇率制，一定程度上限制了其他国家利用货币贬值与美国的竞争，有利于世界经济的恢复和发展，为广泛开展国际经济合作奠定了坚实的基础。

尽管布雷顿森林体系对战后世界经济的稳定和发展起过积极作用，但由于各国国际储备与美国国际收支状况之间存在着不可克服的矛盾，最终导致了以美元为中心的布雷顿森林体系的崩溃。

（三）现行的国际货币制度

严格地说，布雷顿森林货币体系崩溃后，尚未形成一个新的完备的国际货币体系。现存国际货币体系被人们戏称为“无体系的体系”，规则弱化导致矛盾重重。特别是经济全球化引发的金融市场全球化趋势在 20 世纪 90 年代进一步加强时，该体系所固有的矛盾日益凸显。而一个健全的国际货币体系须具备以下条件：（1）必须以黄金为基础，以物质作保证，才能保持货币体系的相对稳定；（2）国际储备货币要在国际管理下，随着国际经济交往的不断增长而不断扩大：既不能过多，引起世界性通货膨胀；也不能过少，引起国际清偿能力不足。

【案例阅读】

掀开比特币的神秘面纱

2013 年以来，比特币以前所未有的规模和速度进入我们的视野，成为很多中国大妈热衷的投资产品。投资比特币的风险有多大？是否合法？比特币对现有金融体系带来了什么冲击？比特币会取代传统的货币吗？本文从比特币的身世说起，深入分析其前途和影响。

比特币一路狂奔，短短 3 年多便从市值不到 14 美分飙升到 1 000 美元

比特币进入中国，起初只是年轻人之间的时髦玩意儿。直到 2011 年，国内媒体对比特币的关注才逐渐增加。人们发现，可以在网上把比特币兑换成人民币，或者直接在部分淘宝网店消费。2013 年 4 月四川芦山地震期间，公益组织“壹基金”收到百余枚比特币捐款，成为比特币在中国发展的一个标志性事件。此后，中国一度超过了比特币的发源地美国，成为交易量最大的国家。

比特币这一概念诞生于 2008 年，是由刻意隐藏真实身份并化名为“中本聪”的神秘人士设计的一种数字货币。所谓“挖”比特币，就是依据特定算法，通过大量的计算产生该货币。2009 年和 2010 年年初，比特币在市场上价值很低。2010 年夏天，受到虚拟市场的牵引，比特币供不应求，网上交易市场的价格开始变动。2011 年 1 月，比特币在 87 美分的基础上突破 1 美元，达到 1.06 美元。此后，随着《福布斯》杂志上刊登关于这个新的“神秘货币”的报道，比特币的价格在一定程度上受到了催化，开始步入爆发性上涨之旅。

进入 2013 年，比特币在美国被越来越多的人追逐，这一热潮也逐渐向全球转移。人们基于各种各样的目的，投入到比特币的挖掘和交易中，其中有无政府主义崇拜者、技术和网络狂人，更有虚拟货币和新金融模式的探索者，以及各式各样怀有暴富梦想的人。今年 11 月初，比特币兑换美元的交易价格达到 200 美元左右。在美国参议院 11 月下旬就这一虚拟货币召开专门的听证会后，比特币的交易价格一度突破了 900 美元关口，直至 11 月 27

日突破1 000美元大关。

比特币与其他虚拟货币最大的不同，是其总数有限，具有极强的稀缺性

比特币是信息技术变革引起的电子货币过渡到高级阶段的初始形式。比特币与其他虚拟货币最大的不同，是其总数有限，具有极强的稀缺性。该货币系统曾在4年内只有不超过1 050万个，之后的总数将被限制在2 100万个。此外，与大多数货币不同，比特币不依赖于特定的中央发行机构，而是使用遍布整个P2P网络节点的分布式数据库来记录货币的交易，并使用密码学的设计来确保货币流通各个环节的安全性。例如，比特币只能被它的真实拥有者使用，而且仅仅一次，支付完成之后，原主人即失去对该份额比特币的所有权。

资料来源：摘选自杨涛，《掀开比特币的神秘面纱》，《人民日报》，2013年12月25日。

【主要术语】

货币　流动性　货币制度　本位币　辅币　金银复本位制　“劣币驱逐良币”规律　金本位制

【复习思考题】

1. 如何理解货币的定义？它与日常生活中的通货、财富和收入概念有何不同？
2. 如何理解“金银天然不是货币，但货币天然是金银”？
3. 货币定义可划分为哪几个层次？狭义货币与广义货币的区别何在？
4. 货币有哪些职能？各职能之间的关系怎样？
5. 货币制度的基本构成要素有哪些？
6. 什么是信用货币制度？具有哪些特征？
7. 什么是“劣币驱逐良币”规律？
8. 我国货币制度的内容及人民币的基本特征是什么？
9. 货币制度经过了哪几个历史演变过程？

第二章　信用与信用体系

学习目标：

- 理解信用的含义及其本质特征；
- 理解信贷资金转移机制；
- 掌握信用的基本形式及各种信用形式的特点；
- 掌握信用制度体系及建立信用制度的必要性。

现代市场经济是信用经济，因此，信用是个极其重要的范畴。信用具有双重属性，即道德属性和经济属性，作为经济范畴的信用是指借贷行为。信用实质上是在不改变所有权的前提下，实现财富在不同所有者之间的调剂，偿还性和付息性是信用的本质特征。在现代经济生活中，信用主要以商业信用、银行信用、消费信用、国家信用、民间信用等几种形式存在，其中银行信用是最重要的信用形式。在银行信用中，借贷资金实际上是以银行等金融机构为媒介，从资金盈余部门转移到资金短缺部门。

第一节　信用概述

一、信用的概念与基本特征

（一）信用的含义

信用既是一个道德范畴，又是一个经济范畴。广义的信用即诚信，属于道德范畴，指善意地作出和履行承诺，是单位和个人的行为准则。狭义的信用属于经济范畴，指以偿还为条件的价值运动的特殊形式，多产生于货币借贷和商品交易的赊销或预付当中，其主要形式包括国家信用、银行信用、商业信用和消费者信用等。对于狭义的信用，也可以理解为能力，即一种建立在信任基础上的，不用立即付款就可获取资金、物资、服务的能力，或是一种受信方向授信方在特定时间内所作的付款或还款承诺的兑现能力（也包括对各类经济合同的履约能力）。广义的信用涉及道德、伦理、法律等很多学科领域，在本书中，我们的研究对象主要是狭义的信用。

狭义的信用，即作为经济范畴的信用，实际上是指借贷行为。这种经济行为的特征是以收回为条件的付出，或者以归还为义务的取得。也就是说，授信方之所以贷出资金，是因为享有收回本金并取得利息的权利；而受信方之所以能够借入资金，是因为承担了还本付息的义务。在现实生活中，偶尔也有无息的借贷，但往往是出于某种政治或者经济目的，属于特殊情况。因此，我们可以说，作为经济范畴的信用，实质上是在不改变所有权的前提下，实现财富在不同所有者之间的调剂，并且在信用过程中伴随着价值增值的实现。偿还性和付息性是信用的本质特征，其中，偿还性是最本质的特征。

（二）信用的基本特征

信用具有信任和借贷两层含义，分为社会学和经济学范畴。信用的这一本质内涵，决定了信用具有下列基本特征：

（1）信用具有社会性。信用的社会性体现在社会心理因素上。信用是以信任为前提和基础的。对受信人的信任实际上是授信人对信用关系所具有的安全感，它是一种社会心理因素，因为安全感并非凭空产生，而且依赖于受信人的资信，取决于授信人的理性判断，因此，它是一种特殊的社会心理现象。

（2）信用体现一种社会关系。信用不仅是个体行为，而且是发生在授信人和受信人之间的社会关系。成千上万的授信人和受信人发生信用关系，行为主体时而是授信人，时而是受信人，身份在不断变换。如银行在吸收存款时，是受信人，与存款客户发生信用联系；银行在发放贷款时，则为授信人，与贷款客户发生信用联系。

二、信用的发展

与货币一样，信用也是一个很古老的经济范畴。从逻辑上推论，私有制的出现是借贷关系存在的前提条件。没有私有制的概念，借贷就无从谈起，借贷行为之所以会出现，显然是为了在不同所有者之间进行私有财产的调剂。尽管货币和信用的出现都是以私有制为前提，并且从产生之初，二者就存在着极为紧密的关系，但是从逻辑上，我们却很难推导出货币和信用究竟谁先出现。

从历史记载上看，信用一直是以实物借贷和货币借贷两种形式存在的。在《汉谟拉比法典》中，既有关于贷银的法律规定，也有关于贷谷的法律规定；而在我国的历史资料中，也有大量有关实物借贷和货币借贷的记录。随着商品货币关系的发展，货币越来越成为借贷的主要对象，但是实物借贷却始终没有完全消失。在我国的广大农村，直到改革开放前夕，实物借贷还相当广泛地存在着。只有商品货币关系在经济生活中无所不在的时候，实物借贷才会丧失其存在的基础。

在资本主义社会之前，高利贷是占统治地位的信用形式。所谓高利贷，是指利率远高于市场利率水平的借贷行为。西汉景帝时，吴楚七个诸侯国发动叛乱，国都长安及其附近的列侯封君出兵平乱，需要钱以备从军之用。由于当时战局胜负难料，高利贷者大多观望，只有无盐氏一家肯贷，但“其息什之”，即要求借1还10。3个月后，七国之乱平息了，无盐氏“息什倍，用此富埒关中”。3个月的时间，本息和为本金的10倍，利率之高无疑是很惊人的。高利贷之所以能存在，是由当时的经济条件所决定的。奴隶社会和封建社会的阶级构成大致可以分为两极：一极是奴隶或者农民及小手工业者，另一极是奴隶主或者封建地主。奴隶或者农民借钱往往是由于天灾人祸，或者关乎身家性命，又没有讨价还价的条件，所以明知道高利贷难以偿还，也不得不借。而另一方面，由于金属货币的数量有限，放高利贷无法收回本息的风险又比较高，所以奴隶主和地主只要可能就尽量地提高利率，以榨取最大利润。

高利贷的压制，不仅造成劳动者的破产，同时也严重制约着社会生产力的发展。马克思曾指出："高利贷不改变生产方式，而是像寄生虫那样紧紧地吸在它身上，使它虚弱不堪。高利贷吮吸着它的脂膏，使它精疲力竭，并迫使再生产在每况愈下的条件下进行。"①在资本主义发展的初始阶段，资本家需要大量的资本进行投资，以支持其事业的发展。而高利贷极高的利率超过了资本家的投资回报率，使得资本家的投资变得无利可图，因此反对高利贷是新兴资产阶级斗争的一项重要内容。反对高利贷，并不是反对一般的信用关系，而是要使信用关系服从资本主义发展的需要。最重要的就是限制贷款利率，使之低于投资的市场收益率。新兴资产阶级反对高利贷的斗争，最初表现为企图以法律来限制利率，例如英国1545年的法案规定最高年利率为10%，1624年降到8%，1651年为6%，1714年为5%。当商品货币关系扩大到整个经济生活领域时，高利贷就丧失了其垄断地位，但即使在今天，即使在最发达的资本主义国家，高利贷也并未完全消失。

三、信用关系中资金的运转

（一）资金盈余者与资金短缺者

在社会经济生活中，有些个人或者部门在一段时间内收入大于支出，他们就会有资金盈余，我们称之为资金盈余者。另一些个人或者部门则恰恰相反，他们在一段时间内收入小于支出，也就是说出现了资金短缺，我们称之为资金短缺者。资金盈余者和资金短缺者是相对的，同一个人、同一个企业，在不同的时期，可能会出现资金盈余和资金短缺的不同状况。以个人为例，刚刚参加工作时，我们的收入非常有限，各方面的支出却又较多，所以常常会入不敷出，这时我们就是资金短缺者；等到成家立业之后，事业逐渐稳定下来，我们的收入可能会大于支出，这时我们又成为资金盈余者。一个企业也是如此，在不同的生命周期，资金的收入和支出会出现不同的情况。一般说来，当一个企业处于起步和成长期时往往是资金短缺者；当一个企业处于成熟期时则往往是资金盈余者。

不考虑国际贸易和金融机构，就整个社会而言，一般情况是，政府和企业是资金短缺者，居民则是资金盈余者。资金短缺者的资金缺口是由资金盈余部门来弥补的，所以居民部门的资金盈余总额就等于企业和政府部门的资金缺口总额。那么，盈余部门的资金是怎样流向资金短缺部门的呢？

（二）资金在资金盈余者和资金短缺者之间的运转

资金从盈余部门转移到短缺部门主要是通过一国的金融系统实现的。也就是说，一国金融系统最重要的功能是实现资金的有效配置。在金融系统中资金的流动可以通过两种方式：通过金融中介机构的间接融资和通过金融市场的直接融资。资金流动过程如图2-1所示。

（三）直接融资和间接融资

如图2-1所示，通过金融系统实现的融资有两种方式：一种是通过金融中介机构进行的间接融资，即金融中介机构通过向贷款人发行间接证券（如存款合约）获得资金，然后再与借款人签订债务契约（贷款合同）或者购买借款人发行的初级证券（股票或者债券）实现资金融通，贷款人持有对金融中介机构的资产或者未来收入的求索权；另一种是通过金融市场进行的直接融资，借款人直接在金融市场上向贷款人发行金融证券，

① 《马克思恩格斯全集》，人民出版社1972年版，第3卷，第85页。

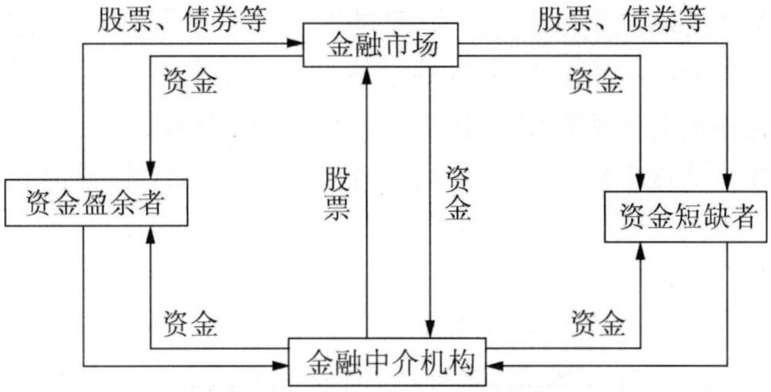

图 2-1　金融系统中的资金流向

实现资金融通，贷款人持有对借款人的资产或者未来收入的求索权。一般认为，间接融资和直接融资是从金融系统资金配置方式的角度来定义的，其划分标准就是有无金融中介机构参与其中。

在间接融资中，银行等金融中介机构是信用活动的中间环节，扮演着双重角色。当金融中介机构通过向贷款人发行间接证券获得资金时，它们是债务人；当金融中介机构向借款人贷出资金时，它们是债权人。而资金的最终贷款人和借款人之间并不发生直接的资金融通关系。与之相对应，直接融资是借款人在金融市场上从贷款人那里直接获得资金融通，在这个过程中，没有既扮演债务人又扮演债权人角色的金融中介机构。

但是，直接融资和间接融资的划分也仅仅在理论上有意义，比如，在混业经营模式里，商业银行既可以向企业发放贷款又可以购买企业的股票，那么这究竟应该属于直接融资还是间接融资呢？在米什金的《货币金融学》中，这两种情况都属于间接融资。米什金认为，不管企业是向银行贷款还是发行股票，只要有金融中介机构参与其中就属于间接融资，也就是说，只有被最终贷款人持有的企业股票和债券才属于直接融资，所以他认为金融系统中直接融资的重要性被夸大了。按照米什金的观点，很多问题不是直接融资和间接融资的比较，而是通过何种金融中介机构融资的比较。

第二节　信用的形式

在经济生活中，信用是以多种形式出现的，并可以按照不同的分类标准进行分类。常见的信用形式有商业信用、银行信用、国家信用、民间信用、消费信用，等等。这一节，我们具体介绍几种重要的信用形式。

一、商业信用

（一）商业信用的含义

商业信用是最早出现的信用形式。所谓商业信用，是企业之间相互提供的、与商品交易直接相联系的信用形式。赊销是最典型的商业信用，因此商业信用可视为卖方企业以赊销方式向买方销售商品时提供的信用，反映到财务报表上，就是应收账款；将这个说法换一个角度，商业信用也就是买方企业以赊账的方式向卖方购买商品时形成的负债，买方企业是商业信用的接受方，反映到财务报表上，就是应付账款。

比如，甲企业生产的商品卖给乙企业，但是乙企业由于资金周转紧张，不能马上付款，这时甲乙双方就可以在合同中商定，采取赊销方式交易，即甲方现在把商品卖给乙方，同时双方在合同中约定一定的还款期限，例如3个月。3个月到期后，乙方按照合同约定的金额，将货款付给甲方。从这个例子可以看出，商业信用最大的特点就是商品交易和货币运动不是同时、同地、相向发生，也就是说，商业信用中实际包括两个同时发生的经济行为：买卖行为和借贷行为。就上例来说，买卖行为在商品交易的当日就已经完成，即商品的所有权由甲方转为乙方，与现金交易并没有不同。但是与现金交易显著不同的是，货币并没有同时从乙方流向甲方，而只是形成了双方的债权债务关系。也就是说，在买卖行为发生的同时，双方发生了借贷行为，形成了债权债务关系。这种关系体现在甲方财务报表上，就是应收账款；体现在乙方的财务报表上，就是应付账款。甲乙双方的债权债务关系一直持续到乙方支付了全部货款才能结束。

严格地说，商业信用随正常交易行为产生，属于一种自发性的融资行为。例如，当某企业按照30天后付款（“net30”条件）的约定，平均每天进货2 000元时，它平均占用供应商的资金就是60 000元（2 000元×30）。这意味着该企业对供应商负债60 000元，为期30天。若付款期再增加10天，那么，此项商业信用的额度就是80 000元（2 000元×40）。

（二）商业信用的成本

在规范的商业信用行为中，债权人为了控制应收账款的期限和额度，往往向债务人提出信用政策。信用政策包括：信用期限，如“net30”，表示商业信用期限为30天；给买方的购货折扣与折扣期，如“2/10，net30”，表示客户若在10天内付款，可享受2%的购货折扣，若10天以后付款，则不享受购货折扣优惠，商业信用期限最长不超过30天。

在商品信用政策中给予购货折扣和折扣期限的目的，是促使客户尽早付款，以控制卖方企业的应收款数额。至于买方是否接受折扣优惠并提前付款，需考虑放弃这笔现金折扣所形成的隐含利息成本是否太高。下面举例说明什么是隐含的利息成本，即商业信用成本。

【例2-1】 通达电脑公司每年都从皮特电脑公司购买6 000万元的零件，皮特电脑公司给通达电脑公司的商业信用条件为“2/10，net30”。通达电脑公司扣除2%的购货折扣后，平均每天的进货额为

$$60\ 000\ 000\times(1-2\%)/360=163\ 333.33\ (\text{元/天})$$

如果通达电脑公司接受折扣并于第10天付款，则应付款为

$$163\ 333.33\times10=1\ 633\ 333.30\ (\text{元})$$

即通达电脑公司可以从皮特电脑公司得到1 633 333.30元的商业信用。

如果通达电脑公司不打算享受2%的购货折扣，那么，它可以得到的商业信用就是

$$163\ 333.33\times30=4\ 900\ 000\ (\text{元})$$

也就是说，放弃折扣，通达电脑公司可以多出约3 266 667元（4 900 000－1 633 333.30）的商业信用资金。这些钱可以用来归还银行贷款，也可以用来购买原材料、添置固定资产，等等。

但是，通达电脑公司获得3 266 667元的额外信用是以放弃2%的购货折扣为代价的。这相当于放弃了1 200 000元的价格优惠。如果用放弃的折扣额除以因放弃折扣换来的信用

资金增加额，就可以计算出放弃折扣的成本：

$$放弃折扣的成本=\frac{放弃的折扣金额}{由于放弃折扣增加的额外信用}\times 100\%$$

具体到本案例，

$$放弃折扣的成本=\frac{1\ 200\ 000}{3\ 266\ 667}\times 100\% =36.7\%$$

放弃折扣的成本若比银行贷款利率高，显然，通达电脑公司放弃折扣而增加商业信用就是不合算的。至于用放弃折扣而增加的商业信用归还银行贷款，则更是不明智之举。正是在这个意义上，我们称放弃折扣的成本为商业信用的隐含利息成本。

放弃折扣的成本还可以用另一方法计算：

$$放弃折扣的成本=\frac{折扣率}{1-折扣率}\times\frac{360}{信用期-折扣期}$$

利用上式计算本案例中放弃折扣的成本：

$$放弃折扣的成本=\frac{2\%}{1-2\%}\times\frac{360}{30-10}=36.7\%$$

（三）免费商业信用与有偿商业信用

所谓免费商业信用，是指企业在折扣期内享受的商业信用，如通达电脑公司在10天折扣期内可以享受1 633 333.30元的免费商业信用；所谓有偿商业信用，是指放弃折扣时企业能享受的额外商业信用，如通达电脑公司享受的3 266 667元的商业信用。这部分信用的代价就是隐含利息成本。一般而言，如果企业可以取得银行贷款，最好只利用免费的商业信用。

但有时企业也可以通过拖账的方式降低隐含利息成本。例如，通达电脑公司可能会在第15天而不是第10天付款，并且按照折扣价付款，这时，通达电脑公司既拿到了折扣，又取得了5天的额外商业信用。当然，这完全是在单方拖账的情况下实现的，有点无理取闹的意思，被称为“强制商业信用”。如果皮特电脑公司十分珍惜这一客户，它也许就容忍了。另一种方法是买方企业在信用政策最长期限以后付款，这种做法更会降低隐含利息成本。例如，通达电脑公司是在第60天而非第30天付款，它的隐含利息成本会由36.7%降至14.7%，即放弃折扣成本＝［2%÷（1－2%）］×［360÷（60－10）］＝14.7%。

显然，这种违规行为能够成功的前提是卖方可能有大量存货积压，从而急于把货物卖出去。

我国自20世纪90年代初以来，一遇到经济进入低速增长时期，便出现大量的企业拖欠货款，或曰三角债现象。这种大量存在的反常商业信用实际上是我国信用制度不健全、体制改革不到位造成的，在上一节信用危机部分已有涉及，与上面讲的偶尔拖欠有本质区别。

（四）商业信用的作用和局限性

商业信用是企业短期融资最主要的方式。由于它的形成与商品交易直接相关，手续简便，因此很容易成为企业的短期资金来源。在西方国家中，商业信用占短期融资的比重约为40％。在我国这一比例更高。当然，这与我国特殊的信用环境、企业制度有关。一般来说，当融资渠道不多、经济处于紧缩期、市场上资金供应不足时，商业信用的规模会大一些，商业信用在短期融资中的比重会高一些。商业信用最大的作用就是为企业提供短期融资，润滑整个生产流通过程，促进经济的发展。这也是为什么直到今天，以银行信用为代表的各种信用形式已经发展得十分完善，商业信用却一直广泛地存在于国内和国际贸易领域之中。

商业信用的局限性主要体现在两个方面。一方面，商业信用是由企业之间相互提供的，所以它的规模有限，不可能超过产业资本的规模；另一方面，商业信用有严格的方向性，一般地说，只有处于产业链上游的企业能够向下游的企业提供商业信用，倒过来却不行，因而有些企业很难获得商业信用的支持。比如，食品厂向面粉厂购买面粉用以制作糕点，面粉厂可以向食品厂提供商业信用，却很难从食品厂获得商业信用。正是由于商业信用存在这两个与生俱来的局限性，所以注定了商业信用不可能满足社会化大生产的需要，不可能成为一种主要的信用形式。

二、银行信用

银行信用，是指银行等金融机构与企事业单位和个人之间发生的信用关系。银行信用具有以下两个特征：第一，以金融机构为媒介，这里所说的金融机构主要是指银行，也包括经营类似银行业务的其他非银行金融机构；第二，借贷的对象是货币资本。

银行信用最大的优点是，克服了商业信用的局限性，不受规模、方向和期限的限制。比如，商业信用一般只能由产业链上游的企业提供给下游的企业；而在银行信用中，下游的企业如果有多余的资金可以存到银行，上游的企业如果资金周转紧张也可以到银行去贷款，资金的运动不再有方向的限制。又如，商业信用要求信用的提供者和信用的接受者在资金规模上取得一致，并且有规模限制；而在银行信用中，银行可以聚集大量小额分散的资金，满足大额资金的借款需求，几乎不受借贷规模的限制。再如，商业信用的成立要求信用的提供者和接受者在借贷的期限上取得一致；而在银行信用中，银行可以把短期的可贷资金链接起来，满足长期的借款需求，也可以把长期的可贷资金拆分成短期的。总之，银行信用具有无与伦比的灵活性，可以使社会上闲散的货币资金得到充分的利用。

最典型的银行信用是贷款。一般说来，可以根据贷款的保障程度把银行短期贷款分为三类：信用贷款、担保贷款和抵押/质押贷款。信用贷款无须任何担保，也无须将固定资产或者有价证券抵押给银行，企业只需要向银行申请一个信用额度，就可在信用额度的限额内获得银行贷款。担保贷款，顾名思义，就是企业需要寻找一个资信状况良好的法人或者自然人作为担保人，银行才能向企业提供贷款。相对于信用贷款，担保贷款对银行而言的风险较小。除了信用贷款和担保贷款以外，还有一种贷款形式，即抵押/质押贷款，即企业以固定资产或者金融资产作为抵押品抵押给银行，银行按照抵押品价值的一定比例向企业提供贷款。在实践中，作为短期银行抵押/质押贷款抵押品的资产，通常为企业的应收账款。

银行信用是随着现代银行业的产生而出现的，其出现的时间晚于商业信用，但是银行信用发展的广度和深度却比商业信用要大得多。正是由于银行信用具有显著的优点，所以在市场经济中，银行信用发挥着不可替代的重要作用。并且银行信用也为商业信用的扩大和发展提供了条件，二者是战略伙伴关系。比如，商业承兑汇票的贴现和应收账款的抵押贷款，就是通过取得银行的付款承诺或者货币资金，将商业信用转化为银行信用，从而大大促进了商业信用的发展。

三、国家信用

国家信用，是指以政府为主体的借贷行为，包括政府以债务人的身份取得信用和以债权人的身份授予信用两个方面。对于前者，我们很好理解，最典型的政府以债务人的身份取得信用的行为，就是财政部发行的政府债券。一般认为，政府债券根据期限不同可以分为两种：期限在一年以下的政府债券称为国库券，期限在一年以上的政府债券称为国债。我国自 1981 年开始发行中长期国债，1996 年是中国国债发展史上十分重要的一年，在这一年里，国债发行方式的市场化改革取得了重大突破：（1）1996 年可上市国债的发行全部采用国际通行的竞争招标方式，提高了国债发行的效率；（2）实现了国债发行从零售市场向批发市场的转变；（3）国债发行的时间由过去的集中发行变为定期发行；（4）国债种类多样化；（5）国债利率变动明显具有了先导作用；（6）国债发行的功能也由筹资型向调控型转化。

在现代社会，一国政府不仅能够从一国内部筹集资金，也可以向别的国家借款。一国政府在国内的债务称为内债，在国外的债务称为外债。无论内债还是外债，在经济生活中都是不可忽视的重要因素。

通常提到国家信用，似乎就是政府作为债务人获得信用。其实，国家也往往是债权人。在我国，一直有“农耕贷放”的历史传统，即政府向农民贷放种子、货币。从抗战时期的革命根据地开始直至中华人民共和国成立，革命政府也一直对农民发放农贷，这也正是这种历史传统的延续。

四、民间信用

民间信用，是对应于“法定信用”的一个概念，指个人之间的直接借贷关系，一般采取利息面议、直接成交的方式。民间信用是一种古老的信用形式，它的特点是利率高、风险大、容易发生违约纠纷，但却十分灵活，能弥补银行信用的不足。

新中国成立前，我国的民间信用非常活跃。新中国成立后，在计划经济体制下，民间信用几乎销声匿迹。但是从 1978 年改革开放直到今天，民间信用再度活跃，尤其是在农村地区。目前我国的民间信用大致可以分为两种：一种是民间自发成立借贷组织，名称一般延续新中国成立前的习惯叫法，如“标会”“摇会”“抬会”等，个人通过这一组织进行货币资金的借贷。政府并不支持这些组织的出现，因此它们也得不到国家法律或者法规的支持。另一种民间信用没有固定的组织，通常是通过邻里、熟人的中介进行，但其借贷行为严格遵守信用规则，如必须按规定的利率还本付息，等等。

对于民间信用的利弊，各界看法不一。但是有一点可以确定：在相当大的程度上具有高利贷性质的民间信用，之所以仍然具有旺盛的生命力，是因为现行的信用体系尚不足以满足经济生活的借贷需求，尤其是个体和中小企业经营活动的小额短期流动资金需求。面对这种特殊的情况，简单地禁止民间信用，其结果只能是禁而不止。解决这一问题的根本出路，还是在于深化金融体制改革，健全社会信用体系，拓宽融资渠道。

五、消费信用

消费信用，是指企业和银行等金融机构向消费者个人提供的、用于满足其消费方面所需货币的信用。现代消费信用最主要的方式有分期付款、信用卡、消费贷款。对于这些消费信用的方式，我们都非常熟悉，这里不再逐一介绍。

消费信用的意义在于，在一定条件下可以促进经济增长、提高消费者生活水平。比如，刚刚参加工作的大学生，如果靠自己积攒，需要几十年的时间才能买得起一套住房。在这几十年的时间里，他只能租房，要忍受诸多的不便。有了住房抵押贷款，他只需凑够了首付款，就可以预支未来的收入，提前购买一套自己的住房，生活水平将会大大提高。据估计，若不采取分期付款这一消费信用典型的支付方式，西方汽车的销售量将会减少三分之一。可见，消费信用的发展极大地促进了房地产业和耐用消费品产业的发展，从而带动了整个经济的发展。此外，消费信用对于促进产品创新和新技术的应用也有不可低估的作用。但是，我们也要看到问题的另一面：如果消费信用过度扩张，超过了市场实际需求，也可能会导致经济的虚假繁荣。一旦泡沫破裂，就会对经济发展产生破坏作用。比如，2007 年美国的次贷危机，在很大程度上就是因为商业银行盲目扩张住房抵押贷款市场份额，一方面积累了大量不良贷款，另一方面也促成了房地产的虚假繁荣。

现在，通过消费信用来提高自己的消费水平已经越来越普遍了，很多年轻人已经习惯了购物刷信用卡、买车靠汽车消费贷款、买房靠住房抵押贷款，这自然提高了我们一生中的效用水平。但是，总的说来，消费信用只能满足一生的货币资源在时间上的合理配置。首先，在我们打算通过负债来消费的时候，一定要周密地考虑未来的偿还能力和风险，谨防过度负债。一般而言，对于像住房抵押贷款这样的负债，每个月的还款额在个人收入的 40% 以内为佳。其次，要考虑利率的风险，如果未来利率上升，还款的利息负担也会相应地上升；最后，对未来其他方面的支出要有充分的预期。现代社会不确定性因素很多，随着经济形势和个人境遇的变化，未来的收入具有极大的不确定性。我们应该充分考虑各种可能出现的大的收入与支出的变化，未雨绸缪。

第三节　现代信用体系建设

一、现代社会与信用体系的建立

现代社会是典型的“陌生人社会”，与传统小农经济的“熟人社会”有很大差别。“陌生人社会”是相对于费孝通先生所说的“熟人社会”而言的。“熟人社会”是社会成员个人信息的超导体，由于大家彼此熟悉，又处于同一血缘聚集的社会关系中，一荣俱荣，一损俱损。如果一个人做了违背道德或违法的事不仅会受到别人的贬斥，甚至还要株连亲属。因此，“熟人社会”的道德自律性比较强，个人信用也比较可靠。但是，随着人口的增长、交往范围的扩展和生产力的进步，人类的生活方式发生了急剧的变化，组合社会成员的形式由乡村变成城市，全球性的资本主义市场经济社会、开放社会或大社会也随之形成。在大社会中，人们不再生活在过去的家族或部落、小圈子中，更多的人离开乡村到城市中去生活，人们可以在一个较大的环境中活动。成千上万的人生活在同一个城市里，不可能彼此熟悉，也不可能让一个人把整个城市成千上万人的信息都掌握得一清二楚。与此同时，人们在城市生活的目的已不再是为了团结起来服务于集体的共同目标，而是为了使自己获得更好的生活环境，是为了进一步和他人合作、分工和交易，于是“陌生人”越来越多，“熟人社会”也因此而瓦解。

在陌生人社会里，由于没有了共同的历史和生活经历，难以产生共同的传统、信仰和道德准则，所以道德控制社会的能力直线下滑。当一个人从原来的“熟人社会”来到一个以陌生人为主的社会时，很多以前不敢做的事情现在就可能去做了（因为做了以后也没人会在意或发现)，犯罪行为也可能会产生了。在这种形势下，“熟人社会”那套约束机制必然会失效，就必须用“陌生人社会”的约束机制取而代之。因此，法律就变得越来越重要了。法律可以在其管辖的区域内对违法行为加以惩罚（普遍性)，另外还有专门的警察、军队等暴力机关实行制裁（强制性)。法律是解决“陌生人社会”有效的工具，而“熟人社会”的成员之间则不大容易诉诸法律。因为一旦诉诸法律，就意味着熟人之间的关系开始疏远，甚至准备中断，准备成为“陌生人”。

信用体系建设构成“陌生人社会”经济交往基础的社会信任结构。当某一经济主体和另一经济主体进行经济交往时，首先是基于相互间的信任，这种信任包括对行为结果会获得预期利益的信心和交易对方会有助于这一利益实现的信任。如果人们互不信任，一般很难发生经济交往关系。在日常经济生活中，经济交往主体常常是互不相识的，但他们之间对相互的可预见行为都寄予了很大的信任。如居民把钱存到银行，零售商把大件耐用消费品以分期付款的方式出售给消费者等，这些经济交易的产生，大多是基于对交易对方履行其承诺能力的一种信任。之所以产生这种信任，主要是因为在“陌生人社会”里，交易主体都要受制于信用体系。所以说，信用体系构成了“陌生人社会”经济交往的信任基础。

二、信用制度

信用制度是指关于信用及信用关系的制度安排，是对信用行为及关系的规范和保证，即约束人们信用活动和关系的行为规则。这种制度安排既包括正式的，又包括非正式的。前者如有关信用的法律（如契约法)、信用管理制度等，后者如信用观念、信用习惯等。其中，信用管理制度是国家为确保信用活动的正常进行而制定的有关法律法规，如信用征集、信用调查、信用评估、信用保证等信用活动中的工具采纳、机构设置、法律责任、监督管理等。

信用制度最早是在商品交换的发展中形成的。随着商品交换的发展，信用关系出现并且快速发展，渗透到人们经济生活的方方面面，人们便产生了对这一关系固定化和规范化的要求，即通过信用制度来规范和安排信用关系。可见，信用制度作为一种交易规则是商品经济长期发展的结果。

诺思教授认为，“制度是为人类设计的，构建着政治、经济和社会相互关系的一系列约束”。它是由生活在其中的人们选择和决定的，反过来又规定、约束着人们的行为，决定着人们的行为方式和社会特征。制度的最大功能在于为人们在广泛的社会分工中的合作提供一个基本框架，使人们在一定程度上相信，他们与别人的交往将按他们的预期进行，使他人的行为变得可预见，由此协调人们的各种行为，建立起信任关系，并减少信息收集的费用，从而降低交易成本。

同样，信用制度的一个主要功能就是减少经济活动和联系中的不确定性，帮助人们形成稳定、可靠的预期。在社会经济生活中，人与人之间的关系既有竞争又有合作，由于人的有限理性和信息不对称等原因，人自身不可能处理好竞争与合作的关系，而信用制度的建立为人们从事广泛的经济往来提供一系列的行为规则，规范人们之间的信用关系，这在复杂的非个人交换形式中显得尤其重要。信用制度通过规范经济当事人之间的相互关系，减少信息成本和不确定性，把阻碍合同得以进行的因素减少到最低限度。信用制度的建立为节约交易费用提供了有效途径，而交易费用的节约则是市场秩序稳定有序的主要标志。信用制度的建立和执行能够规范及约束经济主体的交易行为，便于交易主体间的信息传递，从而有利于稳定的市场秩序的形成，实现信用环境的优化。信用制度作为经济主体间交往行为的规则和制度，不仅仅是道德规范的选择，也是一种利益的必然选择。

三、现代征信系统建设

所谓的征信，就是指专业独立的第三方机构收集、整理、保存、加工个人或者企业的信用信息，并对外提供信用报告、信用评分、信用评级等业务活动。征信系统建设是现代社会信用制度建设中最重要的一个部分。

改革开放后，我国征信系统持续稳定发展，自 1992 年贷款证制度开始，初成于 2002 年银行信贷登记咨询系统全国三级联网运行，完成于 2006 年全国统一的企业和个人征信系统全国联网运行。二十多年以来，我国一直是由央行推动全国统一的企业和个人征信系统建设。截至 2014 年年底，我国各类征信机构达 1811 家机构。根据中国产业信息网发布的《2016 年中国征信行业市场发展现状及行业发展趋势》报告，2015 年，中国个人征信行业潜在市场规模为 1623. 6 亿元，实际市场规模为 151. 4 亿元。随着互联网金融的发展和消费金融概念的升温，未来中国个人征信行业的潜在市场规模将迎来爆发式增长。

（一）我国征信系统的发展现状

1. 企业征信系统

我国企业征信的发展是典型的市场需求推动型，随着国内改革开放的深入，在 20 世纪 80 年代就催生了专门提供企业征信服务的机构，发展到今天，我国有近 200 家从事企业征信的机构。并且央行也建立了专业的企业信用信息数据库，虽然接入该库的机构范围较广，包括银行、小额贷款公司、资产管理公司、担保公司等，但主要的信息渠道仍为各类商业银行，信息内容为企业基本信息与信贷资料，其数据变更及时准确，企业信贷信息的变动第二天就能同步更新到系统中去，同时有专人对数据进行对比审核，保证数据的准确性。在没有健全的法律法规、没有优秀的实践先例的情况下，国内征信机构均是根据市场需求和国际经验，采取“信用报告 + 增值服务”的传统模式，主要产品大致分为四类：信用信息查询、信用报告、关联企业查询和风险专题分析报告。

目前我国的企业征信机构有 150 多家，政府背景的信用信息服务机构约 20 家。各级政府推动社会信用体系建设，政府或其所属部门设立征信机构，接收各类政务信息或采集其他信用信息，并向政府部门、企业和社会公众提供信用信息服务。社会征信机构约 50 家。业务范围扩展到信用登记、信用调查等；征信机构主要以从事企业征信业务为主，从事个人征信业务的征信机构较少。信用评级机构约 70 家。目前，纳入中国人民银行统计范围的信用评级机构共 70 多家，其中，8 家从事债券市场评级业务，业务规模相对较大；其余从事信贷市场评级业务，主要包括借款企业评级、担保公司评级等。

2. 个人征信系统

在个人征信方面，目前信用相关产品较为单一，且个人征信覆盖率较低。目前使用最广泛的个人征信产品是由央行征信中心出具的个人征信报告，该报告可输出信贷记录、公共记录和查询记录，尚无个人信用评分。央行也建立了个人信用信息数据库，截至2014年10月底，该库共收录了8.5亿自然人的记录，不过有征信记录的仅约3.2亿人，仅占13.5亿人口中的23.7%。

2015年年初，央行批准8家民间机构开展个人征信准备工作，根据央行部署，这8家机构在2015年6月份接受央行一系列的检验，检验合格后给以个人征信牌照，这将标志着我国的个人征信真正进入专业化发展阶段。从目前这8家机构的表现看来，大家还处在个人征信产品开发的摸索阶段。相对于国外百余年成熟的个人征信市场，个人征信行业在我国是刚刚起步，市场潜力很大，将会吸引更多的机构加入进来。

（二）我国征信行业的发展问题

2013年3月，《征信业管理条例》正式实施，明确规定全国统一的企业和个人征信系统为“金融信用信息基础数据库”。在个人信用信息基础数据库中，个人信用资料不全，覆盖率低。目前央行征信系统中有8.5亿自然人信息，其中有信贷数据的只有3.2亿人，考虑到我国13.5亿的人口基数，目前的央行征信系统依然单薄。

目前国内采用的个人征信报告主要由央行提供，但该报告中主要记录的是信贷信息，而诸如水、电、燃气、电话费等有价值的信用信息并没有完全纳入当前数据库中，众多个人信用信息仍割裂在诸如法院、教育部门、电信运营商、信贷机构等部门或机构手中，“信息孤岛”依然是我国征信业发展的制约。

根据我国现行法律和《征信业管理条例》的规定，采集企业和个人信用信息应征得信息主体的同意，大量应当公开的信息没有依法公开，加大了征信机构采集信息的难度。同时，目前我国有关征信的法律法规尚未制定企业和个人信用信息保护法律制度，无法为征信活动提供直接的依据，使征信机构在征信信息的提供和披露等方面无法可依，新施行的《征信业管理条例》只是信息保护的一个基本的纲领要求。

（三）大数据时代的征信系统

互联网金融最近几年在国内呈现出爆发式增长，带来了强烈的征信需求。主要包括P2P、众筹、在线理财等，其中增长最快的当属P2P网络借贷。据网贷之家数据显示，P2P网贷平台从2011年的50家急剧增长到2014年的1 575家，成交金额从2011年的31亿元增长到2014年的2 528亿元。然而，由于征信体系的不完善，国内P2P网贷平台存在着不断增大的信用风险和流动性风险，自2011年以来不断有国内网贷平台“跑路”的报道。互联网金融行业的迅猛发展暴露出这一行业较多的风险点，催生了对征信行业的巨大需求。

目前我国个人有征信记录的仅有约3.2亿人，约占13.5亿人口中的23.5%，央行征信数据覆盖率严重不足。传统的个人征信技术是建立在丰富的信贷记录基础上的，因此传统的个人征信技术目前无法解决大多数中国人的个人征信问题。而大数据是基于大量网络行为数据，以此刻画个人信用画像，很好地弥补了个人信用记录缺乏的问题。随着大数据技术在征信领域的创新性使用，一些新兴征信机构，如芝麻信用、腾信征信等，拥有大量交易数据或是社交数据，而这些多维度的数据非常有利于对个体的全息画像，是个人征信数据的重要补充。如何将全社会有价值的信用信息数据有效整合到一起，在征信市场上，各类型的征信服务机构如何精准地定位、协同作业，是未来我国的征信系统能否健康、快速发展的关键。

【案例阅读】

互联网金融抢滩个人征信业务

互联网的精髓之一就是从用户出发。从用户需求的角度出发，互联网金融和传统金融其实没有根本差别，同样是为了满足用户的三大基本金融需求：投资、融资、支付。具体来说，就是实现资金盈余者和资金短缺者之间的资金融通，以及贯穿其中的资金流动。

在支付环节，阿里和腾讯的地位别人已经无法轻易撼动，但是各类投资收益类产品和P2P贷款类平台却是遍地开花。然而，初期的野蛮生长过后，行业的长远发展必然离不开规范和监管。其中个人征信市场就是一块被纷纷看好的大蛋糕。面对数千亿元的市场，互联网金融巨头们早就跃跃欲试、纷纷抢滩布局。2015年1月，央行下发《关于做好个人征信业务准备工作的通知》，要求8家机构做好个人征信业务的准备工作，个人征信市场由此开闸。如今这8家企业的验收工作已结束，牌照将于近期发放。7月18日，央行等十部委发布《关于促进互联网金融健康发展的指导意见》，明确提出，允许有条件的从业机构依法申请征信业务许可。

拿到征信牌照的多家互联网金融巨头早已展开“殊死较量”，芝麻信用已经逐步推出基于信用评分的相关产品，还“牵手”北京银行开启了商业银行应用互联网征信的先河。与此同时，关于第二批个人征信牌照申请的消息也传得沸沸扬扬。近日百度、京东金融、快钱、北京安融征信、拍拍贷等机构均有意申请第二批牌照，且部分已向央行提交申请。

国内的个人征信起步较晚，且信用征信体系一直由政府主导，征信系统格局单一。随着互联网的普及，大数据技术、机器学习等新技术的发展，互联网征信的发展为征信模型的开发带来了巨大的便利，很大程度上将会成为新的发展趋势。特别是在政府允许个人征信以后，个人征信的发展必将走上快车道，与央行的个人征信体系形成有效互补。然而，从长远规划来看，个人征信的商业化发展还得解决以下矛盾。

在一个信用体系良好的社会，自然是人人受益的。每一个人维护自己良好信用的行为带来了整个社会运行效率的提升。在未来，个人征信分数还可以当钱花，事实上芝麻信用已经上线了“花呗”、“借呗”、住宿、出行等信用服务产品。京东“白条+”计划为旅游、租房等行为提供了便捷。

然而，便捷的代价可能就是个人隐私的丧失。据称，未来除了银行、电商、电信、教育、医疗、公安、社保等部门的常规数据，征信可能还会将社交、游戏、搜索习惯等非结构化数据等纳入考虑。打车软件爽约、网购不签收、拖欠水电费等进入信用报告尚且还好，如果有人通过门禁记录你是否每晚回家又该如何呢？所以，征信和隐私的边界就需要厘清，毕竟人人自觉是最佳状态，但是人人自危就是另一回事了。

对于个人征信而言，客观性是其赖以生存的基础。信用评级的缺失有两层含义：一是没有评级，二是错误评级。实践证明，第二种缺失的破坏性更大。因此，不是所有的评级都能承担保障互联网信用体系安全的责任，互联网征信虽然可以利用掌握的数据尽可能地反映个人的信用特征，但是如何避免这个过程中的错误认定、形成完善的纠错机制依然重要。

全面性的挑战在于个体企业掌握信息的不足，作为个体企业，其评级过程必然受制于自身的业务模式。以首批通过的8家企业为例，其业务侧重就各有不同。所以，不同企业针对同一个人的征信报告存在差异，甚至大相径庭就在所难免。所以，未来如何整合征信资源，包括公共单位的信用数据仍将是需要解决的问题。

资料来源：中国中证网/产业基金，http：//www. cs. com. cn/tzjj/sbnj/201507。

【主要术语】

信用　银行信用　商业信用　消费信用　直接融资　间接融资　征信制度

【复习思考题】

1. 经济学中的“信用”与我们日常生活中的“信用”有没有关系？是怎样的关系？
2. 为什么说现代市场经济是信用经济？从你自身的体验谈谈建立信用制度的重要性。
3. 信用有哪几种主要的形式？举例说明每一种形式的信用。
4. 如果商业信用的条件是“2/5，net30”，代表什么含义？
5. 请对商业信用与银行信用进行比较。
6. 请简述直接融资与间接融资的区别。
7. 简述我国征信系统的现状。

第三章　利息与利率

学习目标：

- 理解利息的本质；
- 掌握利率概念及主要的利率种类；
- 理解并掌握利率决定理论及影响利率的因素；
- 理解利率的杠杆作用；
- 了解我国利率市场化改革的进程。

利率是经济中最受关注的变量之一，它直接关系到我们的日常生活，并对经济的健康运行有着重要的意义。本章我们将主要阐述利率、决定和影响利率变化的因素，以及利率杠杆的运用。

第一节　利息的本质和利息率

一、利息的本质

现代社会，人们认为贷出货币资金收取一定的利息，是理所当然的事情。然而，就在几百年前，关于货币借贷是否应该收取利息，一直是一个争议很大的问题。利息的存在，使人们对货币产生了一种神秘的感觉：似乎货币可以自行增值。其实人们之所以会有这种感觉，是因为没有认清利息的本质。实际上，虽然信用和利息早已存在，但是人们弄清楚利息的本质也仅仅只有几百年的时间。对于利息的本质，马克思曾有深刻的剖析。马克思针对资本主义经济中的利息指出："贷出者和借入者双方都是把同一货币额作为资本支出的。但它只有在后者手中才执行资本的职能。同一货币额作为资本对两个人来说取得了双重的存在，这并不会使利润增加一倍。它所以能对双方都作为资本执行职能，只是由于利润的分割。其中归贷出者的部分叫做利息。"①因此，利息本质上是利润的一部分，是剩余价值的特殊转化形式。

马克思关于利息实质的分析可以从英国古典经济学家的理论分析中找到线索。18 世纪中期马西（Mussey）第一次指出，利息是利润的一部分。他说："取息的合理性，不是取决

① 马克思：《资本论》（第三卷），第二十三章"利息和企业主收入"。转引自黄达，《金融学》（第二版），中国人民大学出版社 2009 年版，第 15 页。

于借入者是否赚到利润，而是取决于它（所借的东西）在适当使用时能够生产利润，富人不亲自使用自己的货币而是把它贷给别人，让别人用这些货币去牟取利润，并且把由此获得的利润的一部分为原主保留下来。”① 明确劳动是财富的源泉和利润为工人所创造的价值的亚当·斯密，对利息曾作出这样的说明：“以资本贷人取息，实无异由出借人以一定部分的年产物，让与借用人。但作为报答这种让与，借用人须在借用期内，每年以较小部分的年产物，让与出租人，称作利息；在借期满后，又以相等于原来由出借人让给他的那部分年产物，让与出借人，称作还本。”② 通过对利息来源的剖析，可以看出，在典型的资本主义社会中，利息体现了借贷资本家与产业资本家共同占有工人剩余价值以及他们瓜分剩余价值的关系。在以苏联模式为代表的以公有制为基础、实行中央计划经济体制的社会主义社会，剩余价值被扬弃了，但还存在企业、资金、利润、工资这类范畴，而劳动者所得的工资也只是他们所创造的财富的一部分。其余部分则是归社会支配的财富，从而利润也就成为劳动者所创造的财富归社会支配部分的转化形态。在这种情况下，对利息实质的逻辑论断必然是：国民收入或增值的部分社会财富根据国家和社会利益进行再分配的一种形式。

从上面的分析可以看出，利息是资金所有者由于借出资金而取得的报酬，它来自生产者使用该笔资金发挥营运职能而形成的利润的一部分。显然，没有借贷，便没有利息。但在现实生活中，利息已经被人们看作收益的一般形态：无论贷出资金与否，利息都被看作资金所有者理所当然的收入——可能取得的或将会取得的收入；与此相对应，无论借入资金与否，经营者也总是把自己的利润分为利息与企业主收入两部分，似乎只有扣除利息所余下的利润才是经营所得。于是利息率就成为一个尺度：如果投资回报率不大于利息率，则根本不需要投资；如果扣除利息后所余利润与投资的比例甚低，则说明经营的效益不高。

二、利息率

利息率，简称利率，是指借贷期内所形成的利息金额与所贷资金额的比率。我们可以把利率理解成借款的成本或者为借入资金支付的价格。在经济生活中，有很多种类的利率，如贷款利率、存款利率、各种类型的债券利率、可转让大额定期存单利率、贴现利率，等等。随着金融活动的日趋活跃与多样化，利息率的种类也越来越多。中国现行的利率就达百种以上，发达国家的利率种类更多，各种利率通常可从各国中央银行的网站和公开出版物中查找到。

利率是经济中最受关注的变量之一，它直接关系到我们的日常生活，并对经济的健康运行有着重要的意义。对于个人而言，一方面，利率上升会增加贷款成本，从而促使我们推迟或者放弃购房、购车的计划；另一方面，利率上升会鼓励个人增加储蓄，因为这样可以赚取更多的利息收入。在宏观层次上，利率不仅影响消费者消费与储蓄的愿望，而且还影响企业的投资决策和金融机构的行为。正是因为利率的变动对个人、企业、金融机构乃至整个经济发展都有重要影响，因此研究利率的变化就显得十分重要。

---

① 马克思：《资本论》（第三卷），第二十三章，“利息和企业主收入”。转引自黄达，《金融学》（第二版），中国人民大学出版社 2009 年版。

② 同上书。

三、利率的种类

在经济生活中，有形形色色的利率。由于不同的利率有统一的运动趋势，所以经济学家在谈到利率的时候，通常是对市场利率的一个综合，而不是针对某一种具体的利率。利率可以按照不同的标准进行分类，以下介绍几种重要的利率分类方法：

（一）实际利率与名义利率

在借贷过程中，债权人不仅要承担债务人到期无法归还本金的信用风险，而且要承担货币贬值的通货膨胀风险。实际利率与名义利率的划分，正是从这个角度出发的。实际利率，是指物价不变，从而货币购买力不变条件下的利息率。例如，假定某年度物价没有变化，甲从乙处取得1年期的1万元贷款，年利息额500元，实际利率就是5%。但物价不变这种情况在现实经济生活中是很少见的，而物价不断上涨则似乎是一种普遍的趋势。如果某一年的通货膨胀率为3%，则乙在年末收回的1万元本金实际上仅相当于年初的9 707元，本金损失率近3%。为了避免通货膨胀给本金带来的损失，假设仍然要取得5%的利息，那么粗略地计算，乙必须把贷款利率提高到8%。这样，才能保证收回的本金和利息之和与物价变化以前相当。这个8%的利率就是名义利率。

因此，所谓名义利率，是指包括补偿通货膨胀风险的利率。概略的计算公式可以写成：

$$r = i + P \tag{3-1}$$

式中，r 为名义利率；i 为实际利率；P 为借贷期内物价的变动率。

但是通货膨胀对于利息部分也有使其贬值的影响。考虑到这一点，名义利率还应作向上的调整。这样，名义利率的计算公式可以写成：

$$r = (1+i)(1+P) - 1 \tag{3-2}$$

在上例中，名义利率应当是（1+5%）×（1+3%）-1=8.15%，而不是8%。

从公式（3-2）中可以推出实际利率的计算公式：

$$i = (1+r)/(1+p) - 1 \tag{3-3}$$

这是目前国际上通用的计算实际利率的公式。

在通货膨胀的条件下，市场上各种利率都是名义利率，而实际利率却不易直接观察到。通常是利用上述公式，根据已知的名义利率和通货膨胀率推出实际利率。至于名义利率的变动，在利率可以自由变动的市场经济中，取决于对实际利率的预期与对通货膨胀的预期。如果物价下降，则意味着货币购买力上升，货币值钱了。按照实际利率不变的思路，应相应降低名义利率。但名义利率不可为负。一旦通货膨胀率大于实际利率，尽管名义利率很高，实际利率却会极大地下降乃至逼近于零，甚至为负。

需要提醒的是，名义利率适应通货膨胀的变化而变化并非是同步的。由于人们对价格变化的预期往往滞后于通货膨胀率的变化，所以相对于通货膨胀率的变化，名义利率的变化也往往有滞后的特点。但这不是绝对的。

（二）固定利率与浮动利率

根据利率在借贷期内是否调整，可将其划分为固定利率与浮动利率。

固定利率是指在借贷期内不作调整的利率。实行固定利率，对于借贷双方准确计算成本与收益十分方便，是传统上采用的方式。但是，由于20世纪70年代以后几次大的通货膨胀，实行固定利率会给债权人，尤其是长期放款的债权人带来较大的损失。因此，浮动利率开始被越来越普遍地用于借贷活动，尤其是长期借贷活动。

浮动利率是一种在借贷期内可定期调整的利率。根据借贷双方的协定，由一方在规定的时间依据某种市场利率进行调整，一般调整期为半年。浮动利率尽管可以为债权人减少损失，但也因手续繁杂、计算依据多样而增加费用开支，因此，多用于 3 年以上的借贷及国际金融市场。如美国的房地产贷款期限多为 3 年、5 年至几十年，为减少通货膨胀带来的损失，20 世纪 70 年代中期开始广泛实行可调整利率放款；英国政府自 1977 年 5 月发行期限为 4—5 年的变动利率债券，利率按半年期国库券利率加 0. 5% 计算；欧洲货币市场实行的浮动利率调整期为 3—6 个月，调整的依据为伦敦银行同业拆借市场的同期利率，等等。在国际金融市场上，浮动利率债券的发行额自 20 世纪 70 年代以来增长很快。1980 年，全球浮动利债券发行额仅为 47. 1 亿美元，到 1997 年已达到 2 131 亿美元。我国人民币借贷一向实行固定利率。20 世纪 80 年代初以来对某些贷款实行的浮动利率也不同于上面所述的浮动利率，而是指银行可在国家统一规定的利率基准上下一定幅度内酌情浮动的利率。至于中国银行发放的现汇贷款多年来一向采取浮动计息的方法，原因在于贷款的资金来源就是利率经常变化的国际金融市场。

（三）市场利率、公定利率、官定利率

根据利率是否可以在市场上自由变动，可将其划分为市场利率、公定利率和官定利率。可以自由变动的利率就是市场利率。由政府金融管理部门或者中央银行确定的利率，通常叫官定利率，也叫法定利率。官定利率是国家为了实现宏观调节目标而采取的一种政策手段。由非政府部门的民间金融组织，如银行公会等所确定的利率是行业公定利率。这种利率对其会员银行也有约束性。官定利率和行业公定利率都不同程度地反映了非市场的强制力量对利率形成的干预。

我国目前以官定利率为主。绝大多数利率仍是由中国人民银行制定、报国务院批准后执行。市场利率范围有限，主要是在同业拆借等领域。发达的市场经济国家以市场利率为主，同时有官定、公定利率，但官定、公定利率与市场利率无显著脱节现象。至于其他发展中国家和地区的情况，基本介于上述两类情况之间，既有较大范围的官定或行业公定利率，也有一定规模的市场利率，并且两者的对比状况各国之间有较大差异。

（四）一般利率与优惠利率

根据利率是否带有优惠性质，可将其划分为一般利率与优惠利率。

商业银行优惠贷款利率是指略低于一般贷款利率的利率。优惠利率一般提供给信誉好、经营状况良好且有良好发展前景的借款人。在我国，优惠利率的授予对象同国家的产业政策相联系，一般提供给国家认为有必要重点扶植的行业、部门及企业，本质上是一种政策性贴息利率。我国自 20 世纪 80 年代中期起开始实行一种贴息贷款办法。所谓贴息贷款，即接受贷款的单位支付低于一般利率水平的利息，发放这种贷款而少收入的利息差额由批准贴息的部门、地方支付。需要指出的是，我国的优惠贷款利率属于官定利率，这不同于市场经济国家。后者的优惠利率非官定，由市场决定。

在国际金融领域内，外汇贷款利率的优惠与否以伦敦同业拆借市场的利率为衡量标准，低于该利率者可称为优惠利率。我国外汇优惠利率贷款主要由中国银行发放。

在经济发展过程中，优惠利率对于推动实现国家的产业政策有一定的作用。但滥用优惠利率往往达不到预期的目标，反而会造成很多消极的后果。

（五）年利率、月利率、日利率

根据计算利息的期限单位，可将利率划分为年利率、月利率、日利率。年利率是以年为单位计算利息；月利率是以月为单位计算利息；日利率，习惯叫“拆息”，是以日为单位计算。年、月、日这三种利率在经济生活中都有广泛使用的领域。西方工业化国家习惯以年利率为主，中国习惯以月利率为主。中国加入 WTO 之后，这种称呼上的差异正在逐渐消失。

第二节　决定和影响利率变化的因素

利率水平是怎样决定的，有哪些因素会使它发生变化，是金融理论中一个极其重要的课题。由于经济学家们对这些问题的认识不同，从而形成了不同的利率决定理论。

一、马克思的利率决定理论

总体上来看，马克思的利率决定理论是以剩余价值在不同资本家之间的分割作为起点的。马克思认为，利息是贷出资本的资本家从借入资本的资本家那里分割来的一部分剩余价值，而利润是剩余价值的最终转化形式，利息的这种性质就决定了利息量只能在利润总额的限度内，利率取决于平均利润率。具体内容包括：

1. 利率的变化范围介于零与平均利润率之间。剩余价值表现为利润，因此，利息量的多少取决于利润总额，利率取决于平均利润率。“因为利息只是利润的一部分……所以，利润本身就成为利息的最高界限，达到这个最高界限，归执行职能的资本家的部分就会等于零。”① 利息也不可以为零，否则借贷资本家就不会把资本贷出。因此，利息率的变化范围是在零与平均利润率之间。当然，并不排除利息率超出平均利润率或事实上成为负数的特殊情况。

2. 在零与平均利润率之间，利率的大小取决于两个因素：一个是利润率，一个是总利润在借款人与贷款人之间进行分配的比例。

3. 由于利润率决定利率，从而使利率具有如下特点：

（1）随着技术的发展和资本有机构成的提高，平均利润率有下降的趋势，因而导致受其影响的平均利率也有同方向变化的趋势。

（2）平均利润率虽有下降的趋势，但是一个缓慢的过程，就一个阶段来考察，每个国家的平均利润率是相对稳定的，因而平均利率也具有相对稳定性。

（3）由于利息率的高低取决于两类资本家对利润分割的结果，因而使利率的决定具有很大的偶然性，无法找到一个具体的决定规律。

二、西方经济学的利率决定理论

西方经济学中关于利率决定的理论继承了一般均衡理论的思路，全都着眼于研究利率变动取决于怎样的供给和需求的均衡。总的来说，对决定因素的观察不断细化，观察角度

---

① 马克思：《资本论》（第三卷），第二十三章，“利息和企业主收入”。转引自黄达，《金融学》（第二版），中国人民大学出版社 2009 年版。

则各有不同。

（一）古典学派的储蓄投资理论

在凯恩斯主义出现以前，传统古典经济学中的利率理论称为储蓄投资理论。这种理论强调非货币的实际因素在利率决定中的作用，它们所注意的实际因素是储蓄和投资。投资用边际投资倾向表示，储蓄用边际储蓄倾向表示。这里所说的“储蓄”是经济学中使用的观念，等于收入减消费，比我们日常所说的银行储蓄存款中的“储蓄”概念的范围大。投资流量会因利率的上升而减少，储蓄流量会因利率的上升而增加。故投资是利率的递减函数，储蓄是利率的递增函数。而利率的变化则取决于投资流量与储蓄流量的均衡。

图 3-1 说明了这种关系。

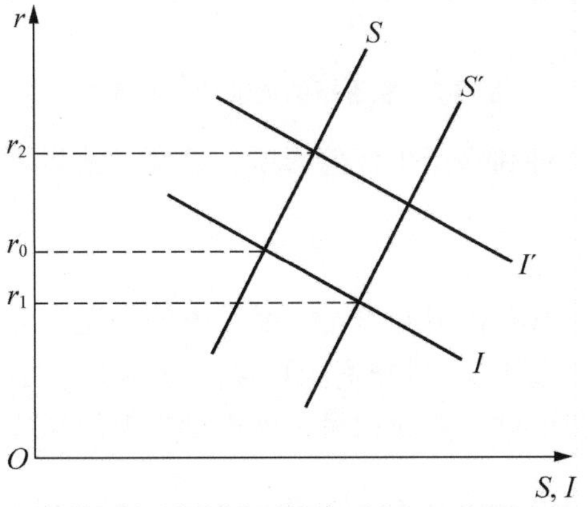

图 3-1　古典学派的储蓄投资理论

图中，I 为投资曲线，该曲线向下倾斜，表示投资与利率之间的负相关关系；S 为储蓄曲线，该曲线向上倾斜，表示储蓄与利率之间的正相关关系。两线的交点所确定的利率 r_0 为均衡利率。如果有些因素引起边际储蓄倾向提高，则曲线 S 向右平移，形成曲线 S'，后者与 I 的交点所确定的利率 r_1，即为新的均衡利率。显然，在投资不变的情况下，储蓄的增加会使利率水平下降。如果有些因素引起边际投资倾向提高，曲线 I 向右平移，形成 I'，则曲线 I' 与曲线 S 的交点确定的利率 r_2，即为新的均衡利率。显然，若储蓄不变，投资增加，则均衡利率上升。

（二）凯恩斯的流动性偏好理论

英国经济学家凯恩斯在 20 世纪 30 年代提出了其“流动性偏好”的利率理论。在该理论中，凯恩斯提出了“流动性陷阱”的概念。和传统的利率理论相反，凯恩斯完全抛弃了实际因素对利率水平的影响。他认为货币因素决定了利率的变动，因此其利率决定理论基本上是货币理论。凯恩斯认为，利率取决于货币供求数量，而货币需求量又基本取决于人们的流动性偏好。如果人们对流动性的偏好强，愿意持有的货币数量就会增加，当货币的需求大于货币的供给时，利率上升；反之，当人们的流动性偏好转弱时，对货币的需求下降，利率下降。因此，利率由流动性偏好曲线与货币供给曲线共同决定（见图 3-2）。

货币供给曲线 M 由货币当局决定，货币需求曲线 L 是一条由上而下、由左到右的曲线，越向右，越与横轴平行。当货币供给量由 M_1 增加到 M_2 时，均衡利率由 r_1 下降到 r_0；当货币供给线与货币需求线的平行部分相交时，利率将不再变动，即无论怎样增加货币供给，

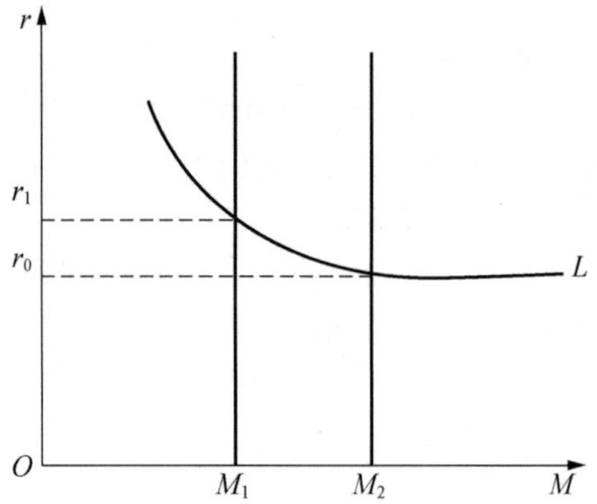

图 3-2　凯恩斯的流动性偏好理论

货币均会被储存起来，不会对利率产生任何影响。这便是凯恩斯利率理论中著名的“流动性陷阱”假说。

（三）可贷资金理论

凯恩斯的利率理论在学术界曾引起争论。反对方的典型代表是英国的罗宾逊与瑞典的俄林，他们提出了“可贷资金论”。可贷资金理论一方面反对古典学派对货币因素的忽视，认为仅以储蓄、投资分析利率过于片面；另一方面抨击凯恩斯完全否定非货币因素在利率决定中的作用的观点。

按照可贷资金理论，借贷资金的需求与供给均包括两个方面：借贷资金需求来自某期间投资流量和该期间人们希望保有的货币余额；借贷资金供给则来自同一期间的储蓄流量和该期间货币供给量的变动。用公式表示，有：

$$D_L = I + \Delta M_D \tag{3-4}$$

$$S_L = S + \Delta M_S \tag{3-5}$$

式中，D_L 为借贷资金的需求；S_L 为借贷资金的供给；ΔM_D 为该时期内货币需求的改变量；ΔM_S 为该时期内货币供应的改变量。显然，作为借贷资金供给一项内容的货币供给与利率呈正相关关系；而作为借贷资金需求一项内容的货币需求与利率则呈负相关关系。总体来说，均衡条件为：

$$I + \Delta M_D = S + \Delta M_S \tag{3-6}$$

这样，利率的决定便建立在可贷资金供求均衡的基础之上。按照这一理论，则货币供需力量对比的变化即足以改变利率，因此，利率在一定程度上是货币现象（见图 3-3）。

三、现实中影响利率变化的一般因素

在复杂的经济关系中，众多的因素都会对利率的变化产生影响，但综合各种利率决定理论，决定和影响其变化的因素主要是：平均利润率、资金供求状况、物价水平、国家经济政策和国际利率水平。

（一）平均利润率

平均利润率是决定利率高低的最基本的因素。利息是平均利润的一部分，利率仍取决于利润率，并受平均利润率的制约。一般情况下，利率以平均利润率为最高界限，且利率

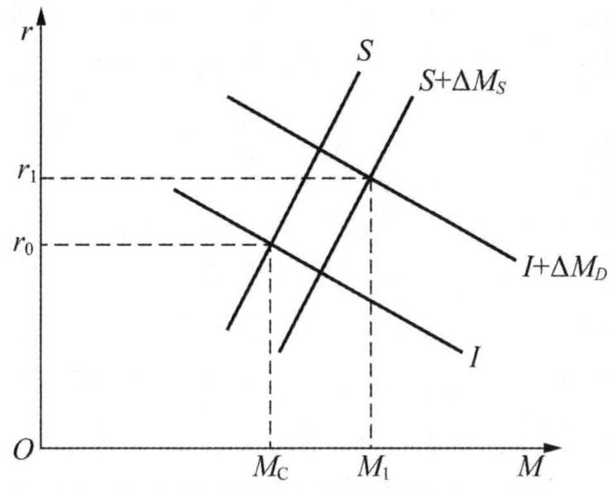

图 3-3 可贷资金理论

最低也不会等于零，否则就不会有借贷行为。利率总是在零到平均利润率之间波动，并且利率水平的变化与平均利润率水平的变化成正比。当平均利润率上升时，利率一般也相应上升；当平均利润率降低时，利率也相应降低。

（二）借贷资金的供求状况

在平均利润率一定的情况下，利率的高低取决于金融市场上借贷资金的供求情况。这是因为，借贷资金同其他资金一样，是在激烈的竞争中运动的，这种竞争归根到底是由资金的供求关系决定的。一般情况下，当资金供不应求时，利率上升；当资金供过于求时，利率下降。同时，利率也反作用于资金供求，利率上升对资金的需求起抑制作用，有利于资金来源的增加；利率下降，会使资金需求增加。所以，资金供求状况是决定利率水平的一个基本因素。

（三）物价水平

价格与货币购买力大小有直接关系。物价上涨，货币会贬值，货币购买力将下降；物价下跌，货币会升值，货币购买力将上升。由于货币形式的借贷资金体现着一定量的货币购买力，因而物价升降引起货币购买力的变化必然影响借贷双方对资金价格的评价。物价上涨，货币相应贬值，如果银行的存款利率低于物价上涨率，其实际利率就是负利率。这样，将资金存入银行不仅得不到实际收益，甚至本金也会受到损失。因此，在这种情况下，人们将减少甚至不会再去存款。只有银行存款利率高于物价上涨率时，才能起到吸引存款的作用。同样，如果银行的贷款利率低于物价上涨率，其实际利率也是负利率，这样，银行发放贷款不但得不到实际收益，甚至本金也会受到损失，在这种情况下，银行将处于亏损状态。因此，在制定调整利率的决策时，必须充分考虑物价水平变动的影响。

（四）国家经济政策

利率对社会再生产具有调节作用。因此，国家把利率作为调节经济的一种重要工具。利率不能完全随借贷资金的供求状况自由波动，而必须受到国家的调节，因此而产生的一些代表国家意向的经济政策就会对利率产生直接的干预和影响。世界各国政府都根据本国的经济状况和经济政策目标，通过中央银行制定的货币政策影响市场利率，进而达到调节经济、实现其经济发展目标的目的。

在一国的经济非常时期或在经济不发达的国家，利率管制也是直接影响利率水平的重要因素。管制利率的基本特征是由政府有关部门直接制定利率或利率变动的界限。由于管制利率具有高度的行政干预和法律约束力，排斥各类经济因素对利率的直接影响，因此，尽管许多发达的市场经济国家也实行管制利率，但范围有限，且一旦非常时期结束即行解除管制。

（五）国际利率水平

国际利率水平对国内利率的变化具有一定的影响作用，因为国内利率水平的高低直接影响本国资金的国际流动，进而对本国的国际收支状况产生影响。当国际利率水平较低而国内利率水平较高时，外国货币资本会流入国内，从而有利于国际收支状况的改善；反之，当国际利率水平较高，而国内利率水平较低时，本国的资金会外流，不利于本国的国际收支平衡。同时，国际利率水平与国内利率水平过于悬殊，不仅会对国际收支产生影响，而且还会影响本国通货的对外价值，直接影响本国的对外贸易。所以，为了平衡国际收支，一国往往参照国际利率水平来调整国内利率水平，以减少国际收支逆差或顺差。

第三节　利率的作用及利率市场化

在发达的市场经济中，利率的作用是相当广泛的。从微观角度说，在对个人收入在消费与储蓄之间的分配、企业的经营管理和投资的积极性等方面，利率的影响非常直接；从宏观角度说，货币是重要的经济杠杆，对货币的需求与供给、市场的总供给与总需求、物价水平的升降、国民收入分配的格局、汇率和资本的国际流动，进而对经济增长和就业等，都有重要影响。利率的杠杆作用，主要体现在对储蓄及投资的影响上。影响程度的大小，用储蓄的利率弹性与投资的利率弹性表示。

一、储蓄的利率弹性

利率对储蓄的作用有正反两个方面，即随着利率的上升，储蓄总额可能增加，也可能减少；随着利率的下降，储蓄总额可能减少，也可能增加。一般将储蓄随利率上升而增加的现象称为利率对储蓄的替代效应，将储蓄随利率上升而降低的现象称为利率对储蓄的收入效应。替代效应表示人们在利率水平提高的情况下，愿意增加未来消费——储蓄，来替代当前消费。这一效应反映了人们有较强的增加利息收入从而增加财富积累的偏好。收入效应表示人们在利率水平提高时，希望增加现期消费，从而减少储蓄。这一效应则反映了人们在收入水平由于利率上升而提高时，希望进一步改善生活水准的偏好。一般来说，一个社会中总体上的储蓄利率弹性究竟是大是小，最终取决于上述方向相反的两种作用相互抵消的结果。由于相互抵消，尽管利率的收入效应与替代效应分别来看都很强，但利率的弹性却有可能很小。至于储蓄的利率弹性的方向——正或负，显然也取决于收入效应与替代效应的对比结果。当然，以上分析仅是就一般情况而言的。如果一个社会的收入水平很低，人们的收入仅够维持温饱或略有剩余，那么再高的利率也难以使储蓄的比例增大。

由于可选择的财产形式有限，多年来我国居民的储蓄表现为以储蓄存款为主，利率对于储蓄的作用，也主要通过储蓄存款的相应变化体现出来。观察 20 世纪 90 年代以来中国人民银行调整利率后储蓄存款的变化可以发现，1990—1991 年连续三次下调利率并未引起储蓄明显下降与消费明显上升，由于东南亚经济危机和通货紧缩等原因，我国经济近几年来的增长速度有所放慢。为了刺激经济增长，自 1996 年以来，央行连续 7 次下调名义存贷款利率；1998 年将法定存款准备金率从 13% 下调到 6%；1999 年 10 月起对储蓄存款征收 20% 的利息税；同时还取消了实施多年的贷款规模管理，大力推进个人信贷消费等。然而，上述诸多具有扩张性的货币政策并没有达到预期的效果。因此，至少从到目前为止的情况看，我国储蓄的利率弹性不大。

二、投资的利率弹性

利率变化对投资所起的作用，是通过厂商对资本边际效益与市场利率的比较形成的。如果资本边际效益大于市场利率，可以诱使厂商增加投资；反之，则会使厂商减少投资。但是同样幅度的利率变化以及利率与资本边际效益的比对于不同厂商投资的影响程度可以是不同的。比如，在劳动力成本——工资——不随利率下降而降低的情况下，对劳动密集型行业的投资，其利率弹性就小些；对资本密集型行业的投资，其利率弹性就会大些。另外，期限较长的固定资产投资的利率弹性会大些。存货投资的利率弹性则较复杂。由于存货的增减更主要地取决于产品销售及其他成本，利息成本只是影响因素之一，因此，需有较大幅度的利率变化，才能引致存货投资量的明显变化。

三、我国的利率市场化改革

（一）利率市场化的概念

利率市场化是指在市场经济中，利率水平及其结构由经济主体自主决定的过程。它通常包括三方面的含义：(1) 利率水平的高低由市场供求关系所决定；(2) 形成一个以中央银行利率为核心、以货币市场利率为中介、由市场供求决定存贷款利率的体系；(3) 中央银行为利率调节的主体。

利率市场化实质上是一个逐步发挥市场机制在利率决定中的作用，进而实现资金流向和配置不断优化的过程。但是需要强调的是，利率市场化不等于利率完全由市场决定，而是指在中央银行决定基准利率后，银行存贷款等利率均在基准利率的基础上由市场供求关系决定。与以前不同的是，中央银行决定基准利率的方式是通过运用货币政策工具，即通过市场手段，而不是通过行政手段。存款利率最主要的确定依据是社会资金供求状况：在资金环境紧张时，存款利率将上涨；在资金环境宽松时，存款利率将下跌。其次要考虑的是物价因素和证券价格，物价和证券价格上涨将促使存款利率上涨。在国债利率市场化之后，通常情况下，存款利率不应该高于同期限的国债利率。

（二）我国的利率市场化改革进程

目前，世界各国的利率管理体制大致可以分为三类：一类是严格的利率管制体系，即政府对国内的利率水平、结构、种类等起主导性决定作用，对利率的变动进行严格控制；第二类是有管理的浮动利率体系，即利率水平可以根据市场而浮动，但是浮动的范围甚至期限仍然由政府决定；第三类是市场化自由利率体制，利率作为金融资源的价格，完全由市场决定。

根据上面的标准，我国的利率管理体制改革进程大致可以分为两个阶段：

第一个阶段是从中华人民共和国成立初期到 1996 年，属于严格的利率管制体系。在中华人民共和国成立初期，为迅速集中资源、重建经济、稳定物价，国家对利率进行了严格管理，并灵活调整利率水平，实行差别利率，在一定程度上有力地支持了国民经济的恢复；

1978 年到 1996 年，随着经济建设中心地位的确立，利率在国民经济宏观调控中的重要性逐渐显现出来，但是利率集中管理的体制仍没有改变。在这一阶段，我国存款利率是由中央银行根据国民经济发展情况来确定的，它从根本上要求和整个社会的平均资金利润率保持适当的比例，具体的比例，由国家根据每一时期的不同情况统筹兼顾各方面的利益而定。

第二个阶段是 1996 年至今，在这一阶段，我国的利率市场化改革取得了重要进展，属于有管理的浮动利率体系。从 1993 年中共十四大确定利率市场化改革启动至今已有二十余年，与世界上众多国家的利率市场化经验一致，中国的利率市场化改革基本遵循了先外币后本币、先贷款后存款、先长期后短期、先大额后小额的利率市场化路径。1996 年，国债发行的市场化促成了市场化国债发行利率的形成，全国银行间同业拆借利率成为第一个可以反映全国范围资金供求状况的利率指标；1998 年，中央银行恢复公开市场操作，操作信号成为市场利率走向的风向标；1999 年，中央银行扩大商业银行对中小企业贷款利率的上浮幅度和县级以下金融机构的贷款浮动权限；2000 年，中央银行改革外币利率管理体制，实现外币利率市场化；2002 年，中国人民银行统一了中外资金融机构外币利率管理政策；2004 年 10 月 29 日，中央银行取消了贷款利率上限，并允许存款利率下浮。

目前，我国的债券市场和同业拆借市场利率已经非常接近完全的市场化定价，人民币贷款利率也已于 2013 年 7 月全面放开，银行资产端的利率市场化改革任务基本已经完成。2015 年 5 月，在存款保险制度推出之后，存款利率浮动上限扩展至基准利率的 1.5 倍，下一步存款利率调整有可能完全打开浮动区间，利率市场化改革已接近尾声。

【案例阅读】

地方债发行利率启动市场化破冰之旅

多只地方债利率靠近投标上限

截至 2015 年 8 月 10 日，2015 年我国地方政府共计发行 376 单地方政府债券（包括新增一般债券、新增专项债券和置换债券），规模总计达到 15 813.96 亿元。8 月 7 日，2015 年辽宁省政府专项债券（二期）发行结果的公告显示，10 年期专项债，计划发行 5.5 亿元，实际投标量 4 亿元，这意味着地方债 2011 年 7 月以来首现发行流标，中标利率落于上限 3.99%（投标区间 3.47%—3.99%）。对于此次辽宁 10 年期专项债的流标，机构认为只能把其当作募集资金没有达到目标，这一单发行流标实属特例。然而中标利率落于上限或者接近上限的地方债绝非个例。

据民生证券固定收益研究部统计，截至 8 月 10 日下午，共有 24 只地方政府债券利率高于投标下限。其中 18 只地方债利率高出下限 0.02 个百分点，1 只地方债利率高出下限 0.2 个百分点，4 只地方债利率高出下限 0.3 个百分点，1 只地方债利率高出下限 0.56 个百分点。上述 4 只高出利率下限 0.3 个百分点和 1 只高出利率下限 0.56 个百分点的地方债利率均靠近投标利率区间的上限。需要注意的是，这几只地方债发行人均为辽宁省人民政府。其他 18 只高出利率下限 0.02 个百分点的包括重庆、黑龙江、四川、宁夏、湖北、广西、江苏等省市。机构认为略微上浮是在技术范围之内。

根据目前财政部已经公布的发债计划，今年将共计发行新增地方政府一般债券 5000 亿元，新增地方政府专项债券1 000亿元，置换债券两批共2万亿元，总计发债规模应达到2.6万亿元。则未来不到5个月的时间内，我国还需发行近1.02万亿元地方政府债券。业内人士预计，随着地方债发行规模不断增加，市场趋于饱和，利率或逐渐有所上浮。

GDP及财政收入下滑影响预期

辽宁流标以及多只地方债利率接近上限，最直接的原因可能是财政存款分配不均。辽宁发债没有和国库现金管理很好地配套也是发债利率高的原因之一。对于银行而言，地方债名义利率可以低一点，但是其实际的收益率不能太低。本次发行利率上浮和流标可能与辽宁的财政存款集中，以及部分银行没有分配到财政存款从而更改了标位有关。辽宁省财政收入增速近些年连续下滑，自去年首现负增长后，今年上半年全省一般公共预算收入同比下降22.7%，财政收入增速在全国的排名亦靠后。辽宁省的GDP和财政收入严重下滑带来的地方政府信用危机是导致地方债发行受挫的深层次原因。

地方债发行市场化成趋势

随着地方债发行规模的逐步扩大，市场化程度将逐步提高。从商业银行的角度看，与国债相比，地方债需要占用资本金，其风险权重为20%，以21.19%的资本利润率、9.5%的最低资本充足率计算，地方债的风险溢价=20%×9.5%×21.19%=0.4%，而目前10年期国债的收益率在3.4%左右，仅这两项成本就已达到3.8%左右。所以3.99%的招标利率，还算比较合理，因为它更趋向于地方债发行市场化方向。

关于未来地方政府发债的市场定价问题，政府既要通过市场方式发行地方债，又要更多考虑市场方的感受，作一个提前预判，在发行利率方面可以给出一个更宽的区间。总体而言，我国的债券利率市场化应该和我国整个利率市场化的大环境相适应。没有大环境的成熟，目前地方政府债券这一单一种类债券的利率市场化只能在不成熟的环境中寻求一个相对靠谱的位置。

资料来源：《经济参考报》，2015年8月11日。

【主要术语】

利息　利息率　利率决定理论　利率市场化

【复习思考题】

1. 简述利息的本质。
2. 名义利率和实际利率的区别是什么？
3. 你认为对于利率形成起关键作用的因素有哪些？
4. 中国人民银行自2006年以来多次上调利率，据你分析，央行调整利率的目的是什么？
5. 如何理解利率杠杆的作用？请举例说明。
6. 简述利率形成机制。

第四章　金融机构概述

学习目标：

- 了解金融机构的发展历程；
- 掌握银行类与非银行类金融机构的特点、职能与主要业务；
- 理解和掌握创新型非银行金融机构的发展趋势。

第一节　金融机构的发展过程

一、金融机构的含义

从一般意义上说，凡专门从事各种金融活动的组织，均可称为金融机构。融资方式有两种，即直接融资与间接融资。与此相联系，金融机构也有两类：一类是在直接融资领域中，为筹资者和投资者牵线搭桥或提供某种服务的组织，如证券公司、证券经纪人、交易商及证券交易所等；另一类是在间接融资领域中，在债权人和债务人之间发挥融资媒介作用的机构，主要是各类银行，以及某些作为金融中介的非银行金融机构（金融中介机构）。现代经济中的资金，很大部分是通过金融中介机构进行融通的，尤其是在金融市场不发达或不甚发达的发展中国家更是如此。银行在整个金融机构体系中又是最为重要的组成部分，居于支配性地位。正因为如此，有些论著称金融机构就是借款人和贷款人之间的金融中介机构，在金融机构与金融中介机构之间画上了等号。虽然这种表述在逻辑上并不太严密，但一般也能为人们所接受。

二、现代金融机构的经营模式

经过二十多年的改革开放，中国的金融机构体系已由过去长期实行的“大一统”银行体制逐步发展成为多元化的金融机构体系，概括起来可分为银行性金融机构和非银行性金融机构两大类，其中银行性金融机构居支配地位，并由中国人民银行、中国银行业监督管理委员会、中国证券监督管理委员会、中国保险监督管理委员会作为最高金融管理机构，对各类金融机构实行分业经营与分业监管。其特点是规模大、分工精细、种类繁多。

就传统来说，银行类金融机构与非银行类金融机构的主要区别在于，后者不能经营属于银行业务的存款业务。但是，各国对不同金融机构的业务经营所施加的限制性管理是不相同的。德国、瑞士等国实行全面经营型银行制度，几乎无所限制，银行可以经营包括存贷款业务和证券业务在内的各种金融业务；而在美国、英国、日本等国，在20世纪末之前，则长期以一般银行业务与非银行业务分离，尤其是银行业与证券业分离为特点。近年来，在日趋激烈的竞争背景下，各种金融机构的业务不断交叉、重叠，金融机构分业经营的模式不断被打破。

第二节　银行类金融机构

银行类金融机构在各国的具体设置不尽相同，甚至对同类性质的银行也有不同称谓。但如果按其各自在经济中的功能划分，银行类金融机构包括中央银行、商业银行、专业银行、信用合作机构四种类型，它们共同构成现代银行体系。

一、银行的产生

银行的产生与发展是经济和贸易发展、繁荣的结果，银行的发源地都是经济与贸易中心。11世纪，威尼斯和热那亚地区已成为重要的国际贸易中心，当地的经济发展水平相当高，往来的各国商人很多，交易非常频繁，因而市场上的货币种类也比较繁杂。繁杂的流通手段、支付手段阻碍了经济和贸易的进一步发展。为改变这种状况、促进贸易的发展，一部分商人从商品贸易中分离出来，专门从事货币兑换业务，使得贸易不会因货币的问题而停滞、延缓。但由商人自己保管货币或长途携带货币都有一定的风险和困难，做贸易的商人们就委托货币兑换商保管货币、代理交易引起的货币支付等。至此，货币经营业逐渐形成。

从事货币经营业的商人们发现，总会有一定数量的货币暂时处于闲置状态，于是将积聚起来的暂时处于闲置状态的货币用于贷款。当信贷活动与货币经营的传统业务相结合时，货币经营业就发展成为办理存、放款和汇兑业务的银行业了。到16世纪，银行业已传播到欧洲其他国家。

现代银行是通过两种途径形成的：一种是原有高利贷性质的银行业适应经济发展的需要，调整放款原则而逐渐转变为现代的银行；另一种是根据资本主义原则组织成立的股份制银行。其中，后一种是现代银行的标准类型。18世纪以后，其他欧洲国家也纷纷效仿英国建立起现代银行。

二、银行经营的特殊性

从银行的产生和发展来看，银行经营的商品是单一形态的货币，因而是一种特殊的企业。虽然它与一般的工商企业一样也追求利润，而且也存在风险，但却具有不同于一般工商企业的特殊利益和风险。

（一）来自资本高杠杆率的特殊利益

在银行经营过程中，银行不需要投入很多的自有资本即可进行经营，并获得可观的收益，资本的财务杠杆率非常高。在资本高杠杆率的作用下，银行作为信用中介，以其所拥有的巨额信贷资本、兼有理论知识和丰富经验的大量专业管理人才，在业务经营活动中能够创造出丰厚的收益。但随着银行同业以及非银行类金融机构的发展和竞争力的加强，银行业生存发展的环境越来越艰险，风险也越来越大，高杠杆率带来的特殊效益也正在受到限制。

（二）银行的特殊风险

1．信用风险

信用风险是指借款人不能或不愿意按期偿还贷款而使银行遭受损失的可能性。目前银行发放贷款的资金来源主要是公众存款，一旦借款人不能按期偿还贷款，或无力偿还贷款，银行只能用自有资金去抵偿信用风险所造成的损失。

2．经营风险

银行的资产业务是运用资金的业务，负债业务是吸收资金的业务，当银行资产与负债的安排在总量上或期限结构上出现失衡时，会直接造成银行的经营风险。

3．公信力风险

银行能吸收不同期限和不同数量的资金，是基于公众对银行的信任。一旦失去公众的信任，银行的资金来源肯定会出现问题。特别是在部分存款准备制度下，一旦存款者对银行的清偿力产生怀疑，马上就会发生挤兑，当银行无法应付众多存款人的挤兑时，破产在所难免。

4．竞争风险

在当代社会，电子科技被广泛应用于银行业务中，并且信息传播的速度日益加快，一家银行也很难以产品的差别在金融业中永远保持领先地位，因为银行业提供的产品在经营、管理、价格以及其他因素方面将面临更为广泛的竞争。

三、银行类金融机构

1．中央银行

中央银行是在商业银行的基础上发展形成的。它是一个国家的金融管理机构，处于核心的领导地位。当今西方发达国家一般都采用以中央银行为核心的金融机构体系。

2．商业银行

商业银行是办理各种存款、放款和汇兑业务的银行，是唯一能吸收活期存款的金融机构，所以通常被称为“存款货币银行”。由于商业银行具有派生存款的能力，通过派生存款增加货币供给量，所以西方国家都非常重视对商业银行的调控和管理。

3．专业银行

专业银行是专门经营某项金融业务的银行。专业银行在金融机构体系中也占有一席之地，发挥着比较独特的作用。西方国家的专业银行主要有：投资银行、不动产银行、开发银行、储蓄银行和进出口银行等。

4．信用合作机构

信用合作机构也是以吸收存款为主要负债、以发放贷款为主要资产，同时办理结算等中间业务的金融机构。因此，许多国家都将信用合作机构列入银行类或存款类机构。

四、银行类金融机构的功能

1．融通资金

融通资金是指金融机构充当专业的资金融通媒介，促进各种社会闲置资金向生产性资金转化。银行类金融机构为债务人发行存款类金融工具，通过吸收储蓄动员和集中各部门的闲置货币资金，然后作为债权人向企业、居民家庭或个人贷款，实现了闲置货币和货币资本的集中，并把这些货币或货币资本转化为生产过程中的职能资本，使资本得到充分有效的运用。

2．提供金融服务

金融机构代表客户交易金融资产，提供金融交易的支付结算服务，对节约社会交易成本具有重要意义。

3．承销业务

金融机构帮助客户创造金融资产，并把这些金融资产出售给其他市场参与者。通过这种独特的融资方式，金融机构在全社会范围内实现了闲置货币和货币资本的集中，并把这些资本或货币资本转化为生产过程中的职能资本，使资本得到充分有效的运用。

4．提供咨询和信托业务

金融机构为客户提供投资建议，保管金融资产，管理客户的投资组合；对所投资的项目进行专业化的监控，从而有利于投融资活动的正常进行，并节约信息处理技术。

5．风险转移与管理

金融中介机构通过各种业务、技术和管理，分散、转移、控制和减轻金融、经济和社会活动中的各种风险。金融机构转移与管理风险的功能主要体现在充当融资中介的过程中，为投资者分散风险并提供风险管理服务；此外，通过保险和社会保障体系对经济与社会生活中的各种风险进行的补偿、防范或管理，也体现了这一功能。

五、我国的银行类金融机构

我国的银行类金融机构是在新中国成立前的革命根据地与解放区金融机构的基础上建立和发展起来的。银行类金融机构又称存款机构或存款货币银行。其共同的特征是以吸收存款为主要负债，以发放贷款为主要资产，以办理转账结算为主要中间业务，直接参与存款货币的创造过程。1948 年 12 月 1 日，我国在合并华北银行、北海银行和西北农民银行的基础上建立了中国人民银行。1978 年改革开放以来，我国金融体制改革不断深化，已经形成了一个以中央银行为领导、以商业银行和政策性银行为主体、其他金融机构并存的金融机构体系。

（一）我国的银行类金融机构

在我国，银行主要分为中央银行、商业银行和政策性银行三种类型。

1．中国人民银行

中国人民银行是我国的中央银行。中央银行是在商业银行基础之上发展形成的，是指在一国银行体系中居于主导地位，负责制定和执行国家的货币信用政策，为金融机构提供金融服务，控制货币流通与信用活动的金融中心机构。在我国，中国人民银行行使中央银行职能。

2．商业银行

商业银行也称存款货币银行，主要通过发行支票存款、储蓄存款和定期存款来筹措资金，并将其用于发放工商业贷款、消费贷款、抵押贷款及购买政府债券等业务。商业银行体系拥有最大的资产规模，提供全面的金融服务。

在我国，商业银行主要包括股份制国有商业银行、中小股份制商业银行、外资银行。

3．政策性银行

政策性银行是国家经营政策性金融业务的金融机构，它由政府投资建立，常与一个国家在某一方面所要达到的政策意图密切相关，虽然通过发债的形式吸收存款，用来发放贷款，但并不是纯粹以追求盈利为目的。我国政策性银行信贷资金的管理原则是计划管理、定向筹集和使用、自求平衡、保本经营。

（二）我国港澳台地区的银行业

1．香港地区的银行业

香港地区是以国际金融资本为主体，以银行业为中心，外汇、黄金、证券、期货、共同基金和保险金融市场高度发达的多元化国际金融中心之一。20世纪70年代香港地区国际金融中心地位形成以后，银行业快速发展。1981年港英政府修改了有关法规，确立了香港地区的银行业实行三级管理制度；1990年港英政府再次修改了有关条例，将三级管理制度确定为持牌银行、有限制牌照银行、接受存款公司，并相应提高了三级机构资本金的要求，现行的银行三级制规定的三类机构的最低实收资本金分别为1.5亿、1亿和0.25亿港元。

2．澳门地区的银行业

澳门地区的金融机构不实行外汇管制，资金自由进出，银行既可经营本币业务，又可经营外币业务，还可经营离岸业务。其国际化程度较高，有14家银行的总行设在澳门，如汇丰银行和中银银行等世界知名银行。由于澳门地区不设“中央银行”，澳门特别行政区政府具有货币发行权，但长期以来，一直由货币暨汇兑监理署代行“中央银行”职能，大西洋银行发钞。1987年，中资澳门南通银行更名为“中国银行澳门分行”，成为中国银行第九家海外分行，目前是澳门地区最大的金融企业。

3．台湾地区的金融体系

台湾地区的金融体系包括正式的金融体系和民间借贷两部分。正式的金融体系分为金融中介机构与金融市场机构，由“财政部”及“中央银行”共同管理，其中金融中介机构根据是否创造存款货币又可分为存款货币机构和非货币机构。台湾地区设有“中央存款保险公司”。民间借贷范围包括信用借贷、质押借贷、民间互助会、租赁公司、分期付款公司、投资公司等。

六、国际金融机构

（一）国际货币基金组织（IMF）

国际货币基金组织是根据1944年7月联合国国际货币金融会议（简称布雷顿森林会议）通过的《国际货币基金组织协定》建立的政府间的国际金融组织。国际货币基金组织1945年12月31日正式成立，1947年正式营业，同年11月15日成为联合国的一个专门机构。截至2009年年底，会员国已增至188个。其宗旨是建立一个永久性的国际货币机构，会员国磋商与协作；随着国际贸易的扩大与发展，使会员国达到高水平的就业和收入；促进汇率稳定，维持会员国之间的秩序；会员国建立经常性的多边交易，向会员国提供临时性的融通资金；减少会员国收支状况。

（二）世界银行

世界银行即国际复兴开发银行，1945年12月正式成立，目前有184个成员国。凡是参加世界银行的国家必须参加国际货币基金组织。但是，参加国际货币基金组织的国家，却不一定是世界银行的成员国。其宗旨是鼓励不发达国家的生产与资源开发；促进私人（主要是商业银行）对外投资；鼓励国际投资，开发生产资源，促进国际贸易；与其他方面的国际贷款配合，提供贷款保证。资金来源主要是会员国缴纳的股金、借款、利润收入、债权出让。

（三）国际金融公司

国际金融公司主要是对会员国私营企业提供长期贷款。信贷对象是亚洲、非洲、拉丁美洲的发展中国家，资金投向主要是制造业、加工业、开采业、建材业、纺织业及公用事业和旅游业等。资金来源主要是会员国认缴的股金、借款和业务净收益。

（四）国际开发协会

国际开发协会1960年9月24日正式成立，总部设在华盛顿。它和国际金融公司一样，都是世界银行的附属机构，但在法律上和财务上各自独立。其宗旨是对落后国家给予条件较宽、期限较长、负担较轻并可用部分当地货币偿还的贷款。资金来源主要是会员认缴的资本、补充资金、特别基金捐款及世界银行拨款。

（五）亚洲开发银行

亚洲开发银行是区域性金融机构，是面向亚太地区的区域性政府间金融开发机构，1966年11月在东京成立，总部设在菲律宾首都马尼拉，现有67个成员。其宗旨是集中亚太地区的资金和技术资源，向其成员提供贷款与技术支持。资金来源主要是成员认缴的股本、借款、发行债券以及某些成员的捐款所设立的特别基金和营业利润。

（六）国际清算银行

国际清算银行是由西方主要发达国家的中央银行和若干大商业银行合办的国际金融机构，成立于1930年5月，总部设在瑞士巴塞尔。

第三节　非银行金融机构

非银行金融机构是以发行股票和债券、接受信用委托、提供保险等形式筹集资金，并将所筹资金运用于长期性投资的金融机构。非银行金融机构与银行的区别在于信用业务形式不同，其业务活动范围的划分取决于国家金融法规的规定。

非银行金融机构是随着金融资产多元化、金融业务专业化而产生的。早期的非银行金融机构大多同商业银行有着密切的联系。1681年，英国成立了世界上第一家保险公司。1818年，美国产生了信托投资机构；截至1980年年底，美国信托财产总计达5 712亿美元。1849年，德国创办了世界上第一家农村信用社。20世纪初，证券业务和租赁业务迅速发展，产生了一大批非银行性的金融机构。第二次世界大战后，非银行金融机构逐步形成独立的体系。例如证券业，美国有7 000多家证券公司、18家全国性的证券交易所。20世纪70年代以来，金融创新活动不断涌现，非银行金融机构起了主要作用，它有力地推动了金融业务的多元化、目标化和证券化，使得各类金融机构的业务日益综合化，银行机构与非银行金融机构的划分越来越不明显，非银行金融机构自身的业务分类也日趋融合。它们之间的业务交叉进行，只是比重有所差别。

非银行金融机构在社会资金流动过程中所发挥的作用是，从最终借款人那里买进初级证券，并为最终贷款人持有资产而发行间接债券。通过非银行金融机构的这种中介活动，可以降低投资的单位成本；可以通过多样化降低投资风险，调整期限结构以最大限度地减少流动性危机的可能性；可以正常地预测偿付要求的情况，即使流动性比较低的资产结构也可以应付自如。非银行金融机构吸引无数债权人和债务人从事大规模借贷活动，可以用优惠贷款条件的形式分到债务人身上，可以用利息支付和其他利息形式分到债权人身上，也可以用优厚红利的形式分到股东身上以吸引更多的资本。中国非银行金融机构的形式主要有信托投资公司、租赁公司、保险公司、证券公司、典当行、财务公司、金融资产管理公司、邮政储蓄机构等。

【案例阅读】

正确认识银行托管

2011 年 1 月，北京某投资公司与银行签订了基金托管协议，在银行开立了基金托管账户。2011 年 2 月至 2012 年 8 月期间，该公司先后发行了 5 期私募基金，期限为 12—18 个月，年利率在 15% 左右。推介销售过程中，该公司大肆渲染该私募基金为银行托管，谎称该投资项目为该公司与银行合作投资的项目，风险低，收益高，吸引了众多客户购买。但自 2012 年起，该私募基金陆续到期后均不能兑付本金和收益。

银行客户要正确认识银行托管。银行托管一般是指银行依照法律法规的规定和托管协议等合同文件的约定，安全保管账户资金、及时办理资金划转的行为。

当前，部分非法集资违法犯罪人员，假借银行托管的名义，盗用银行信用，骗取银行客户的信任和资金。银行客户要特别注意：银行托管不等于银行保证，银行不承担代销理财产品、保证投资收益、兑付本金利息等法律责任。

资料来源：千龙财经，http：//www. qianlong. com/2015-07-21。

【主要术语】

金融机构　银行类金融机构　非银行金融机构

【复习思考题】

1. 简述我国金融机构体系的构成。
2. 试分析金融创新对金融机构有哪些影响，并请列举出一些创新型金融机构。
3. 投资银行的职能与商业银行的职能有何区别？
4. 请简述证券公司的经营特点与主要业务内容。
5. 投资基金的主要特点与业务是什么？
6. 如何理解保险公司的作用？
7. 请简述信托投资业务的特殊性。

第五章　商业银行及经营管理

学习目标：

- 了解商业银行的组织制度与经营管理模式；
- 理解和掌握商业银行资产负债业务的主要内容与特点；
- 掌握商业银行经营管理理论与方法；
- 理解商业银行的经营管理原则。

商业银行是以追求利润最大化为目标，以多种金融负债筹集资金，以多种金融资产为经营对象，能利用负债进行信用创造，并向客户提供多功能、综合性服务的金融企业。商业银行已成为社会资本运作的中心、货币政策传递的中枢和实施的载体，以及国家实施宏观经济政策的重要途径和基础，对社会经济活动有着显著影响。在各国的金融体系中，商业银行居于特别重要的地位，因此，了解和掌握商业银行的组织、运行、主要业务、经营管理及存款货币创造等内容，有助于增强我们对整个货币、金融体系运转的理解。

第一节　商业银行的组织制度与经营管理

一、商业银行的组织制度

商业银行的组织制度又称为组织形式，主要有单一银行制、分支行制、银行控股公司制、连锁银行制和代理银行制等。一个国家商业银行的组织形态受该国的社会经济环境和经济发展程度的影响。从历史上看，商业银行的组织制度主要有五种。

（一）单一银行制

单一银行制也称独家银行制，是指其业务只有一个独立的银行机构经营，而不设立分支机构的银行组织制度。这种制度在美国非常普遍，是美国最古老的银行形式之一，通过一个网点提供所有的金融服务。美国之所以实行单一银行制，是因为美国各州的行政独立性和权力较大，为了保护地方经济利益，许多州都禁止别州的银行在本州设立分支机构。但是美国的银行并非都采取单一银行制，各州对于是否允许设立分支行有不同的法律规定，有的州并不限制银行设立分支行，有的州限定银行的分行只能在某一特定区域开设，有的州则完全禁止。但随着经济的发展和地区经济联系的加强，以及金融业竞争的加剧，许多州对银行设立分支行机构的限制正在逐步放宽。

随着经济的发展、地区经济联系的加强，以及金融业竞争的加剧，美国在 20 世纪 70

年代后就逐渐开始放松对银行分设机构的限制；1997年后，随着《跨州银行法案》的实施，银行设立分支机构已不存在实质性限制。只是由于历史原因，美国银行的分支机构仍然有限，银行数目众多仍是美国银行的一大特点。

（二）总分支行制

总分支行制是指国家法律允许银行在总行之下设立分支机构的银行制度。这种商业银行的总行一般都设在大都市，在这种制度下，分支行的业务和内部事务统一遵照总行的规章和指示办理。目前世界各国一般都采取这种银行组织制度，其中尤以英国、德国、日本等国家为典型。比如，英国最大的四家清算银行（巴克莱银行、国民西敏寺银行、米特兰银行和劳合银行）均各拥有3 000家以上的分支机构。

一般认为，实行总分行制，有助于银行实现规模经济效益，有利于在一个较大的范围内实现分散经营，化解银行风险。另外，在总分行制下，银行业相对集中于为数不多的几家银行，这对中央银行货币政策的实施和传导具有一定的积极作用。

（三）银行控股公司制

银行控股公司是指专以控制和收购银行股票为主业的公司。从立法角度看，控股公司拥有银行，但实际上控股公司往往是由银行设立并受银行操纵的组织。大银行通过控股公司把许多小银行，甚至一些企业置于自己的控制之下。在法律上，被控股银行之间是相互独立的，但其业务与经营政策归同一家股权公司控制。银行控股公司又分为两种类型，即非银行性持股公司和银行性持股公司。前者是通过大企业控制某几家银行的股份组织而成；后者是由大银行直接购买若干小银行的股份，组成大的银行集团。例如，花旗集团就是银行性持股公司，它控制着300多家银行。

银行控股公司在美国最为流行，并且有着为数众多的、仅控制一家银行股票的控股公司。到1970年，美国1/3的银行都转变成了单一银行控股公司。目前，美国的银行控股公司可以直接或间接经办放款、投资、信托、租赁、保险、咨询和信息服务等多种金融业务，并可获准在其他行业中设立与银行业务有密切关联的子公司，如金融公司、信用卡公司等。现在，几乎所有的大银行都属于银行控股公司。

（四）连锁银行制

连锁制又称连锁经营制或联合制，是指由同一个人或集团控制两家或两家以上的银行。这种控制可以通过持有股份、共同指导或其他法律允许的形式完成。连锁银行制的成员银行保持自己的独立地位，掌握各自的业务和经营政策，具有自己的董事会。

连锁银行制往往以大银行为中心，确定银行业务模式，形成集团内部联合，其垄断性强，有利于统一指挥，投资大型行业、事业单位，以获取高额利润。但事实上，由于连锁制银行受个人或某个集团的控制，往往不易获取银行所需的大量资本，不利于自身的发展。因此，许多连锁制银行转化为分行制银行，或组成持股公司。当前国际金融领域的连锁制银行，主要是由不同国家的大商业银行合资建立的，其主要目的是经营欧洲货币业务以及国际资金存放业务。这种国际的连锁制也称为跨国联合制。

（五）代理银行制

代理银行制，也有往来银行制之称，是银行相互间签有代理协议，委托对方银行代办指定业务的银行制度，双方互为代理行。在国际上，代理关系非常普遍。至于在一国国内，代理制度最发达的阶段是美国实行单一银行制度的时期。它一方面可以弥补分支机构不足的缺陷；另一方面，优势不同的银行相互代理，还可以起到优势互补的作用。例如，大银行与小银行之间签订代理协议后，大银行可以为小银行办理诸如汇票承兑、同业拆借等小银行不能直接经营或直接办理效果不好的业务活动，并可以为小银行提供诸如业务培训、客户拓展等服务，而小银行则可以利用自身资金来源相对稳定的优势来弥补大银行资金相对的不足，也可以提供支票付款的服务。20 世纪末，代理银行制又在巴西流行起来。为克服其缺乏银行分支机构的弊端，巴西自 1999 年开始逐步放松并支持代理银行制度的发展。例如，巴西历史最悠久的布拉德斯科银行通过与邮政部门合作建立了庞大的代理银行体制，从而使银行深入到农村，使偏远地区的人们享受到金融服务。

二、商业银行的经营模式

商业银行的经营模式主要有职能分工型和全能型两种。

（一）职能分工型商业银行与分业经营模式

1．职能分工型商业银行

职能分工型又称分业经营模式，是指在金融机构体系中，各个金融机构从事的业务具有明确的分工，各自经营专门的金融业务，有的专营长期金融业务，有的专营证券、信托或保险等业务。在这种模式下，商业银行主要经营银行业务，如短期工商信贷业务、长期信贷业务、证券投资业务、保险业务等。与其他金融机构相比，只有商业银行能够吸收使用支票的活期存款。

2．分业经营模式的内涵

职能分工型商业银行所对应的是金融业的分业经营模式，即指对金融机构业务范围进行某种程度的“分业”管制。按照分业管制的程度不同，分业经营有三个层次。

第一层次的分业经营，是指金融业与非金融业的分离，金融机构不能经营非金融业务，也不能对非金融机构持股。

第二个层次的分业经营，是指银行、证券和保险三个子行业的分离，商业银行、证券公司和保险公司只能经营各自的银行业务、证券业务和保险业务，一个子行业中的金融机构不能经营其他两个子行业的业务。

第三个层次的分业经营，是指银行、证券和保险各子行业内部有关业务的进一步分离，比如在银行业务内部，经营长、短期银行存贷款业务的金融机构的分离，经营政策性业务、经纪业务和证券做市商业务的金融机构的分离；在保险业务内部，经营财产保险业务、人身保险业务、再保险业务的金融机构的分离等。

通常所说的分业经营，是指第二层次的分业，即银行、证券和保险三个子行业之间的分离，更多情况下，特指商业银行业与投资银行业之间的分业经营。

（二）全能型商业银行与混业经营模式

1．全能型商业银行

全能型商业银行，是指银行可以经营全面的金融业务，包括贷款业务、证券业务、信托业务，等等。与分业经营模式的商业银行相比，全能型商业银行除了提供短期商业贷款外，还提供长期贷款，甚至可以直接投资股票和债券，帮助企业包销证券，参与企业的决策与发展，并为企业提供必要的财务支持和咨询服务。

2. 混业经营模式的形式

金融混业经营有两层含义：一是狭义上的混业经营，是指商业银行与投资银行业务的交叉经营。二是广义的混业经营，是指银行、证券、保险公司等金融业务互相渗透、交叉，而不仅仅局限于自身分营业务的范围。通常所指的混业经营是指狭义上的含义。

相对地，金融混业经营主要有以下两种模式。一是全能银行模式，即在一个法人机构内，持有一个或多个金融业务许可证，可以经营多种甚至所有的金融业务，即“一个法人、一个或多个执照、多种业务、交叉经营”。二是金融控股公司模式，即多个法人通过控股股权结合在一起，形成母子公司组织架构的金融集团。德国的金融混业模式采取的是全能银行形式，从某种程度上说，全能银行模式是金融混业经营的高级阶段。美国金融混业经营的主要形式是金融控股公司。在金融控股公司运营模式下，母公司通过股权投资可以控制银行子公司、证券子公司、保险子公司、信托子公司，在金融控股公司内部可以涉及几乎所有的金融子行业。

第二节　商业银行的资产负债业务

与一般的企业一样，商业银行的经营状况也可以通过一系列财务报表反映出来。特别是资产负债表能够反映出银行在某时期经营活动的范围。资产负债表的左方代表商业银行持有的各项资产（即资金运用）；右方代表商业银行的负债（即资金来源），它又分为银行负债和银行资本两大类。资产负债表的左右两边始终相等，即：

$$资产总额 = 负债总额 + 银行资本$$

从商业银行资产负债表的构成看，主要有负债业务、资产业务；不进入资产负债表的还有中间业务和表外业务。

一、商业银行的负债业务与所有者权益

商业银行的负债业务与所有者权益（即银行的资本金）构成了银行的资金来源。商业银行的资金来源分为自有资本和外来资金两部分，外来资金包括存款及其他负债，大部分是吸收来的存款，所以商业银行又有“存款银行”或“存款货币银行”之称。负债业务是商业银行资产业务、中间业务和表外业务的基础。

（一）所有者权益

所有者权益是指银行的自有资本。自有资本也称为银行资本，是商业银行自身所拥有的资金，是商业银行所有者的权益。所有者权益主要包括：实收资本或股本、资本公积、盈余公积、未分配利润。

商业银行的资本包括两部分：一是商业银行在开业注册登记时所载明的、界定银行经营规模的资金。各国中央银行均规定商业银行开业时注册资金必须达到的数额，如我国中央银行目前规定，设立商业银行、城市合作银行的注册资本最低数额分别为 1 亿元、10 亿元，而设立城市信用社的注册资本最低数额为 100 万元。二是商业银行在业务经营过程中通过各种方式补充的资本金，如股份制银行通过发行股票增资扩股、国有银行由国家财政注入资金等。

自有资本是商业银行可独立运用的最可靠、最稳定的资金来源。虽然自有资本一般只占银行资金来源的极小比重，但它却起着极为重要的作用。它不仅是银行存在和发展的先决条件，而且是客户存款免遭偶然损失的保障，同时还是银行正常经营的保障和衡量银行实力的重要标准。

（二）存款业务

存款业务，又称为银行的“被动负债”业务，是指银行接收客户存款人的货币款项，存款人可以随时或按约定时间支取款项的一种信用业务。存款是商业银行最主要的资金来源，一般占总资金来源的70%以上，因此吸收存款成为商业银行最重要的负债业务。根据不同的标准，可以将存款划分为不同的种类。通常商业银行的存款按其性质和支取方式划分为活期存款、定期存款和储蓄存款三种类型。

1. 活期存款

活期存款是指存款客户可以随时提取和支付的存款。存入这种存款账户的资金主要适用于交易和支付用途的款项。这种存款在支用时，一般使用支票，因而又有支票存款之称。企业、个人、政府机关、金融机构都能在银行开立活期存款账户。开立这种存款账户的目的是通过银行进行各种支付结算。由于支付频繁，银行提供服务要付出较高费用，所以一般不向储户支付利息。虽然活期存款时存时取，流动性很强，但存取错综交替之中总会在银行形成一笔相当稳定、数量可观的余额，这是银行用于贷款的重要资金来源。

2. 定期存款

定期存款是指事先约定存款期限、到期才能提取的存款，如需提前支取，存户将蒙受利息损失。存入这种存款账户的资金是近期暂不用和作为价值储存的款项。定期存款存入时，银行一般向存户出具存单，也有采用存折形式的。由于定期存款的期限既定且一般较长，所以银行要支付利息，其利率的高低与期限的长短成正比。20世纪60年代以来，银行为了更广泛地吸收存款，推出了可转让的定期存单，这种存单在到期日之前可在货币市场上转让买卖。

3. 储蓄存款

储蓄存款主要是针对居民个人积蓄货币和取得利息收入之需而开办的一种存款业务。它可以进一步分为活期和定期两类。这种存款通常由银行发给存户存折，以作为存款和取款的凭证，一般不能签发支票，支用时只能提取现金或先转入活期存款账户。储蓄存款的储户通常限于个人和非营利组织，近年来，也有逐渐放宽到允许某些企业、公司开立储蓄账户的。储蓄存款以定期居多，但无论定期、活期，都支付利息，只是利率上有区别。

4. 存款业务的创新

除了以上传统存款业务以外，自20世纪60年代以来，商业银行通过创新一些负债工具，一方面规避政府的管制，另一方面也增加了银行的负债来源。具有代表性的负债业务主要有：

（1）大额可转让定期存单。它是1961年由美国花旗银行推出的定期存款创新，不记名；存在存款起点的限制，起点为10万美元；不能提前支取，但可在二级市场流通转让；既可采用固定利率，又可采用浮动利率计算。

（2）可转让支付命令账户（NOW）。它是1972年由美国的储贷协会推出的新型存款账户。这种账户是储蓄账户，可以付息，但与一般储蓄账户不同，可以开出有支票作用但无支票名称的“可转让支付命令”。

（3）自定转账服务账户。它是20世纪70年代的一种创新，针对联邦法律“不允许活期存款付息”的规定，美国银行业发明了自动转账服务账户。客户可开设两个账户：一个是活期存款账户，一个是储蓄存款账户，活期存款账户的余额永远是1美元，当客户开出支票后，银行即自动把支票金额从储蓄账户转到活期存款账户并进行付款。

（4）货币市场互助基金（MMMF）和货币市场存款账户（MMDA）。在市场利率上升的情况下，定期存款利率的限制就使得存款不如投资于其他有价证券有利，从而影响了银行的资金来源。为了规避这个限制，在20世纪70年代初“货币市场互助基金”被创立，这种基金吸收小额投资，然后再在货币市场上投资于大额存单、银行承兑汇票及国库券。由于是向基金投资而不是存款，所以，从基金得到的利润不受存款利率的限制。同时，还允许基金的投资者签发金额不低于500美元的支票。20世纪80年代初，商业银行又开立了货币市场存款账户。其特点是：第一，企业和个人均可以开户，有存款限额规定，但起点不高，最低为2 500美元；第二，无利率上限，利率按货币市场利率随时调整；第三，向第三者支付时，不论开支票还是电话通知，每月不超过6次。

（5）协定账户。是一种可在活期存款账户、NOW账户、MMMF账户之间自动转账的账户。客户与银行达成一种协议，授权银行可将款项存在活期存款账户、NOW账户或MMMF账户中的任一账户上。对活期存款账户和NOW账户上最低金额的款项由银行自动转到MMMF账户，以获取较高的投资收益；如果不足最低额，则由银行自动将MMMF账户上的部分款项转到活期存款账户或NOW账户，补足余额，以满足支付需要。

（三）其他负债业务

其他负债是商业银行的一种持久地增加资金来源的手段。商业银行的其他负债主要包括中央银行借款、银行同业借款、国际货币市场借款、发行金融债券等。

1. 中央银行借款

商业银行资金不足时，可以向中央银行借款。一般来说，商业银行向中央银行借款主要的、直接的目的在于缓解资金的暂时不足，而非用于盈利。向中央银行借款主要有两种形式：一是再贴现，即商业银行把自己办理贴现业务所买进的未到期商业票据再转卖给中央银行；二是再贷款，即商业银行用自己持有的有价证券作为抵押品向中央银行取得抵押贷款。由于一般只是在必要时商业银行才向中央银行借款，因而该项目在商业银行负债中的比重和在中央银行资产中的比重通常都较小。

2. 银行同业借款

银行同业借款也称同业拆借，是商业银行之间的短期资金融通活动。商业银行在每天营业终了或在票据交换结算结束时，总会出现有的银行头寸不足、有的银行头寸多余的情况。为了实现资金平衡、保持资金正常周转，头寸不足的银行就需从头寸多余的银行临时拆入资金轧平头寸并支付利息；而头寸多余的银行也愿意将暂时盈余的资金拆出以取得利息，这样就发生了银行同业拆借活动。同业拆借具有期限短、数额大、利率适中等特点。目前，许多大银行都把拆入资金作为一项经常性的资金来源。

3. 抵押、质押贷款

商业银行在资金紧张、周转不畅的情况下，也通过抵押、质押的方式向其他金融机构取得资金。作为抵押、质押的资产大部分是客户的担保资产。

4. 转贴现借款

当银行资金发生周转困难时，将通过办理贴现买进的未到期票据交给其他商业银行或贴现机构，要求给予转贴现，以获得资金。

5. 国际货币市场借款

近年来，商业银行尤其是大的商业银行在国际货币市场上广泛地通过办理定期存款、发行大额定期存款、出售商业票据以及发行债券等方式筹集资金。但国际金融市场波动性大，其资金成本也较高，过于依赖该市场隐含着极大的风险。

6. 发行金融债券和商业票据

发行金融债券是指商业银行经批准，通过向社会公众推销债务凭证的方式筹集资金的业务。它通常具有可及时、足额筹集资金且资金稳定程度高等特点。商业票据是一种短期债务工具。

在现在及过去的几十年，借款在商业银行负债中的比重显著增加，这既是银行加强负债管理的结果，也是市场竞争压力使然。

二、商业银行的资产业务

商业银行的资产业务，是指商业银行将通过负债业务所积聚起来的货币资金加以应用的业务，是银行获取收益的主要途径。从商业银行的资产负债表中可以看出，银行的主要资产业务是贷款和证券投资。

（一）商业银行资产的构成

根据国际通行的银行资产负债表，商业银行资产主要划分为现金资产、贷款、证券投资和固定资产四大类。

1. 现金资产

商业银行的现金资产由库存现金、法定准备金、在中央银行存款、存放同业资金和在途资金等项目组成。现金资产是银行全部资产中最富流动性的部分，是银行随时可用来满足客户现金需要的资产。但现金资产又是资产中的非盈利或微利资产，故各国商业银行都尽可能地将其占用量降到必需的最低水平。一般情况下，现金资产占全部资产的比率为12%。

2. 贷款

贷款又称放款，是银行将货币资金的使用权以一定条件转让给客户，并约定归还期限的资产运用方式。贷款是商业银行主要的盈利资产业务。国际上商业银行贷款资产占总资产的比率为60%左右。我国商业银行由于受严格分业经营的限制，目前资产结构比较单一，贷款占总资产的比率高于国际商业银行的平均水平，达80%以上。

3. 证券投资

证券投资是指银行购买有价证券的经营行为。证券投资在银行资产中占有重要地位。由于各国法律对商业银行证券投资业务的管制程度不同，因此证券投资资产占总资产的比重也相差悬殊，低的在10%左右，高的达25%—30%。由于种种原因，我国商业银行证券资产占总资产的比重远远低于国际平均水平。

4. 固定资产

固定资产是商业银行拥有的房地产和设备。一般来说，各国商业银行的自用固定资产占银行全部资产的比重约为0.5%—2%。一些国家的法律允许商业银行从事房地产经营和其他固定资产投资，其固定资产占总资产的比重可达4%—15%。我国《商业银行法》明确规定，商业银行不得投资于非自用不动产。因此我国商业银行固定资产占总资产的比率在2%左右。

在商业银行资产中，贷款和投资是盈利性资产，并占有绝对比重，构成商业银行的主要资产业务。

（二）现金资产

所谓现金资产，是指银行持有的现金，也可称为现金头寸，主要包括库存现金、在中央银行存款、法定存款准备金、存放同业存款和在途资金等四个项目。

1. 库存现金

库存现金，是指商业银行保存在金库中的现钞（纸币）和硬币。商业银行经营必须以满足债权人的支付要求和银行其他的日常零星开支为前提条件。因此，商业银行需经常保持一定数额的库存现金。由于库存现金是银行的非盈利性资产，并且保存库存现金还需要花费各种大量的相关费用，因此，如果银行的库存现金太多，可以将其存放到中央银行的存款账户或是同业存款账户中，或者将其用于其他用途。

2. 在中央银行存款

在中央银行存款，是指商业银行存放在中央银行的资金，也称为存款准备金。商业银行在中央银行开立的存款账户，是用于银行的支票清算、资金转账等的基本存款账户。商业银行由于同业拆借、回购、向中央银行借款等业务而出现的资金划转以及库存现金的增减等，均需要通过这个账户进行。它包括两部分：一是法定存款准备金，二是超额准备金。

3. 法定存款准备金

法定存款准备金，是指商业银行依据法定存款准备金制度，对吸收的存款按照中央银行规定的准备金比率缴存中央银行的准备金。目前，法定存款准备金已经成为中央银行调节信用规模的一种政策手段与工具，正常情况下一般不得动用。也就是说，法定存款准备金具有强制性。

超额准备金有两种含义：广义的超额准备金是指商业银行吸收的存款中扣除法定准备金以后的余额，即商业银行可用资金；狭义的超额准备金则是指在存款准备金账户中，超过了法定存款准备金的那部分存款。这部分存款是商业银行在中央银行账户上保有的用于日常支付和债权债务清算的资金。由于超额准备金是商业银行的可用资金，因此，其数量多少也直接影响着商业银行的信贷扩张能力。在银行准备金总量不变的情况下，超额准备金与法定存款准备金之间存在此消彼长的关系：当存款准备金率提高时，法定存款准备金增加，商业银行的超额准备金相应减少，其信用或信贷的扩张能力下降；反之，当存款准备金率下降时，商业银行的信贷扩张能力增强。因此，超额准备金是货币政策的近期中介指标，直接影响着社会信用总量。

4. 存放同业存款

存放同业存款，也称在其他商业银行的存款，是指商业银行存放在代理行和相关银行的存款。其目的是便利同业之间的票据清算和代理收付以及委托代理行提供服务的需要。同业间开立的存款账户一般为活期账户，这部分款项是可以随时支用的，故视同现金资产。

5．在途资金

在途资金，也称托收未达款或托收中的现金。商业银行在为客户办理票据支付清算的过程中，会产生需要向其他付款银行托收但尚未收妥的款项，是一笔他行占用的资金，在途时间较短，收妥后即成为存放同业存款。因此，在途资金是在银行之间票据支付清算过程中自然形成的，它亦属于非盈利性资产，银行一般将其视为现金资产。

（三）贷款业务

1. 货款业务的种类

贷款业务的种类很多，从不同角度可划分为不同的类型：

（1）按贷款是否有担保，可分为信用放款和担保放款

信用放款是指银行单纯以借款人的信誉发放的贷款。这种贷款的风险很大，因此，除了对一些资信特别好、资金实力雄厚的客户外，一般不对其他客户发放。

担保贷款按照借款人所提供的担保方式不同，又可分为保证贷款、抵押贷款和质押贷款。保证贷款是指银行以第三方承诺在借款人不能偿还贷款时，按约定承担一般保证责任或连带偿付责任而发放的贷款；抵押贷款是指银行以借款人或第三方的财产作为抵押物发放的贷款；质押贷款是指银行以借款人或第三方的动产或权利作为质押物发放的贷款。抵押物或质押物必须是流动性强、能够轻易在市场上出售变现的资产。如果贷款到期，借款人因各种原因无力偿还贷款本息，银行可以取消抵押物和质押物的赎回权并对其进行处理。

（2）按贷款期限是否既定，可分为定期贷款和活期贷款

定期贷款是指银行与借款人事先约定偿还期，到期须偿还的贷款。定期贷款按期限的长短又可分为短期贷款、中期贷款和长期贷款。短期贷款是指贷款期限在 1 年以内（含 1 年）的贷款；中期贷款是指贷款期限在 1 年以上（不含 1 年）5 年以下（含 5 年）的贷款；长期贷款是指贷款期限在 5 年以上（不含 5 年）的贷款。

活期贷款又称通知贷款，是指商业银行与借款人事先并不约定偿还期，借款人可以随时偿还，商业银行也可随时通知借款人偿还的贷款。

（3）按还款方式的不同，可分为一次偿还的贷款和分期偿还的贷款

一次偿还的贷款是在贷款到期时一次偿还本金，但利息则根据约定，在整个贷款期间分期支付，或在贷款到期时一次支付。分期偿还的贷款包括按年、按季、按月以相等或不等的金额还本付息。

（4）按风险程度高低或贷款质量好坏，可分为正常贷款、关注贷款、次级贷款、可疑贷款和损失贷款

按照《贷款风险分类指导原则》的规定，正常贷款指借款人能够履行合同，没有足够的理由怀疑贷款本息不能按时足额偿还的贷款。关注贷款指尽管借款人目前有能力偿还贷款本息，但存在一些可能对偿还产生不利影响因素的贷款。次级贷款指借款人的还款能力出现明显问题，完全依靠其正常营业收入无法足额偿还贷款本息，即使执行担保，也可能会造成一定损失的贷款。可疑贷款指借款人无法足额偿还贷款本息，即使执行担保，也肯定要造成较大损失的贷款。损失贷款指在采取所有可能的措施或一切必要的法律程序之后，本息仍然无法收回，或只能收回极少的部分，而贷款的大部分或全部要发生损失的贷款。

一般将正常贷款和关注贷款统称为正常贷款，而将次级贷款、可疑贷款和损失贷款合称为不良贷款。

2. 贷款业务的一般过程

在我国，根据《贷款通则》的规定，商业银行的贷款从发放到收回一般需经过如下8个步骤：

（1）借款人申请和银行受理。客户的借款申请一般由客户的开户行受理，并由该行对受理的贷款提出初步意见。借款客户须填写包含借款用途、偿还能力、还款方式等主要内容的《贷款申请书》，并提供有关资料。

（2）贷款调查和初审。商业银行受理借款客户的申请后，应当对借款客户的信用等级以及借款的合法性、安全性、盈利性等情况进行调查，核实抵押物、质押物和保证人的情况，测定贷款的风险度。贷款初审阶段的主要审查内容包括：下级行申请报告；项目批准文件；业主借款申请；借款人近期报表情况；项目贷款条件等。

（3）对借款客户的信用等级评估。贷款项目的评估一般由信贷评估部门组织进行。根据贷款"三性"原则要求，运用定量与定性相结合的方法，对贷款进行全面和系统的评价，为贷款决策提供客观、公正和准确的依据。商业银行根据申请借款客户的领导者素质、经济实力、资金结构、经营效益和发展前景等方面，评定借款客户的信用等级。信用等级高的企业优先获得贷款，信用等级低的企业则会受到限制。

（4）联合评审和审批。联合评审是指对按现行评审程序需要总行相关业务部门分别提出初审、评估、审查和信贷意见，再报信贷审批中心信贷审查会议和信贷政策委员会审议、总行领导审批的信贷业务，实行有关业务部门同步评估与审查的一种特殊贷款程序。在贷款审批阶段，商业银行应严格按照审贷分离、分级审批的贷款管理制度进行贷款的审批。审查人员应当对调查人员提供的情况资料进行核实、评定，复测贷款风险度，提出贷款意见，按规定权限报有权审批人员批准。

（5）签订借款合同。贷款发放前，经办行与借款人订立书面借款合同。借款合同由经办行与借款人协商订立。借款合同应当约定贷款种类、贷款用途、金额、利率、还款期限、还款方式、违约责任和双方认为需要约定的其他事项。保证贷款还应当由保证人与贷款银行签订保证合同或保证人在借款合同上写明并签名盖章。抵押贷款、质押贷款应当由抵押人、出质人与贷款银行签订抵押合同、质押合同，并依法办理登记。

（6）贷款发放。商业银行要按借款合同规定按期发放贷款，如商业银行没能如实履行合同，则要承担违约责任，偿付违约金。

（7）贷后检查。贷款发放后，商业银行应当对借款客户执行借款合同情况及其资信情况进行追踪调查和检查，监督借款客户是否严格按合同规定使用贷款，对违反合同规定的事项及时发现并予以纠正。

（8）贷款归还。借款客户应当依据借款合同规定按时足额归还贷款本息。客户不能按合同规定还款的，应当承担违约责任，并加付利息。如果借款客户提前归还贷款，则应当与贷款银行协商一致确定。

（四）证券投资业务

商业银行投资的目的主要是增加收益和提高资产的流动性，因此，证券投资的主要对象是信用可靠、风险较小、流动性较强的政府及所属机构的证券，如公债、国库券等。此外，一些财力雄厚、信誉较高的公司债券，也是商业银行投资的对象。银行投资于债券，一方面可为其暂时多余的资金找到投放途径，从而取得收益；另一方面，需要资金时又可在证券市场上迅速售出变现，其灵活调度资金的性能大大优于贷款。

随着20世纪80年代金融自由化趋势和金融业国际国内竞争的加剧，金融混业经营似已成为大势所趋，相应地，各国对商业银行投资的限制也在开始放松。我国银行业、证券业、保险业等也在相互渗透，向着金融控股公司的方向发展。按照我国《商业银行法》的规定，商业银行不得从事境内信托投资和股票业务。因此，目前它们的证券投资业务对象主要是政府债券和中央银行、政策性银行发行的金融债券等，且规模都不大。

第三节　商业银行经营管理理论与方法

一、商业银行的经营管理原则

商业银行是一个营利性企业，与其他企业一样，它的经营目标是实现利润最大化。为了实现这一目标，就必须实施有效的管理。在长期的经营实践中，商业银行的管理者们形成了三条基本的银行管理原则，即盈利性、安全性和流动性原则，简称“三性”原则。

（一）安全性原则

安全性原则是指商业银行在经营管理过程中，不仅要保证商业银行自身资产的安全，而且还要保证客户资产的安全。

商业银行之所以必须坚持安全性原则，是因为商业银行经营的特殊性。银行资金来源中有90%以上是负债和借款，而其资金运用则绝大部分是贷款和投资，贷款和投资不仅存在利息不能支付的风险，还存在本金不能收回的风险，影响银行本身的安全和生存。因此，银行在经营过程中必须做到以下几点：

1. 合理安排资产负债规模与结构，注重资产质量

若放款规模过大，超过了自身资金来源的可用度，或者资金来源期限较短，资金运用期限较长，或者大面积亏损等，都可能导致银行可用资金短缺，周转不灵，甚至破产倒闭。为了改善银行资产结构，提高银行抵御风险的能力，商业银行在其资产构成中往往还保持一定比例的现金资产和一定比例的优质有价证券。

2. 提高自有资本在全部资产中的比重

商业银行的资金来源主要是借款和自有资本，其中自有资本金占总资产的比率绝大多数都低于15%。这种负债经营本身就包含着很大的风险，因此人们总把商业银行看作高风险行业。自有资本在全部资产中比重的高低，既是人们判断一家银行实力的主要依据，也是人们对银行的信任度的基础。因此，为了抵御和防范各种风险，商业银行必须保持足够的清偿力，而保持清偿力的基础是商业银行的自有资本。

3. 采取多种措施，防范经营风险

目前，世界各国商业银行在经营管理实践中所广泛采用的主要措施有：防御性的策略措施，保持足够的银行资本，建立多级准备、专项准备等；资产和负债相对应的策略措施；规避风险的策略措施；分散风险的策略措施；转移风险的策略措施；风险补偿的策略措施等。

（二）流动性原则

流动性原则是指商业银行保持随时能以适当的价格获取可用资金的能力，以便随时应付客户提存及银行支付的需要。一般来讲，衡量资产流动性的标准有两个：一是资产的变

现成本，资产的变现成本越低，其流动性就越强；二是资产的变现速度，变现速度越快，其流动性就越强。因此，商业银行提高自身流动性也应从资产和负债两方面来考虑。从资产方面看，银行应持有足够的流动性资产，以便在必要时能迅速变现；从负债方面看，银行要开拓尽可能多的低价获取资金的渠道。同时，银行需根据各种资产负债不同程度的流动性，保持资产负债比例结构合理，使资产的流动性与负债的流动性相匹配。

衡量银行流动性的基本指标有：流动性缺口，即未来一定时期内银行资金使用与资金来源之差；核心存款与总资产的比率；贷款总额与资产的比率；贷款总额与核心资产的比率；流动资产与总资产的比率等。

（三）盈利性原则

盈利性原则要求商业银行的经营管理者在可能的情况下，尽可能地追求利润最大化。盈利能力是商业银行在业务经营过程中获取利润的能力。盈利能力既是商业银行充实资本、增强实力、巩固信用、提高竞争力的基础，也是股东的利益所在。影响银行盈利性的主要因素有：

（1）资产收益。资产收益是由银行资产规模、盈利资产数量和盈利资产收益率三方面综合作用的结果。

（2）资产损失。资产损失是由资产风险带来的，资产损失是对银行收入的直接扣除，或者减少利润，甚至吞噬资本。

（3）经营成本。经营成本是银行为取得资金和运用资金而付出的代价，主要包括利息成本和非利息成本。

（4）其他业务支出。其他业务支出主要是指银行开展中间业务的各项支出。

提高银行的盈利能力，就是要在扩大负债规模的基础上，尽量扩大资产规模，合理安排资产结构，在保持银行流动性的前提下，尽量减少非盈利资产，增加高盈利资产的比重。在银行业竞争日益激烈的情况下，中间业务的收入已经成为各家商业银行的必争业务。除此之外，降低银行经营成本，也是提高盈利性的一个不容忽视的方面。

银行经营管理的三性原则既有统一的一面，又有矛盾的一面。首先，它们共同保证了银行经营活动的正常进行。其中，安全性是前提，只有保证了资金安全无损，才能获得正常盈利；流动性是条件，只有保证了资金正常流动，才能确立信用中介的地位，银行各项业务活动才能顺利进行；盈利性是目的，之所以经营银行，强调安全性和流动性，其目的就是为了盈利。其次，它们之间又存在一定的矛盾。一般来说，盈利性与安全性呈反向变化，盈利水平高的资产风险大，而安全性高的资产盈利水平较低。盈利性与流动性之间也呈反向变化，盈利性高的资产流动性差，而流动性强的资产盈利水平较低。安全性与流动性之间呈同向变化，流动性强的资产安全性高，而流动性差的资产安全性也较低。可见，三性都高的资产是很少的，银行经营管理的主要内容就是寻求资产安全性、流动性和盈利性三者之间的最佳平衡，统筹兼顾、协调安排，实现三者的最佳组合。一般来说，应在保持安全性、流动性的前提下，实现盈利的最大化。

二、商业银行经营管理理论的演变

商业银行的安全性、流动性、盈利性原则贯穿于银行经营管理的始终，要在经营管理中实现这三个原则的要求，必须有切实可行的理论和措施。而商业银行经营管理的理论是随着经济和金融的发展不断演变的，大致经历了资产管理理论、负债管理理论和资产负债综合管理理论三个阶段。

（一）资产管理理论

资产管理理论是商业银行的传统管理办法，产生于资本主义自由竞争阶段，是注重银行资产安全性和流动性的经营管理理论，在20世纪60年代以前一直盛行。该理论认为，商业银行的利润主要来源于资产业务，银行能够主动加以管理的也是资产业务，而负债主要反映客户的意愿，银行处于被动地位。因此，银行经营管理的重点是资产业务，要致力于通过资产结构的合理安排，求得安全性、流动性和盈利性的协调统一。资产管理理论包括真实票据说、可转换理论及预期收入理论。

1. 真实票据说

真实票据说也称商业性贷款理论，是在18世纪英国银行管理经验的基础上发展起来的。该理论认为，由于银行贷款的资金主要来自存款，尤其是易于波动的活期存款，因此，为了应付存款人难以预料的提存，银行一定要保持资金的高度流动性，所有贷款必须是短期的和商业性的，是用于商品的生产过程和流通过程中的，是“自偿性”的，可以用生产出来的商品或出售商品的款项予以偿还。最主要的自偿性贷款是票据贴现和商品抵押贷款。

这一理论的缺陷也是不容忽视的。在中央银行不存在或尚不承担最后贷款人的职责时，丧失流动性的银行很难继续经营。如果银行只发放具有自偿性的贷款，不仅无法满足社会多方面的信贷需求，而且对银行自身的发展也极为不利。同时，由于短期资产的收益较低，如果只经营自偿性短期贷款业务，可能对银行的盈利产生不利影响。再加上自偿性短期贷款的风险，也会导致银行出现偿还风险。

2. 可转换理论

可转换理论是美国的莫尔顿（Moulton）于1918年在《政治经济学杂志》上发表的《商业银行及资本形成》一文中提出的。该理论认为，为了应付存款提取所需保持的流动性，银行可以将资金的一部分投资于具备转让条件的证券上，并且这些证券资产能随时出售，转换为现金，这样，银行放款就可不限于短期和自偿性的投放范围。

这一理论的缺陷是，当金融市场崩溃、证券行市大跌、人们竞相抛售证券时，银行业很难不受损失地将所持有的证券顺利转让。

3. 预期收入理论

预期收入理论产生于20世纪40年代末。该理论认为，无论是短期贷款还是长期贷款，最终能否按期足额归还本息，要取决于借款人的经济偿还能力，而偿还能力的大小又要取决于借款人在未来的预期收入。只要借款人的预期收入有保障，即使借款期限较长，但由于银行资产的安全性有保证，银行就可以接受借款人的借款请求。如果借款人的预期收入没有保证，则即使是短期贷款，银行也有可能到期收不回来。

这种理论也有不足之处。它要求商业银行对借款人及借款项目的未来收入作出较为准确的预测和评估。但在期限较长的情况下，借款人的经营环境及其他影响贷款归还的因素都可能发生变化，到时并不一定具备偿还能力，所以以预期收入作为放款的标准，并不能完全保证银行资产的流动性、安全性和盈利性。

但这种理论的提出，推动了商业银行其他业务的开展，如中长期贷款、消费贷款和房屋抵押贷款等，使商业银行的盈利能力大大提高。在金融创新的推动下，商业银行的经营管理理论也从资产管理理论转变为负债管理理论。

（二）负债管理理论

负债管理理论产生于20世纪60年代初期。该理论认为，商业银行在保持流动性方面，没有必要完全依赖建立分层次的流动性储备资产，银行如果需要周转资金，可以向外举债，只要能进入市场并且通过竞价获得资金，就可以大胆放款争取高盈利，即银行可以通过创造新的负债业务来满足其流动性需要。该理论认为，银行对于负债并非完全被动、无能为力的，而是可以也应该主动到市场上争取资金、扩大负债，有了更多的负债即资金来源，才能有更多的资金用于投资，获得更多的投资盈利。

负债管理在当时被认为是银行业的重要革新，对20世纪六七十年代银行业的发展产生了巨大影响。商业银行负债管理理论经过了银行券理论、存款理论、购买理论的演变与发展。

1. 银行券理论

这是一种古老的银行负债管理理论。在商业银行的早期阶段，人们将金银或铸币存入银行，由银行开出支付凭证，允许持票人凭票兑现金银或铸币。这种凭证即为银行券，其背后有相应的贵金属资产作保证。虽然现代银行已不再拥有银行券负债，但其发行原理仍有现实意义。

2. 存款理论

自从各国建立了中央银行制度以后，商业银行就失去了发行银行券的职能，即失去了发行货币的职能。存款理论就成为商业银行负债管理的主要理论。该理论认为，存款是商业银行最重要的资金来源。商业银行的一切资产经营活动都应以存款为基础，没有存款就等于切断了商业银行的资金来源。商业银行在吸收存款上是被动的、受支配的。同时该理论还认为，存款者的动机是保值或增值，他们最为关心的是存款的安全；而银行最担心的是存款者同时提现，发生挤兑，这也是安全性问题。因此，存款理论以安全性为核心，主张银行采取被动负债的管理模式。

3. 购买理论

购买理论产生于20世纪五六十年代。该理论认为，银行的流动性不仅可以通过加强资产管理来获得，也可以通过主动负债来获得。只要商业银行资金来源广泛而且及时，商业银行的流动性就有保证。商业银行没有必要一定在资产方保持大量高流动性资产，而是应当将它们投入高盈利的中长期贷款和投资中去。购买理论的出现对商业银行经营管理的改善具有重要意义。它提供了增强流动性的新方法，使商业银行的经营管理思想发生了较大转变，由原来单一的资产管理转变为资产和负债相结合的管理，使商业银行的经营管理更全面，同时也为商业银行的业务扩张创造了条件。

但这种理论仍然存在缺陷。首先是增加了商业银行的经营风险，因为它强调主动负债，这有可能扩张资产业务，在金融市场资金短缺时，可能使银行陷入流动性危机。其次，使商业银行的经营成本提高。商业银行为了确保目标收益，很可能将资金投向收益较高甚至风险也较高的贷款和投资上，“短借长贷”现象难以避免，资产负债的不对称也会导致商业银行的资产风险增加。因此，商业银行必须寻找新的经营管理理论。

（三）资产负债综合管理理论

从20世纪80年代开始，商业银行经营管理进入了一个新的阶段，即资产负债综合管理阶段。其基本思想是将资产和负债两个方面加以对照及对应分析，通过调整资产和负债使双方实现合理搭配。资产负债综合管理所追求的目标是财富最大化，或者说是预期净值最大化。

1. 资产负债综合管理的原则

资产负债管理理论认为，商业银行在进行资产负债综合管理时，应坚持以下几个原则：

（1）资产与负债的期限结构状况对银行资金的流动性有直接影响。如果银行的资金来源是长期的，资金运用是短期的，则银行的资金流动性必然较高，但这会对银行的收益造成不利影响；如果银行的资金来源以短期居多，而资金运用多为长期的，则银行的资金流动性必然较差，容易导致流动性风险。

（2）资产与负债的总量结构状况对银行的利率管理效率有直接影响。在利率波动频繁的情况下，银行随时要对其资产负债的总量结构进行调整。如果银行的负债总额过大，在市场利率大幅下降时，就可能会遭受利率风险；如果银行的资产总额过大，则当市场利率大幅提高时，也会遭受利率风险。

（3）资产与负债的内部结构是否合理对银行的资本管理效率有重要影响。根据 20 世纪 70 年代中期实行的资本管理模式的要求，资产可按其风险不同分为六类，每类资产都有不同的资本比率要求，资产风险越小，资本比率要求越低；反之，则相反。从负债方面看，长期借入资金可当作银行资本的一部分，而存款则不论其期限长短，都不能当作银行资本。

（4）资产收益与负债成本是否协调对银行的利润最大化目标能否实现有直接影响。单位资产收益与单位负债成本的差额是决定银行利润的基本要素，也是综合反映银行经营管理水平的主要指标。如果银行的综合经营管理水平较高，则单位资产收益会大于单位负债成本；如果银行的综合经营管理水平较低，则可能使单位资产收益小于单位负债成本，造成银行亏损。

2. 资产负债综合管理的主要方法

（1）利率敏感性缺口管理

商业银行资金缺口管理，也叫差额管理，是在利率变动时期使银行资产负债利差达到最大化的一项战略措施。其基本做法是，随着利率的变动，调整可变利率和固定利率的资产与负债组合结构，通过改变资金缺口的大小，达到盈利最大化的目的。

资金缺口在数量上等于利率敏感性资产与利率敏感性负债之差，利率敏感性资产是指浮动利率资产，利率敏感性负债是指浮动利率负债。商业银行资金缺口有三种组合方式（如图 5-1 所示）：其一是零缺口，即浮动利率资产等于浮动利率负债；其二是正缺口，即浮动利率资产大于浮动利率负债；其三是负缺口，即浮动利率资产小于浮动利率负债。这三种缺口决策方式由于对各类资产和负债所持比例不同，会对银行经营产生不同的影响。

① 零缺口意味着账面收支相抵，在计划内收益的变动最小，因为无论利率是升是降，风险都将由不同种类的资产和负债分别承担、相互抵消。但零缺口未必可以完全消除利率风险，因为贷款利率的变动可能由于管理上的原因而慢于市场利率的变动，存在一定的滞后期，当市场利率上升时，零缺口模型将阻碍银行利润的增加。

② 正缺口模型是指浮动利率资产与固定利率负债的比例相对较大，这在利率上升时对银行的好处是显而易见的，即资产收益因利率上升而增加较多，而负债成本却增加有限。

③ 负缺口模型与正缺口模型刚好相反，银行持有的浮动利率负债与固定利率资产的比

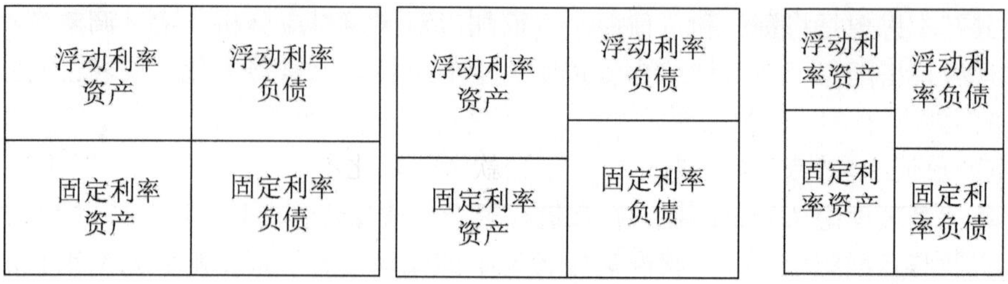

(a) 零缺口　　(b) 正缺口　　(c) 负缺口

图 5-1　商业银行资金缺口模型

例较大。这种模型适用于预期利率下降时，有助于减轻银行的利息负担。

根据利率的变化调整资产负债结构，是采用缺口管理的积极方式。缺口的正负、大小与准确的利率预测紧密相关，因此预测利率一定要力求准确。在一个完整的利率周期里，如能准确把握利率的动态过程并不失时机地制定战略，将会使银行的利差收益增大。

（2）比例管理法

资产负债比例管理是指通过一系列指标体系约束银行的资金运用，以确保银行资金的安全性、流动性和盈利性三者的均衡与协调，从而使银行能够稳健经营的一种管理方法。这种管理方法所定的比例指标体系一般分为四大类：

① 流动性指标，如存贷比例、备付金比例、同业拆借比例、中长期贷款比例等；

② 安全性指标，如抵押、担保贷款比例，资本充足率比例，单项贷款比例等；

③ 盈利性指标，如资金利润率、贷款收息率等；

④ 业务发展指标，如盈利资产增长率、存款增长率等。

在两种资产负债管理方法中，资产负债比例管理方法有鲜明的量的限度和结构规定，因而具有较强的可操作性，受到各国商业银行的广泛欢迎。1994 年，中国人民银行下发了《关于对商业银行实行资产负债比例管理的通知》，规定了商业银行实行资产负债比例管理的暂行监管指标。从 1998 年开始，国有商业银行指令性贷款规模取消，我国商业银行开始实行全面的资产负债比例管理。我国商业银行资产负债比例管理主要由以下指标组成：

① 资本充足率指标。该指标是按照《巴塞尔协议》有关资本衡量和标准规范而建立的。指标规定：资本总额与加权风险资产总额的比例不得低于 8%，其中核心资本（包括资本金、未分配利润等）不得低于 4%，附属资本不得超过核心资本的 100%。

② 存贷款比例指标。各项贷款与存款之比不超过 75%。

③ 中长期贷款比例指标。一年期以上（含一年）的中长期贷款与一年期以上的存款之比不得超过 120%。

④ 资产流动性比例指标。流动性资产与各项流动性负债的比例不得低于 25%。流动性资产与流动性负债均以一个月为限。

⑤ 备付金比例指标。在中央银行的备付金存款和库存现金与各项存款之比不得低于 5%—7%。

⑥ 单个贷款比例指标。对同一借款客户的贷款余额与银行资本余额的比例不得超过 10%；对最大十家客户发放的贷款总额不得超过银行资本总额的 50%。

⑦ 拆借资金比例指标。拆入资金余额与各项存款余额之比不得超过 4%；拆出资金余

额与各项存款（扣除存款准备金、备付金、联行占款）余额之比不得超过8%。

⑧ 对股东贷款比例指标。对股东提供贷款余额不得超过该股东已缴纳股金的100%，贷款条件不得优于其他客户的同类贷款。

⑨ 贷款质量指标。逾期贷款余额与各项贷款余额之比不得超过8%，呆滞贷款不得超过5%，呆账贷款不得超过2%。2001年12月24日，中国人民银行发布了《关于全面推行贷款质量分类管理的通知》，按正常、关注、次级、可疑、损失这五个等级评判贷款质量并加以管理。

（3）持续缺口管理

持续缺口管理是从商业银行股东收益最大化要求出发，强调银行管理必须关注利率变动对银行净值的影响。它是银行实行资产负债综合管理的重要工具。所谓持续期，就是指投资者在一定的利率水平下，实际收回某种金融工具的投资本金和利息的时间。存续期缺口就是资产存续期和负债存续期之间的差异，资产存续期大于负债存续期为正缺口，反之为负缺口。一般来说，金融工具的存续期越长，该金融工具对利率变动就越敏感，其价格变化也越大。银行可根据这一原理，在对利率进行预测的基础上，适当地调整其资产负债的期限结构，以适应利率变化的要求，扩大资产收益或减少损失，实现股东收益最大化。

（四）商业银行的其他管理

1. 资本管理

商业银行资本是其股东为赚取利润而投入的资本和保留在银行中的收益。过高或过低的资本量对银行经营管理都不利。资本量太小，首先会影响银行信誉，稍有不慎即易引发客户的挤兑，危及银行的生存；其次，银行只能采取保守的经营战略，如必须多保持高流动性、低收益的资产以规避风险，不利于同业竞争和争夺市场份额。资本量太大，由于增加资本的成本高于借入负债的成本，不利于发挥财务杠杆的边际效应；而且对银行股东来说，资本数额过高，每股税后平均收益必然降低，从而损害股东利益。

因此，商业银行资本管理的主要任务是确立资本的结构与资本的适度水平。目前，在国际上比较具有权威性的、受到各国认同并共同遵守的标准就是《巴塞尔协议》。

《巴塞尔协议》于1988年7月达成，该协议以资本充足率或资本适宜度来衡量一家银行的资本与资产负债规模是否相适应。具体包括三方面的内容：

（1）资本及构成。银行资本划分为两大类：核心资本和附属资本。核心资本是银行资本中最重要的组成部分，由实收资本（包括股本、非累计优先股）和公开储备（如股票溢价、保留利润、普通准备金和法定准备金的增值等）构成。附属资本由未公开储备、资产重估储备、普通准备金或普通贷款损失准备、混合资本工具和次级长期债务资本构成。

（2）风险资产权数的规定。该协议对风险的阐述分三部分：一是资产负债表表内不同种类资产的风险；二是资产负债表表外项目的风险；三是国家风险。资产风险的计算采取加权的方法，并根据考虑各类资产的相对风险而计算出的风险加权比率（即风险权数）来衡量各类资产的风险度。

（3）标准化比率。该协议要求各国商业银行都应按统一标准计算资本与风险资产的比率，全部资本与风险加权资产的比率不得低于8%，其中核心资本与风险加权资产的比率不得低于4%。

2. 财务管理

财务管理作为现代商业银行经营管理的核心，是对银行资金筹集、运作、分配及与之相关的成本、费用、质量、收益等指标进行计划、组织、调节和控制等工作的总称。商业银行财务管理的目标是在注重稳健经营和提高资产质量的基础上实现利润最大化。

商业银行财务管理涉及银行的每一项价值运动，是与商业银行业务管理紧密相关的，因此，商业银行财务管理的内容应该与全行业务管理相结合，具体包括财务预算管理、筹资管理（资本金和负债管理）、资产管理（盈利资产和非盈利资产管理）、成本管理（筹资成本和业务费用的管理）、利润和利润分配管理（股利管理）、财务报告与财务评价等方面的内容。

3. 内部控制

商业银行的内部控制是商业银行在经营过程中，为实现经营目标，防范风险，保证资金安全、会计数据准确真实，而对内部机构、职能部门及工作人员的经营活动和业务行为进行规范、控制、牵制而采取的相应方法、措施和手段。

随着经济的发展，银行间竞争日益加剧，作为经营货币资金特殊行业的商业银行更加注重确保资金的安全、金融资产的完整，而金融风险的不断加大和更加复杂化，也促使银行对自身的内部控制日益重视。从商业银行经营管理的实践看，有效的内部控制既能从管理层面上围绕既定目标降低经营风险，又能从操作层面上查错防弊、堵塞漏洞。因此，实施内部控制，使其成为风险防范的第一道屏障，已成为商业银行管理的重要内容。

4. 风险管理

商业银行风险是指在商业银行经营过程中由于各种不确定因素的存在，而使银行蒙受经济损失的可能性。银行风险是金融业务中一种客观存在的必然现象，所以，银行业务从头至尾都是一种风险经营和风险管理的过程。风险管理的内容包括资产负债风险管理、信贷风险管理、投资风险管理和外汇交易风险管理。此外，风险管理还包括防范银行欺诈、盗窃、洗黑钱以及各类计算机犯罪等。

5. 人力资源管理

人力资源管理是对商业银行人力资源的取得、培训、保持和利用等方面所进行的计划、组织、指挥和控制等活动。它是在兼顾银行员工、银行以及社会三方面利益的基础上，为获得必要数量和质量的人才，并充分发挥其潜能而设计的一整套业务。当前，经济的发展速度是突飞猛进的，市场竞争的焦点已经由过去对资源、资金的竞争转为对人才的竞争。因此，银行的人力资源管理是否成功，关系到银行经营的成败。对于一家商业银行来说，有一批高素质的人才，是银行得以在竞争中立于不败之地的重要保证之一。

现代商业银行业的迅猛发展，迫切需要以下几种类型的人才：现代商业银行的中枢——改革创新的决策型人才；现代商业银行的中坚力量——奋力开拓的经营管理型人才；商业银行发展的开路先锋——面向未来的科技型人才；商业银行的基本力量——熟练精干的实务型人才；适应市场发展的复合型人才。

6. 信息管理

随着信息时代的到来，信息在银行的经营决策、管理行为中所起的作用越来越大，对银行信息的管理也就成为商业银行经营管理的重要内容。银行信息是指与银行经营有关的，反映客观经济事物特征并经过加工整理的消息、数据、知识的总称。例如，关于金融市场价格的涨跌、供求状况、客户资金使用情况、货币的投放与回笼情况、对外贸易现状、其他银行的业务情报、最新的经济政策及最新的经营管理理论等，都在银行信息的范畴之内。

【案例阅读】

移动货币和移动银行的比较

近年来，随着互联网金融和电子商务的不断普及，中国的移动支付业务获得了迅猛发展。目前，国际上对移动货币还没有统一的定义，各国根据本国的实际发展情况对移动货币的界定也不尽相同。安永认为所有通过手机完成的货币交易都可成为移动货币，概念上较为宽泛也较为模糊。而根据全球移动运营商协会（Global System for Mobile Communications Assembly，GSMA）的定义，移动货币是一项金融服务革新，该革新借助信息和通信技术（information and communication technologies，ICTs）以及非银行物理网络，将金融服务延伸到没有被传统银行覆盖的地区和人群，并具有两个主要特点：一是客户在银行体系之外的网络完成存取款操作；二是客户通过手机界面完成交易。为更好地进行阐述，我们倾向于引用非洲发展银行（African Development Bank，AFDB）的定义，即移动货币与存在传统银行账户上的货币不同，是指存放在用户识别卡（SIM 卡）上的货币，SIM 卡取代银行账号成为用户身份的识别码。从功能角度分析，移动货币涵盖汇款、小额支付等多种业务，旨在通过手机向没有银行账户的人群提供金融服务，或者向已有银行账户的人群提供技术便利。

目前，国际上主要有两种通过手机提供金融服务的模式：一是移动运营商主导的移动货币服务，简称为移动货币（mobile money）；二是银行主导的移动金融服务，简称为移动银行或手机银行（mobile banking）。移动货币可以为用户直接开立与手机 SIM 卡相联的虚拟账户，用户在指定的移动货币代理点进行现金的存取，并通过虚拟账户直接进行汇款、支付等操作；移动银行使得客户通过手机即可登录其银行账户并进行账户操作，同时可通过银行自身的网点、ATM 机进行现金存取。移动运营商主导模式和银行主导模式共同为客户提供移动金融服务（mobile financial services）。两者的主要区别如表 5-1 所示。

表 5-1　移动货币和移动银行的区别

	移动货币	移动银行
主导机构	移动运营商	银行
账户类型	与 SIM 卡相联的虚拟账户	传统银行账户
客户类型	手机用户	银行客户
适用国家或地区	金融基础设施落后	银行覆盖率高

由表 5-1 可以看出，移动货币和移动银行的模式选择与发展路径，主要是由所在国家或地区的经济和社会环境决定的。在金融基础设施落后的地区，传统金融服务覆盖率低，移动货币具有成本低、易推广的优势，增强了金融的普惠性；而在经济发展水平较高、银行业竞争充分的地区，移动银行打破了银行物理网点的限制，丰富了银行服务渠道，提供的

产品或服务较移动货币更为多样，便利了广大银行客户，有利于增强客户黏性。近年来，在一些国家，移动货币和移动银行呈现出了互补发展、相互趋同的趋势，并逐步发展出了基于代理商网络的银行服务体系（agent banking），即银行不仅借助于自身的物理网点为客户提供服务，而且通过与零售商等代理机构的合作，借助于代理商渠道为客户提供基本的银行服务，从而将银行服务延伸到广大的农村地区。就具体的汇款支付业务而言，移动货币和移动银行均使得用户通过移动终端实现汇款或支付，在支付方面的功能都属于移动支付的范畴。与银行传统支付方式相比，移动支付不受时间和空间的限制，具有便捷迅速、运营成本低、费率低廉的优势，但无论是移动货币还是移动银行，有两点不变：手机服务永远由移动运营商提供，资金清算则由银行负责。

资料来源：中国人民银行（http：//www. pbc. gov. cn/publish），2015 年 3 月 16 日。

【主要术语】

职能分工型商业银行　商业银行负债业务　商业银行资产业务　商业银行资金缺口管理　利率敏感性

【复习思考题】

1. 名词解释：银行持股公司、可转让支付命令账户、贴现。
2. 试述商业银行的组织结构类型。
3. 简述商业银行的主要资产与负债业务。
4. 商业银行的经营原则是什么？
5. 试述商业银行经营管理理论的发展脉络。
6. 当预测利率处于不同的波动阶段时，银行应如何配置利率敏感性资金？为什么？

第六章 中央银行

学习目标：

- 了解中央银行的产生和发展历程；
- 理解中央银行的性质与职能；
- 掌握中央银行的主要业务以及中央银行的金融监管。

第一节 中央银行的产生和发展

纵观中央银行的发展历史，其产生以及时至今日所发挥的重要作用是有客观经济基础和必然性的。作为一个组织机构而言，各国中央银行的产生和发展主要有两种情况：(1) 从信誉好、实力强的商业银行演化而来；(2) 由政府出面专门建立。作为一种制度而言，中央银行的产生和发展则是一个历史的过程，应该说，中央银行职能的产生和发展是中央银行制度产生和发展的基石，中央银行职能的完善造就了中央银行制度的完善，而中央银行职能的完善又是由一定的客观经济基础决定的。

一、中央银行产生的历史必然性

应该说，商品经济的发展为中央银行的出现提供了很好的外在环境。18 世纪初欧洲爆发了工业革命，这是大机器工业代替手工业作坊的革命，它带来的不仅是巨大的社会变革，而且是巨大的经济变革。经济变革的突出表现是商品经济得到了迅猛的发展。而商品经济的发展又带来货币信用关系的扩大，货币信用关系在经济领域的广泛化直接促进了货币兑换业乃至银行业的强盛，但是，接踵而来的资本主义经济危机的频繁爆发又使得信用链条和银行体系不断遭到破坏。如何建立一个完善的制度来制止危机，应该是经济发展对中央银行产生的内在要求。中央银行产生自然有其外在的环境，但是内在的生成要素则经历了一个漫长的时期。可以说，中央银行制度的发展和完善是一个历史演变过程，而且这一过程又是必然的，必然性主要表现为以下方面：

1. 政府对资金的需求呼唤着中央银行的出现

我们知道，银行是一个古老的行业。最初，银行借款的对象主要是商人和一些王公贵族。但是，自然灾害的发生和战争的爆发以及国家机器的强化使政府的收支经常出现不平衡，财政亏空时有发生，此时政府多通过向银行借款弥补亏空，于是政府与银行业的来往日益密切。而一般的商业银行由于受规模实力所限，较难满足政府对庞大资金的需求，那么，客观上要求有这样一家银行出现，它能满足政府对各项资金的需求。这样，以政府力量整合的大商业银行具备了为政府融资的功能，同时一些由政府直接建立的中央银行也不断出现。英格兰银行和法兰西银行就是典型代表。

2. 对银行券统一发行的需要造就了中央银行

银行券是金属货币流通制度下的产物。当时，并没有单独的发行银行，每家商业银行都有发行银行券的权利。各家银行发行的银行券实际上是代表金属货币在流通，如果每家银行所发行的银行券都能保证及时兑现，就不会涉及银行券的统一发行问题。但是事实上，经常会出现兑现危机和支付危机，这是因为：一方面，在18世纪下半叶和19世纪上半叶，由于工业革命的推动，资本主义的商品生产和流通不断扩大，银行业广泛建立。如在英国，1781—1861年的80年间，新建银行达2 500余家。银行的大量出现使业务竞争十分激烈，一些小银行在竞争中处于劣势，其发行的银行券很难被接受，恶意挤兑的现象时有发生。另一方面，大量分散发行的银行券和票据，使各种债权债务关系变得很复杂，如果某种银行券无法兑现，会造成社会的恐慌进而诱发一系列连锁反应，给整个社会的商品流通和交换带来极大的不便。要解决这些问题，就有了统一发行银行券的必要。谁来承担这一责任呢？这一权利和责任最终落在了中央银行身上。

3. 统一清算票据的需要使中央银行的出现成为必然

随着商品流通和交换的扩大，商业票据成为重要的支付工具。起初，是由单个银行独立地进行票据的清算，但是，随着银行业务的扩大，各家银行每天收受的票据数量不断增多，票据清算的业务变得繁重起来。债权债务关系的复杂化使各家银行通过自行轧差方式进行当日结算变得相当困难。清算的不及时，不仅表现在异地，也表现在同城，这样会阻碍商品流通和交换的发展。所以客观上需要建立一个全国统一的、权威的清算机构负责组织和实施银行间票据的清算，而这一任务也历史性地落在了中央银行肩上。

4. 为商业银行提供资金支持的需要使中央银行必不可少

随着生产的发展和交换的扩大，信用规模也在不断扩大，表现为商业银行贷款数量在增加的同时，期限也在不断拉长。这使得商业银行靠自己的存款发放贷款已不能满足社会对资金的需求，银行经营的规模需要扩大，同时，各种风险和不确定性也在增加。随着商业银行贷款规模的扩大，如果出现大量的提现，而贷款又不能按时收回，银行的支付能力就会降低，银行支付危机就很有可能发生。银行同业间因为业务的往来会发生相互的拆借、透支，但这只是暂时的，如果某家银行出现支付危机，将会造成连锁反应，最后使整个金融业陷入困境。由此可见，有必要建立一个信用卓著、实力雄厚并具备较强支付能力的银行，它能适时地挽救处于危机中的银行，从而保证整个金融业的稳健运营，这家银行就是中央银行。

5. 金融业统一监管和调控的需要使中央银行大显身手

金融业作为经营货币资金的特殊行业，其竞争的激烈程度更甚于其他行业，面临的风险也更大，而且，金融业要承担更大的社会责任，因为随着金融成为现代经济的核心，金融业的稳定与否直接影响一国经济的稳定与否。于是，对金融业的统一监管和调控就显得非常必要：首先，它能够保证金融各业之间公平有序地竞争和发展；其次，统一的金融政策和法规能促使整个宏观经济稳健发展。中央银行在这两方面有得天独厚的优势，所以对金融业的监管和调控责无旁贷。

二、中央银行的形成和发展

一般认为，中央银行的形成和发展大致经历了三个阶段。

（一）中央银行的初步形成阶段及其基本特点

中央银行的初步形成阶段，实际上是中央银行基本职能逐步形成的时期，它经历了一个漫长的发展过程，从1656年瑞典银行的成立到1913年美国联邦储备体系的建立，经历了257年时间。在这期间，据不完全统计，世界上约有29家中央银行设立，其中欧洲19家，美洲5家，亚洲4家，非洲1家。而在这29家中央银行中，成立于17、18世纪的有3家，成立于19世纪的有21家，成立于20世纪初的有5家。初创时期的典型代表是瑞典银行、英格兰银行、美国联邦储备体系。从这些银行的发展过程中可以看出这一时期中央银行的基本特征。

1. 瑞典银行

瑞典银行事实上是最早建立的中央银行。瑞典银行成立于1656年，最初是一般的私营银行，但是该行在业务方面一开始就比当时已存在的其他银行超前了一大步。1661年瑞典银行开始发行银行券，它是最早发行银行券和办理证券抵押贷款业务的银行之一。1668年政府出面将其改组为国家银行。1897年瑞典政府通过法案将货币发行权集中于瑞典银行，对其他银行发行的钞票，责令逐步收回。所以从建立的时间上看，一般认为，瑞典银行是最早的中央银行。

2. 英格兰银行

英格兰银行是最早具有了中央银行职能的中央银行。英格兰银行始建于1694年，它成立时是以私人合股公司的形式出现，一开始就与政府有着密切的联系。它是根据国王特准法唯一一个由议会批准设立的银行，英格兰银行成立的条件是由银行股东贷款120万英镑给英国政府，而英国政府则授权该银行发行纸币，并可以经营黄金和商业票据买卖，以及办理商业贷款等业务。因此，为政府筹资、接受政府存款和向政府贷款是该行成立之初的主要业务。1826年，英国政府核准英格兰银行在伦敦城外65英里之内独占钞票的发行权，1844年，著名的银行条例《皮尔条例》的颁布，限制了其他银行的货币发行权，扩大了英格兰银行的货币发行权，逐渐使英格兰银行在货币发行权中处于垄断地位。在英格兰银行货币发行权的不断扩充中，它在整个银行业的地位、社会信誉、资本实力都大大提高了。从18世纪起，许多商业银行为了业务上的方便，纷纷在英格兰银行开立往来账户，把自己现金准备的一部分存入英格兰银行，商业银行之间的债权债务关系通过英格兰银行来划拨冲销。1854年，英格兰银行发展成为英国银行业的票据交换和清算中心。到1876年，英格兰银行吸收的半数以上的存款是各商业银行的存款。早在1825年和1837年的两次经济危机中，英格兰银行曾向普通银行提供贷款；在后来的1847年、1857年和1866年的周期性经济危机中，英国国会不得不批准英格兰银行的货币发行量暂时突破1 400万英镑的限制，用它的银行券支持一般银行，使其充当了最后贷款人的角色。另外，随着对一般商业银行进行的票据再贴现数量的增多，英格兰银行取得了“银行的银行”的地位。英格兰银行在整个金融业中所起的作用，使它最终成为英国的中央银行，并对世界范围内中央银行制度的形成产生了重大的影响。我们一般称英格兰银行是中央银行的始祖。

3. 美国联邦储备体系

1913 年美国联邦储备体系的最终建立，标志着中央银行初创阶段的完成。应该说，美联储是中央银行史上一个重要的里程碑，或者说，是中央银行制度中的一个创新，当然，其发展也经历了一个相当漫长的过程。

（1）美国第一国民银行和第二国民银行是美国最早的中央银行。1791 年，美国的第一国民银行由国会批准成立，总部设在费城。国会立法规定该行经营 20 年，这是 1789 年美国独立战争后，华盛顿总统提出建立的国家银行，其目的是解决联邦政府的财政供给问题，而不是监督、管理和发展商业银行业务。它的主要业务有：吸收联邦政府的存款；独占银行券的发行；向联邦政府提供贷款；限制州立银行过度发行银行券，或收进各州银行券后，要求兑换金银，借以管理各州银行等。第一国民银行的存续期只有 20 年，主要是因为它的业务在一定程度上妨碍了各州银行业务的开展，遭到各州银行的反对。5 年后，即 1816 年，第二国民银行建立。它在很多方面都类似于第一国民银行，只是规模要大得多，注册期限也是 20 年。第二国民银行的中央银行职能发挥得也不是很成功，后来也是在争夺货币发行权方面发生冲突，终于在 1836 年期满后被撤销。

（2）1837—1863 年的自由银行制。自第二国民银行被撤销后，美国的金融业进入更加混乱的自由银行制阶段。表现为货币数量急剧扩张，信用膨胀致使物价和生产活动产生波动，银行资本普遍出现不足，过度自行放款导致银行支付能力下降。

（3）1863—1913 年的国民银行制度。1863 年，美国国会通过了《国民货币法案》，建立国民银行，以取代不稳定和不可靠的州银行体系。在财政部下设通货监理署，监理国民银行的活动。

（4）美国联邦储备体系建立。1908 年，美国国会组织国家货币委员会，在调查研究各国银行制度的基础上，1912 年，从兼顾美国银行的传统、银行业又必须统一管理这两种需求出发，制定了一种折中的联邦储备制度。1913 年，美国国会通过了《联邦储备条例》，这是解决美国政治矛盾的一种制度。它在中央管理和地方管理、自愿参加与强制参加、政府所有与私人所有、政府管理与私人管理之间采取了巧妙的折中平衡的方法。联邦储备体系由联邦储备委员会、联邦储备银行、联邦公开市场委员会、会员银行等几部分组成。

4. 中央银行制度初步形成阶段的基本特点

（1）初期的中央银行一般由普通的商业银行自然演化而来。例如最早的英格兰银行，就是国内经济金融发展的必然结果。商品生产和交换的发展，产生了对银行业的需求，而国家整体经济的发展和银行业的进一步发展，客观上需要有中央银行这一角色出现，进而产生了中央银行制度。

（2）这一时期，中央银行职能完善的最重要的标志是货币发行权的逐渐集中。早期的中央银行，大多是为政府融资服务的。但是，伴随经济金融发展的需要，对货币发行权的垄断显得日益重要，因为这一职能的有效发挥，才能使其他的功能更好地发挥出来。所以，货币发行权逐渐集中，是这一时期中央银行制度形成的重要标志。

（3）初期的中央银行大多是私人或私营合股公司，或是私人和政府合股公司，不是由国家出资建立的，所以不具有国有性质。例如，英格兰银行直到 1946 年才完全收归国有。

（4）初期的中央银行除了行使部分中央银行的职能，还要兼营商业银行的业务，因为很多中央银行是由大的商业银行演化而来的。

（5）由于金融市场发展的水平参差不齐，初期的中央银行还不具备控制、调节整个国家宏观经济的功能。

（二）中央银行的普遍推广阶段及其基本特点

中央银行的普遍推广阶段是从第一次世界大战结束到第二次世界大战结束。1920 年由国际联盟主办的布鲁塞尔国际经济会议提出了在世界各国普遍建立中央银行的必要性；紧接着，1922 年的日内瓦国际经济会议要求尚未建立中央银行的国家尽快建立中央银行，以共同维持国际货币体系和经济的稳定。由此掀起了中央银行普遍建立的高潮。

1921—1942 年，世界各国改组或新建立的中央银行有 43 家，其中欧洲 16 家，美洲 15 家，亚洲 8 家，非洲与大洋洲各 2 家。上述 43 家中央银行，改组或成立于 20 世纪 20 年代的有 27 家，30 年代的有 9 家，40 年代的有 7 家。比较典型的代表有德国国家银行、奥地利国家银行、匈牙利国家银行、苏联国家银行、智利中央银行等。

1. 这一阶段成为中央银行大发展时期的主要原因

（1）重建货币制度的需要。第一次世界大战对当时流行的金本位制是一个极大的破坏，很多国家纷纷放弃了金本位制，结果，造成纸币发行过度，恶性通货膨胀泛滥，整个货币领域陷入混乱。为了改变这种局面，各国都想通过建立中央银行，成为重建货币制度的核心。

（2）国际会议的影响。针对当时的金融形势，国际会议纷纷召开，1920 年布鲁塞尔国际会议、1922 年日内瓦国际会议、1930 年麦克米伦委员会会议分别提出了建立中央银行的必要，督促和要求各国尽快建立中央银行，对中央银行的功能进行了讨论等，这在不同程度上推动了中央银行建立的热潮。

（3）一些新国家的诞生。第一次世界大战后，欧洲各国的政治结构发生了变化，由于民族和地理方面的原因，出现了一些新的国家，如匈牙利、立陶宛等，为了应付国内经济金融发展的需要，这些国家在 20 世纪 20 年代相继建立了中央银行。

（4）对来自国外力量的需要。一些新国家面临许多经济困难，金融业也很混乱，需要来自国外力量的支持。而在国际联盟的督促和援助下，建立中央银行可以借助国外的力量支持来解决国内面临的困难和问题。但是这些新建立的中央银行受本国政治力量的控制，力量较弱。

（5）统一货币发行的需要。在中央银行的初创时期，货币发行已有了集中的表现，但是，第一次世界大战后新建的中央银行，则更希望通过建立新币制而使货币发行制度化。如各国改组或新建的中央银行在货币发行方面均出现了两大变化：①由中央银行独享货币发行权；②建立了比例准备制，即发行总额中分为现金准备和保证准备。所以中央银行的建立成为必然。

2. 中央银行制度普遍推广阶段呈现出的基本特点

（1）中央银行是由人工设计，运用政府力量创设的。这一时期的中央银行，一般不是由商业银行演化而来，而是为了适应当时的经济金融形势而设立的，初创时期的一些中央银行对新的中央银行的设立起到了表率的作用。

（2）稳定货币是这一时期中央银行的重要任务。金本位制度的崩溃使这一时期中央银行的主要任务是稳定币值，为了避免货币过度发行，由中央银行垄断货币发行权，防止财政透支。

（3）集中储备成为稳定金融的重要手段。面临20世纪30年代的大危机而造成的金融业的动荡，人们开始认识到稳定金融机构的必要性，而将储备集中于中央银行，建立准备金制度，是中央银行管理金融的重要手段。

（三）中央银行制度的强化阶段及其基本特点

第二次世界大战结束后，中央银行制度进入强化阶段，或称中央银行的国有化阶段。自1945年起至1971年止，改组、重建、新建的中央银行达50多家。其中，欧洲10家，美洲7家，亚洲21家，非洲16家。如果说在中央银行的普遍推广阶段，中央银行的建立主要集中在欧洲的话，那么这一阶段，则是向亚洲和非洲转移。

1. 这一阶段出现中央银行制度强化的主要原因

（1）受到战争重创的国家，经济亟待恢复和发展，而政府在经济复兴中的作用巨大。

（2）一些新独立的国家也面临独立发展经济的问题，而金融问题是首先要解决的。

（3）受凯恩斯政府干预经济的经济思想的影响，20世纪30年代的经济大萧条，使亚当·斯密"市场是看不见的手"的古典经济理论受到挑战，大多数资本主义国家的政府都希望通过控制中央银行来实现对整个国家经济的调控和管理。

（4）一些新型的社会主义国家的建立，也急需制定一些经济规则来稳定和发展经济。

所有这一切，均使中央银行朝着更集中、更政策化的方向发展。

2. 中央银行制度强化阶段的特点

（1）中央银行的国有化。实际上，国家控制是所有中央银行的共同变化。第二次世界大战后，除了新成立的国家的中央银行宣布国有化外，以前以私人资本存在的中央银行事实上也都国有化了，包括英格兰银行、法兰西银行等。不管中央银行的所有权如何，实际上各国都采取了不同的形式对中央银行加以控制。无论中央银行名义上隶属于财政部、国会还是议会，中央银行的最高首脑都由国家任命，业务活动也不能脱离一国经济发展的总体目标。

（2）中央银行是国家干预和调节宏观经济的工具。中央银行通过制定和运用货币政策来实现其对宏观经济的把握。可以说，制定和执行货币政策是中央银行的专利。中央银行可以借助于货币政策工具，通过货币政策的传导机制来实现货币政策的目标，达到调节经济的目的。在中央银行可利用的货币政策工具中，存款准备金政策、再贴现政策、公开市场业务可以称为中央银行的三大法宝。而准备金制度、再贴现政策在中央银行的初创和普遍发展阶段，都已或多或少地存在，只不过，在中央银行制度的强化阶段得以进一步规范化和制度化。公开市场业务则是以美国为首发展壮大起来的，并成为各国中央银行所效仿的灵活的调节经济的工具。

（3）中央银行专门行使中央银行的职能，使中央银行在整个金融体系中处于超然的地位。以往的中央银行，都可以从事一般商业银行的业务，但是在中央银行制度的强化阶段，中央银行不再行使一般商业银行的职能，也就是说，中央银行不再对一般工商企业进行存贷业务，其服务的对象是其他金融机构和政府。中央银行职能的强化，奠定了它在整个金融体系中的地位。政府借助于中央银行调控宏观经济，使它成为政府的银行；垄断货币发行权，使它成为发行的银行；为一般商业银行提供资金支持，使它成为银行的银行。

（4）各国中央银行之间的合作加强。第二次世界大战期间，由于金本位的崩溃，国际间贸易大战、汇率大战、关税大战此起彼伏，致使国际货币金融处于混乱状态，严重影响了世界经济的发展。第二次世界大战即将结束时，人们开始重视世界经济的稳定发展，于1944年建立了以美元为中心的国际货币体系，并于1945年分别成立了国际货币基金组织和世界银行集团，主要寻求各国中央银行间的合作、和平发展。

第二节　中央银行的性质、职能和结构

一、中央银行的性质

中央银行的性质是中央银行自身所具有的特殊属性，与中央银行的产生紧密相连。认识其性质有利于把握其职能，明确其经营原则。同时，中央银行的性质也决定了其在现代经济中的地位。中央银行的性质是其地位的根基，地位是其性质的外在表现与升华。现代中央银行无论其最初的来源还是其资本所有权归属，都具有“发行的银行”“银行的银行”“政府的银行”三个基本属性。

“发行的银行”是从其垄断货币发行权而言的；“银行的银行”意味着它承担支付清算的功能和扮演最后贷款人的角色；“政府的银行”意味着其代表政府管理全国金融业。这种概括集中反映了中央银行属性的基本方面，但比较具体，并且它们包含的内容也在不断发展变化。这种概括主要反映中央银行和普通银行之间的差别，因而学术界把其看作中央银行的三大基本职能，而对中央银行的性质则从更广泛的角度去分析。中央银行的性质是由其业务活动特点和所能发挥的作用决定的。

1. 从中央银行的业务活动特点看，它是特殊的金融机构

一方面，中央银行的主要业务活动同样具有银行固有的“存贷汇”业务的特征；另一方面，它又与普通金融机构不同，表现在其业务对象不是一般工商客户和居民个人，而是商业银行等金融机构和政府，业务宗旨是稳定金融，代表政府管理金融，不以营利为目的，不参与商业银行的竞争。

2. 从中央银行发挥的作用看，它是保障金融稳健运行、调控宏观经济的国家行政机构

中央银行通过国家特殊授权，承担监督管理普通金融机构和金融市场的重要职责。同时，中央银行处于整个社会资金运动的中心环节，是国民经济运行的枢纽、货币供给的提供者和信用活动的调节者。因而，中央银行对金融业的监督管理和对货币信用的调控对宏观经济运行具有直接的重要影响。由此，中央银行是宏观经济运行的调控中心。

3. 作为国家管理金融业和调控宏观经济的重要部门，中央银行具有一定的国家机关性质，负有重要的公共责任

随着国家对金融和经济实施干预及调控的加强，中央银行的国家机关性质也日趋强化。但中央银行的国家机关性质与一般国家行政机关又有很大的不同：

（1）中央银行履行其职责主要是通过特定金融业务进行的，对金融和经济的管理调控基本上是采取经济手段，与主要依靠行政手段进行管理的国家机关明显不同。

（2）中央银行的宏观调控是分层次实现的。要经过货币政策的传导达到其政策效果，且存在一个时滞问题，而国家机关的行政决定则直接作用于微观经济主体。

（3）中央银行在政策制定上有一定的独立性。

综合上述分析，中央银行的性质可归纳为：中央银行是一家特殊的金融机构，是承担

监管一国金融业、调控宏观经济运行的一个政府部门。

二、中央银行的地位

中央银行的性质决定其地位。中央银行是现代金融体系的核心，是国家干预和调控国民经济的一个重要部门。现代金融系统由中央银行、商业银行以及众多非银行金融机构构成，中央银行居于核心地位，它决定货币的供给与信贷的供应，集中商业银行的存款准备金，充当最后贷款人，组织参与和管理全国的支付清算。

中央银行作为政府的银行，其地位表现在：

1. 代表政府根据法律授权制定和实施货币政策，对金融业实施监督管理，负有保持货币币值稳定和保障金融业稳定运行的责任；代表国家政府参加国际金融组织，签订国际金融协定；参与国际金融事务与活动。

2. 代理国库，办理政府需要的银行业务，促进各种金融服务。许多国家中央银行的主要负责人是由政府任命，绝大多数国家中央银行资本金为国家政府所有或政府控股。这些国家的中央银行直接是政府的组成部门，如我国在1998年的政府机构改革中，中国人民银行就是作为国务院29个组成部委之一而保留下来的。

总之，中央银行是信用活动的组织者和主要调节者，在信用制度中处于总枢纽地位，是国家干预调控经济的重要工具，中央银行制度是现代经济不可缺少的一项重要制度。

三、中央银行的职能

中央银行的职能是其性质的具体体现。其职能又可概括为制定和执行货币政策、对金融业实施监督管理、组织参与和管理支付清算等三个基本方面。

（一）中央银行是“发行的银行”

中央银行是“发行的银行”，是指国家赋予中央银行集中与垄断货币发行的特权，是国家唯一的货币发行机构。中央银行集中与垄断货币发行权是其成为中央银行最基本、最重要的标志，也是发挥其全部职能的基础。几乎所有国家，垄断货币发行权都是与中央银行的产生和发展直接相联系的。从商业银行逐步演变成中央银行的发展进程看，货币发行权的独占或垄断是其发生质变的基本标志。从国家直接设立的中央银行看，垄断货币发行权是国家赋予的最重要的特权之一，是所有授权中首要的也是最基本的特权。一部中央银行史，首先是一部货币发行权逐渐走向集中、垄断和独占的历史。以中国为例。清末的户部银行和交通银行都具有货币发行权，后来的中国银行也没有垄断货币发行权。1928年国民政府设立的中央银行初时没有独占货币发行权，1942年7月1日才获得垄断发行权，从那天起，所有法币发行由中央银行集中办理。新中国的中央银行成立后就统一发行人民币，其他私营银行无发行货币之权力。

中央银行垄断货币发行权是统一货币发行与流通和稳定币值的基本保证。在金本位制条件下，货币的发行权主要是指银行券的发行权。发行银行券要有足够的黄金储备，以保证银行券的信誉和货币金融的稳定。在信用货币流通情况下，中央银行以国家授予的国家信用为基础而成为垄断的货币发行机构，中央银行按照经济发展的客观需要和货币流通及其管理的要求发行纸币，保持货币供应量与客观实际需要量的相对平衡，实现货币币值的基本稳定。《中国人民银行法》第四条第一款第二项就规定中国人民银行发行人民币，管理人民币流通。

货币发行是中央银行的重要资金来源，也为中央银行调节金融活动和全社会货币、信用总量，促进经济增长提供了资金支持。“发行的银行”职能是中央银行实施金融宏观调控的充要条件。

（二）中央银行是“银行的银行”

中央银行是“银行的银行”，是指中央银行的业务对象不是一般企业和个人，而是商业银行和其他金融机构以及特定的政府部门；中央银行与其业务对象之间的业务往来仍具有银行固有的办理“存、贷、汇”业务的特征；中央银行为商业银行和其他金融机构提供支持、服务，同时也是其管理者。“银行的银行”这一职能最能体现中央银行是特殊金融机构的性质，也是中央银行作为金融体系核心的基本条件。中央银行对商业银行和其他金融机构的活动能够施以有效影响，实现货币政策的最终目标，主要就是通过这一职能。这一职能同样是与中央银行的产生和发展紧密相连的，是中央银行之所以成为中央银行的另一重要标志。中央银行作为“银行的银行”，具体表现在以下三个主要方面。

1. 集中存款准备金

在中央银行产生以前，各金融机构都是自己保留相当一部分准备金，以保证应付客户的随时提取。但保留过多准备金与金融机构的盈利性目标相左，而过少又可能会面临因客户挤兑而破产。中央银行产生后，为了保证商业银行和其他存款机构的支付与清偿，从而保障存款人的资金安全及合法权益，也为了保证金融体系的安全，各国一般都通过法律规定，商业银行及有关金融机构必须按存款的一定比例向中央银行交存存款准备金，中央银行是法定准备金的唯一保管者。通过向中央银行缴存准备金，商业银行等存款机构可以大大减少其现金准备，从而更加高效地从事资产业务，实现经营目标。中央银行则通过集中存款准备金集中大量资金，扩充自身的资金实力，为其“最后贷款人”职能的发挥做准备；进行信用与货币的调节，中央银行的存款准备金政策是一项传统的货币政策工具；保证金融系统的流动性，有利于防止金融危机的发生。在1984年中国人民银行专门行使中央银行职能后，我国就建立了存款准备金制度。《中国人民银行法》第二十二条规定，中国人民银行要求金融机构交存存款准备金是其货币政策工具之一。《商业银行法》第三十二条规定，各商业银行必须按中国人民银行的规定向中国人民银行及时足额交存存款准备金。1998年3月，我国对存款准备金制度进行了一次重大改革，内容包括调整缴存范围，合并准备金账户和备付金账户，将准备金比率由13%下调至8%及改变缴存办法等。通过改革，更有利于发挥存款准备金的政策功能，理顺中央银行与商业银行等金融机构间的资金关系，促进金融改革的深入和宏观金融调控。

2. 充当商业银行等金融机构的“最后贷款人”

“最后贷款人”（lender of last resort）是巴奈霍特（Bagehot）于1837年在其《伦巴街》一书中首次提出的，意指在商业银行发生资金困难而无法从其他渠道筹措时，向中央银行融资是最后的办法，中央银行对其提供资金支持则是承担“最后贷款人”的角色。中央银行“最后贷款人”这一角色有利于避免或减轻金融危机和经济危机，保证金融体系的稳健安全。同时，中央银行通过“最后贷款人”这一角色进行宏观金融调控。“最后贷款人”的角色主要通过再贷款、再贴现等方式体现。“最后贷款人”的角色确立了中央银行在金融体系中的核心和主导地位，确定了中央银行对金融机构实施金融监督管理的必然性与必要性。我国中央银行的再贷款是从 1984 年开始的，长期以来都是我国中央银行调控基础货币的一条重要渠道。

3. 组织参与和管理全国的清算

这也是与中央银行的产生和发展紧密相连的。中央银行组织参与和管理全国的清算有利于加速资金周转，减少资金在途占用的时间和清算费用，提高清算效率，有利于中央银行的货币政策调控，有利于中央银行对各金融机构的监测，及时了解它们的经营情况，加强金融监管。《中国人民银行法》第四条第一款规定，中国人民银行维护支付清算系统的正常运行。中央银行办理同异地资金清算，具有安全、快捷、可靠的特点，中央银行的全国电子联行系统和手工联行系统为便利各行资金调度及清算提供了极大的方便。

中央银行作为“银行的银行”，通过国家授权开展特定的金融业务活动，为其履行调控金融经济和管理金融业的职能提供了稳定有效的途径。

（三）中央银行是“政府的银行”

中央银行是“政府的银行”，是指中央银行根据法律授权制定和实施货币政策，对金融业实施监督管理，负有保持货币币值稳定和保障金融业稳健运行的责任；中央银行代表国家政府参加国际金融组织，签订国际金融协定，参与国际金融活动；中央银行为政府代理国库，办理政府需要的银行业务，提供各种金融服务。我国中央银行的资本为国家所有，而且中央银行为国务院的 29 个组成部门之一。

中央银行作为“政府的银行”，其职能主要体现在以下方面：

（1）代理国库。我国各级人民银行设有相应的国库部门，代理国家金库，财政部门不另设金库，政府一切收支均通过中央银行办理。

（2）代理政府债券发行。

（3）通过公开市场购买国债从而对政府提供资金支持。

（4）为国家持有和经营管理外汇、黄金和其他资产形式的国际储备。世界各国的国际储备一般都是由中央银行持有并进行经营管理的，我国也不例外。《中国人民银行法》第四条第一款就明文规定，中国人民银行持有、管理、经营国家外汇储备、黄金储备。

（5）代表国家政府参加国际金融组织和各项国际金融活动。世界各国一般都是由中央银行代表政府参与有关国际金融事务。《中国人民银行法》第四条第一款规定，中国人民银行作为国家的中央银行从事有关的国际金融活动。

（6）制定和实施货币政策。货币政策是我国政府对经济实行宏观调控的重要手段。中央银行在进行决策时，应考虑国家整体经济情况与宏观经济目标，并应与财政政策等其他经济政策进行协调配合。

（7）对金融业实施监管。

（8）为政府提供经济金融情报和决策建议，向社会公众发布经济金融信息。由于中央银行处于社会资金运动的中心环节，是货币信用的调剂中心、社会资金清算中心和金融管理中心，因而中央银行能够掌握全国经济金融活动的基本资料信息，能够及时反映整个经济金融的运行状况。在政府的经济决策中，中央银行一般都扮演重要角色，发挥重要的甚至主导的作用。

总之，“发行的银行”“银行的银行”和“政府的银行”，体现了中央银行的基本职能，但随着历史的发展，其具体内容和侧重点也会不断发展变化，特别是在当今全球经济一体化、金融全球化、经济虚拟化的背景下，中央银行的职能会不断增强并会不断有新的内容出现。

四、中央银行的组织形式

中央银行的组织形式也即中央银行的制度形式。尽管各国的中央银行在性质、职能、作用方面基本一致，但存在形式由于受各国的经济发展水平以及中央银行的成长历史和所处的地位等因素的影响而表现出差异性。具体有如下四种类型。

（一）单一制中央银行制度

单一制中央银行制度是指国家建立单独的中央银行机构，使之全面履行中央银行职责的制度。具体又有两种情况：

1. 一元式中央银行制度

这是指一国只设立一家统一的中央银行，行使中央银行的权力和履行中央银行的全部职责。中央银行可根据需要设立分支机构，但垂直领导。这是比较成熟的中央银行制度，目前世界上绝大多数国家的中央银行都实行这种体制，如英国、法国、日本等。中央银行的总行常设在首都。这类中央银行的特点是权力集中统一，组织完善，机构健全且存在较多分支机构，业务多样。我国的中央银行属于这一类。

2. 二元式中央银行制度

这是指全国中央和地方都设立中央银行分别行使金融管理权，不同等级的中央银行共同组成统一的中央银行体系。中央级中央银行和地方级中央银行在货币政策方面是统一的，中央级中央银行是最高金融决策机构，地方级中央银行要接受中央级中央银行的监督和指导。但在货币政策的具体实施、金融监管和中央银行有关业务的具体操作方面，地方级中央银行在其辖区内有一定的独立性，与中央级中央银行也不是总分行的关系，而是依法律规定分别行使其职能。这一制度与联邦制的国家体制相适应，如美国、德国即实行这种中央银行制度。

（二）复合式中央银行制度

复合式中央银行制度是指国家不单设专司中央银行职能的中央银行机构，而是由一家集中央银行与商业银行职能于一身的国家大银行兼行中央银行职能的中央银行制度。这种中央银行制度往往与中央银行初级发展阶段和国家实行计划体制相适应，苏联和 1990 年前的多数东欧国家即实行这种制度。中国在 1983 年前也实行这种制度，中国人民银行既行使中央银行的职能，又行使商业银行的职能。这种制度是与当时中国实行集中的计划经济体制相适应的，在新中国成立初期曾发挥了一定的作用。

（三）准中央银行制度

准中央银行制度是指国家或地区不设通常完全意义上的中央银行，而是设立类似于中央银行的金融管理机构执行中央银行的部分职能。采用这种中央银行组织形式的国家有新加坡、马尔代夫、斐济、沙特阿拉伯、阿联酋、塞舌尔等。在这类中央银行制度下，国家（地区）设立的专门金融管理机构的名称和职责在各国（地区）有所不同。这类准中央银行制度通常与国家（地区）较小而同时又有一家或几家银行在本国（地区）一直处于垄断地位相关。中国香港地区在回归祖国之前，基本上也是属于准“中央银行”制度类型。

（四）跨国中央银行制度

跨国中央银行制度是指若干国家联合组建一家中央银行，各成员国不专设自己的中央银行，由这家跨国中央银行在其成员国范围内行使全部或部分中央银行职能的中央银行制度。这种中央银行制度一般与区域性多国经济的相对一致性和货币联盟体制相对应，是第二次世界大战后发展中国家争取民族独立，发展民族经济，进行多种形式的经济、金融协调的成果。这种跨国的中央银行为成员国发行共同的货币和制定统一的货币金融政策，监督各成员国的金融机构和金融市场，对成员国的政府进行融资、办理成员国共同商定并授权的金融事项等。实行跨国中央银行制度的国家主要在非洲和东加勒比海地区，目前西非货币联盟、中非货币联盟、东加勒比海货币区属于跨国中央银行的组织形式。1998 年欧洲中央银行成立后，欧洲中央银行系统也属于这种类型。

第三节　中央银行的主要业务

一、中央银行的资产业务

（一）中央银行贷款业务

中央银行贷款业务充分体现了中央银行作为“最后贷款人”的职能，其意义在于中央银行通过向商业银行、国家财政以及其他金融机构发放应急贷款，起到维护金融体系稳定与安全、抑制通货膨胀、执行货币政策，进而促进经济发展的作用。

1. 中央银行贷款业务的特征

中央银行作为特殊的金融机构，其贷款业务也体现出独有的特征：

（1）以短期贷款为主，一般不经营长期贷款业务；

（2）不以营利为目的；

（3）应控制对财政的放款，以保持中央银行的相对独立性；

（4）一般不直接对工商企业和个人发放贷款。

2. 中央银行贷款业务的分类

中央银行贷款业务按照贷款对象的不同，可分为对商业银行的放款、对财政部的放款和其他放款三种主要类型。中国人民银行贷款按融通资金的方式可分为信用放款、抵押放款和票据再贴现；按期限可分为 20 天以内、3 个月以内、6 个月以内和 1 年期四个档次。

3. 中央银行贷款业务的管理

申请中国人民银行贷款的金融机构必须具备三个条件：属于中国人民银行的贷款对象；信贷资金营运基本正常；还款资金来源有保障。

中国人民银行贷款的管理主要有发放和收回两部分。具体程序是：借款行提出贷款申请 ⟶ 借款审查 ⟶ 借款发放 ⟶ 贷款的收回。

（二）再贴现业务

再贴现业务是中央银行货币政策工具的“三大法宝”之一，是国家进行宏观经济调控的重要手段。中央银行通过调整再贴现率，提高或者降低再贴现额度，通过对信用规模的间接调节，达到宏观金融调控的目的。

再贴现是指商业银行为弥补营运资金的不足，将其持有的通过贴现取得的商业票据提交中央银行，请求中央银行以一定的贴现率对商业票据进行二次买进的经济行为。

从广义上来讲，再贴现属于中央银行贷款的范畴。但二者之间还是存在一定的区别，具体体现在两个方面：（1）利息支付时间不同。再贴现是商业银行预先向中央银行支付利息，而贷款业务是在归还本金时支付利息。（2）本质和范围不同。再贴现本质上是中央银行向商业银行发放的抵押贷款，而中央银行贷款的范畴比再贴现广得多，不仅包括抵押贷款，还包括信用贷款。

美国联邦储备银行的再贴现业务是通过贴现窗口开展的，贴现窗口是美国中央银行实施货币政策的重要途径之一，其在保证美国银行和金融系统稳定方面起着重要作用。美联储贴现窗口的贷款主要分为调节性贷款、季节性贷款和延伸性贷款三类。但值得一提的是，在美国各种金融机构很少求助于贴现窗口，而宁愿利用同业拆借或通过欧洲货币市场来筹集资金。原因在于求助于贴现窗口往往被同业视为经营不善的标志，从而影响其声誉。

德意志联邦银行再贴现业务的最大特点在于其对于再贴现金额有严格的数量限制。

我国的再贴现业务自 1986 年开办至今，取得了一定的进展，但由于我国市场经济尚不十分发达，商业信用落后且不规范，商业票据到期不能履约的现象时有发生，因此，再贴现业务目前在我国尚处于不发达阶段。

（三）证券买卖业务

1. 证券买卖业务的意义

中央银行通过公开市场业务买卖证券，对于调节货币流通、维护金融市场稳定具有重要意义。具体表现在：（1）调控和控制货币供应量，进而调控宏观经济；（2）配合准备金政策和再贴现政策，削弱和抵消过激的政策调整对金融和整个经济的震动；（3）缓解财政收支造成的不利影响；（4）协助政府公债的发行与管理。

2. 中央银行证券买卖业务的种类

中央银行在公开市场上买卖的证券主要是政府债券、国库券以及其他市场流动性非常高的有价证券。

3. 美联储的公开市场业务

公开市场业务是美联储最有效、最灵活的货币政策工具。美联储的政府债券买卖是与政府债券初级交易商进行的。美联储公开市场操作的工具主要有两个：（1）永久性储备调节；（2）临时性储备调节。

4. 中国人民银行的证券买卖业务

中国人民银行从事证券买卖业务，有利于增加国债的流动性，促进国债二级市场的发展，同时使中国人民银行宏观金融调控的手段更加丰富、更加灵活，有利于各金融机构改善自身资产结构，增加流动性，提高资产质量。

目前，中国人民银行是通过银行同业拆借市场实施公开市场业务的，操作工具包括国债、中央银行融资券、政策性金融债券，交易主体是国债一级交易商。

5. 中央银行在证券买卖过程中应注意的问题

中央银行在证券买卖过程中应注意以下问题：（1）不能在一级市场上购买有价证券，而只能在二级市场上购买；（2）不能购买市场性差的有价证券；（3）不能购买无上市资格、在证券交易所没有挂牌交易的有价证券；（4）一般不能买入国外的有价证券。

（四）金银、外汇储备业务

1. 金银、外汇作为国际储备的利弊

中央银行保管金银外汇储备的意义主要表现在稳定币值、稳定汇价以及调节国际收支等方面。但是，金银、外汇作为国际储备各有利弊：(1) 从安全性考虑，黄金无疑是实现保值的最好手段，但金银的灵活兑现性不强，保管成本也很高，因此，在各国的国际储备中金银所占比例呈逐年下降的趋势。(2) 外汇的灵活兑换性较强，保管成本低廉，但由于汇率处于不断变动之中，使得持有外汇面临的贬值风险较大。因此，各国中央银行在保管金银、外汇储备的过程中，必须从本国国际收支状况和经济政策出发，确定合理的金银、外汇储备比例和数量。

2. 中国外汇储备管理

中国外汇储备管理坚持“安全第一，流动第二，盈利第三”的经营管理原则。中国外汇储备经营管理的战略目标是：(1) 采用科学的管理和经营手段，保证中国人民银行调整外汇供求、平衡外汇市场等宏观调控的顺利进行；(2) 加强风险防范，确保资金安全，保证资金的及时调拨和运用；(3) 建立科学的储备资产结构，提高储备经营水平，增加资产回报；(4) 合理安排投资，有重点地支持国内建设项目。

建立适合中国国情的外汇储备经营管理模式，实现中国外汇储备经营管理的战略目标，应从以下几个方面着手进行：(1) 建立风险管理制度，规避面临的各种风险，防患于未然；(2) 采用科学的风险控制手段，确保外汇资产的安全；(3) 划分外汇储备为经常性储备和战略性储备，这样既可以保证对外支付，维护人民币汇率稳定，又可以提高外汇储备资产的收益性。

二、中央银行的负债业务

（一）货币发行业务

1. 货币发行的含义

货币发行具有双重含义：(1) 货币从中央银行的发行库通过各家银行的业务库流向社会；(2) 货币从中央银行流出的数量大于流入的数量。

2. 中央银行经营货币发行业务的意义

中央银行经营货币发行业务具有特殊意义：(1) 提供了流通手段和支付手段，满足了社会商品发展和商品流通扩大的需要；(2) 相应地筹集了社会资金，满足了中央银行履行其各项职能的需要。

3. 中央银行货币发行的原则

中央银行发行货币要遵循三条重要原则：(1) 垄断发行原则，即货币发行权高度集中于中央银行。(2) 信用保证原则，即通过建立一定的发行准备制度（要有一定的黄金或有价证券作为保证），保证中央银行的独立发行。(3) 弹性发行原则，即货币发行要具有高度的伸缩性和灵活性，不断适应社会经济状况变化的需要。

（二）经理国库业务

国库是国家金库的简称，是专门负责办理国家预算资金的收纳和支出的机构。从世界范围来看，国家财政预算收支保管一般有两种形式：国库制和银行制。世界上经济发达的国家多采用委托国库制。如同中国通过法律规定了由中国人民银行履行经理国库的职责一样，各国也均以相应的法律确定了中央银行对其国库的代理关系。

中央银行的重要职能之一是作为“政府的银行”，而经理国库业务便是中央银行履行该职能的具体体现。中央银行经理国库业务具有诸多优越性：(1) 收缴库款方便；(2) 库款调拨灵活；(3) 资金安全，数字准确；(4) 有利于中央银行的宏观调控；(5) 有利于发挥中央银行对财政的监督作用。

(三) 集中存款准备金业务

1. 存款准备金的构成

存款准备金是商业银行为应付客户提取存款和划拨清算的需要而设置的专项准备金。其由两部分组成：(1) 支付准备金，即库存现金；(2) 法定存款准备金。

2. 实行存款准备金制度的意义

集中存款准备金业务是指中央银行集中商业银行存款准备金的业务，是中央银行履行“银行的银行”职能的客观要求和具体体现。

实行存款准备金制度的意义在于：(1) 保证商业银行等金融机构的清偿能力；(2) 有利于中央银行约束商业银行贷款规模，控制信用规模和货币供应量。

三、中央银行的其他业务

(一) 代理发行和兑付国债业务

国债是一国政府发行的有价证券的统称。政府债券是国家或地方政府因公共支出的需要，以其信用为基础，在国内外筹集资金时发行的有价证券的统称。国债的种类很多，按不同的标准可以划分为不同的类型。

中央银行代理发行和兑付国债的意义：(1) 弥补财政赤字，促进财政收支的平衡；(2) 聚集社会闲置资金，加强经济建设；(3) 有国家信用作保证，风险小、流动性强，为居民提供可靠的资产选择方式；(4) 调整投资结构，加强重点建设，有利于国民经济稳定协调发展；(5) 将国家信用与银行信用结合起来，有利于实施金融宏观调控。

(二) 清算业务

清算是指因一定经济行为所引起的货币关系的计算和结清，分为现金清算和转账清算两种。现金清算是指直接用现金进行支付清算；转账清算是指收付双方通过银行账户将款项从付款人账户划到收款人账户的货币支付行为。清算业务是中央银行作为“银行的银行”职能的体现，是中央银行对商业银行的主要服务性业务。它通过票据清算和电子联行系统的运作，服务于商业银行的资金清算业务。

中央银行办理资金清算业务，主持一国的资金清算事宜，具有极其重要的意义：(1) 有利于缩短资金在途时间，加速资金周转，提高资金效益，节约社会劳动；(2) 有利于提高银行工作效率，增强银行信誉；(3) 有利于中央银行正确制定和执行金融政策，有效地进行金融宏观调控。

(三) 金银管理业务

金银管理是指根据国家金融、外汇管理、金银储备等方面政策的需要，对金银收购、配售、加工、进出境等方面进行管理的行为。对于实行金银管制的国家，此项业务一般由该国的中央银行经办。

【案例阅读】

央行降准力度空前　市场舆论普遍看好

2015 年 4 月 19 日下午，中国人民银行决定，自 2015 年 4 月 20 日起下调各类存款类金融机构人民币存款准备金率 1 个百分点。其中，对农村金融机构额外再降低 1 个百分点。分析称，此次降准可能释放 1.5 万亿流动性。该消息一出，立即引发市场的强烈关注。

媒体报道方面，“新财富舆情中心”监测数据显示，监测时段内，有关“降准”的原发新闻报道 275 篇，累计转载量高达 7 020 次。通过梳理媒体报道以及各方观点可以发现，对于此次央行降准，市场关注的焦点主要集中在三个方面：其一，央行降准的原因以及未来政策的预期；其二，对资本市场的影响；其三，对房地产市场的影响。

新媒体方面，以“央行降准”为关键词，共有新浪微博 25 000 条，东方财富股吧贴文 8 800 篇，微信 6 526 篇；本次降准将为股市带来怎样的影响，成为网友关注的焦点，对此，大部分网友持看好态度，认为此次降准将有利于股市的拉升；在各版块中，银行、券商及房地产等三大板块，成为网友最看好的受益行业；但也有不少网友表示，降准正是表明中国经济下滑的严重性，此番降准只是“放水救市”的措施，应谨防即将带来的泡沫。

（一）央行降准的原因以及未来政策的预期

对于央行降准的原因，《人民日报》发文表示，符合当前经济发展形势，有利于缓解经济下行压力。兴业银行表示，只有降准，才能把降息落到实处，降低企业融资成本。汇丰大中华区首席经济学家屈宏斌称，眼下下行压力加大，降息降准刻不容缓。财经评论员管清友则表示，央行此举是为了驰援地方债务置换，助力稳增长，对冲存款保费影响。对于市场普遍认为的降准是在对冲 A 股利空政策，新华网发文表示，此次央行大幅降准，应与 A 股市场利空政策释放无关，充其量仅是时间节点的巧合而已，降准是为了真正刺激实体经济。今年下半年至少还有 1—2 次降准和 1 次降息。

（二）央行降准对房地产市场的影响

关于央行降准对房地产市场的影响，绝大多数的观点认为，楼市短期内将迎来反弹。对此，中国新闻网发文表示，在多项信贷政策的“组合拳”下，购房者的市场预期将会发生转变，房企去库存步伐有望加快，部分城市或将出现量价齐涨的态势。新浪专栏有观点称，对于一线城市及市场基本面良好的二线城市来讲，接下来几个月势必会出现涨价的现象。《证券时报》也同时发文称，一线城市抄底季已逝，二线城市正当时。

（三）央行降准对资本市场的影响

关于央行降准对资本市场的影响，业内普遍认为，央行周末降息长期利好资本市场，股债双牛依然可期。民生证券等多家机构发文称，三大板块将明显受益：首先是资金敏感型品种，包括银行及地产股；其次是大宗商品类，尤其是有色金属；另外，高分红的新蓝筹股也会受到影响。不过，对于市场的乐观情绪，《新快报》发文表示，虽然市场难有大的调整，不过投资者仍然要警惕短期内指数高题材股以及创业板调整带来的市场恐慌心理从而引起的市场调整行为。安邦集团则发表观点称，“政策牛”要想持续，监管层需要不断完善市场制度建设，强化对于违法违规行为的监管。

资料来源：高月娥、张妍，《央行降准力度空间　市场舆论普遍看好》，新财富舆情中心，2015 年 4 月 20 日。

【主要术语】

中央银行　票据清算　美国联邦储备体系　“发行的银行”　“银行的银行”　“政府的银行”　存款准备金　单一制中央银行制度　复合式中央银行制度　准中央银行制度　再贴现　金银外汇储备　货币发行　经理国库

【复习思考题】

1. 简述中央银行制度的发展过程。
2. 试析中央银行的性质及职能。
3. 中央银行的业务主要包括哪些内容?

第七章　其他金融机构

学习目标：

● 认识和掌握保险公司的经营特征、作用及发展趋势；

● 了解证券公司的主要业务；

● 了解投资基金管理公司的特点和作用，掌握投资基金的主要种类和经营原则；

● 了解财务公司、邮政储蓄机构等非银行性金融机构概况，掌握信托、融资租赁的运作特点及主要业务种类。

第一节　保 险 公 司

一、保险公司的概念

保险公司是经营保险业务的采用公司组织形式的保险人。保险关系中的保险人，享有收取保险费、建立保险费基金的权利。同时，当保险事故发生时，有义务赔偿被保险人的经济损失。从经济角度看，保险是集合同类风险、分担损失的一种财务安排。通过保险，少数不幸的被保险人的损失由包括受损者在内的所有被保险人分摊，是一种非常有效的财务安排。保险费是指为承担一定的保险责任要向投保人收取一定数额的费用。保险费也是投保人为取得获得赔付的权利所付出的代价，通常根据保险标的的危险程度、损失概率、保险期限、经营费用等因素来确定。保险费、保险公司的资本以及保险盈余共同构成了保险公司的保险基金，它是补偿投保人损失及赔付要求的后备基金。

保险不是与生俱来的，而是随着人类社会的不断发展而逐步产生和发展的。由于人类社会从开始就面临着自然灾害和意外事故的侵扰，在与大自然抗争的过程中，古代人们就萌生了对付灾害事故的保险思想和方法。海上保险是最古老的险种，大约在公元前 2000 年就已经初露萌芽。进入 20 世纪以后，现代保险业全部形成。保险业在商品经济的发展过程中发挥了精巧的社会稳定器的作用。

二、保险公司在经济运行中的功能

（一）经济保障功能

经济保障功能是保险业的立业之基，最能体现保险业的特色和核心竞争力。从经济运行来看，保险公司为社会再生产的各个环节（生产、交换、分配、消费）提供了经济保障，充当了社会经济与个人生活的稳定器。其作用具体体现在为企业、居民家庭和个人提供预期的生产和生活保障，解决企业、居民家庭的后顾之忧，促进国民经济平稳有序发展。

（二）资金融通功能

资金融通功能是指将保险资金中闲置的部分重新投入社会再生产过程中所发挥的金融中介作用。保险人为了使保险经营稳定，必须保证保险资金的保值与增值，这也要求保险人对保险资金进行运用。保险资金的运用不仅有其必要性，而且也是可能的。一方面，由于保险保费收入与赔付支出之间存在时间滞差，为保险人进行保险资金的融通提供了可能；另一方面，保险事故的发生也不都是同时的，保险人收取的保险费不可能一次性全部赔偿出去，也就是说，保险人收取的保险费与赔付支出之间有时也存在着数量滞差，这为保险人进行保险资金的融通提供了可能。

（三）社会管理功能

一般来讲，社会管理是指对整个社会及其各个环节进行调节和控制的过程，目的在于正常发挥各系统、各部门、各环节的功能，从而实现社会关系和谐，促进整个社会的良性运行和有效管理。保险的社会管理功能不同于国家对社会的直接管理，而是通过保险内在的特性，促进经济社会的协调以及社会各领域的正常运转和有序发展。保险的社会管理功能是在保险业逐步发展成熟并在社会发展中的地位不断提高和增强之后衍生出来的一项功能。保险的社会管理功能主要体现在四个方面。

1. 社会保障管理

社会保障被誉为社会的“减震器”，是保持社会稳定的重要条件。商业保险是社会保障体系的重要组成部分，在完善社会保障体系方面发挥着重要作用。一方面，商业保险可以为没有参与社会基本保险制度的劳动者提供保险保障，有利于扩大社会保障的覆盖面。另一方面，商业保险具有产品灵活多样、选择范围广等特点，可以为社会提供多层次的保障服务，提高社会保障的水平，减轻政府在社会保障方面的压力。

2. 社会风险管理

风险无处不在，防范控制风险和减少风险损失是全社会的共同任务。保险公司从开发产品、制定费率到承保、理赔的各个环节，都直接与灾害事故打交道，不仅具有识别、衡量和分析风险的专业知识，而且积累了大量风险损失资料，为全社会风险管理提供了有力的数据支持。同时，保险公司能够积极配合有关部门做好防灾防损，并通过采取差别费率等措施，鼓励投保人和被保险人主动做好各项预防工作，降低风险发生的概率，实现对风险的控制和管理。

3. 社会关系管理

通过保险应对灾害损失，不仅可以根据保险合同约定对损失进行合理补偿，而且可以提高事故处理的效率，减少当事人可能出现的各种纠纷。由于保险介入灾害处理的全过程，参与到社会关系的管理之中，因此它逐步改变了社会主体的行为模式，为维护政府、企业和个人之间正常、有序的社会关系创造了有利条件，减少了社会摩擦，起到了社会“润滑器”的作用，大大提高了社会运行的效率。

4. 社会信用管理

完善的社会信用制度是建设现代市场体系的必要条件，也是规范市场经济秩序的治本之策。最大诚信原则是保险经营的基本原则，保险公司经营的产品实际上是一种以信用为基础、以法律为保障的承诺，在培养和增强社会的诚信意识方面具有潜移默化的作用。同时，保险在经营过程中可以收集企业和个人的履约行为记录，为社会信用体系的建立和管理提供重要的信息资料来源，实现社会信用资源的共享。

三、保险公司的种类

根据保险公司经营的保险业务范围的不同，可以将其分为人寿保险公司、财产保险公司、再保险公司。

（一）人寿保险公司

人寿保险公司是经营人身保险业务的保险公司。人寿保险公司的保险产品主要是对受保人寿命或健康状况预期而提供的健康保险、伤残保险、年金、养老基金、退休金等保险产品。其资金来源于按照不同寿险产品所确定的标准收取的保险费。

（二）财产保险公司

财产保险公司是指主要经营财产保险业务的保险公司。财产保险业务包括财产损失保险、责任保险、信用保险等保险业务。此外，财产保险公司一般还可以经营短期健康保险业务和意外伤害保险业务。

（三）再保险公司

再保险公司是指专门从事再保险业务、不直接向投保人签发保单的保险公司。它是保险公司的保险公司。保险公司为了分散风险，把一些大的承保单位的风险责任再分保给另一保险公司，接受保险公司转嫁的风险的公司就是再保险公司。

四、我国保险业的发展

1875 年 12 月，由中国人自己集资现银 20 万两创办的第一家保险机构——保险招商局，在上海宣告成立，打破了帝国主义对中国保险市场的垄断，迈开了中国人民自己办保险的第一步。1949 年 10 月 20 日，中国人民保险公司在北京成立，宣告了新中国第一家全国性大型综合国有保险公司的诞生。1958 年 12 月，全国财政会议正式决定全面停办国内保险业务，只保留涉外保险业务继续经营。1979 年 11 月 19 日，全国保险工作会议在北京召开，停办二十多年的国内保险业务开始复业。1988 年 3 月 21 日，中国人民银行批设了一家区域性保险公司——深圳平安保险公司，此为中国第一家股份制保险公司。

1992 年，邓小平同志视察南方的谈话发表，使我国的改革开放出现了崭新局面，保险业也开始对外开放。同年 9 月，经中国人民银行批准，美国国际集团的子公司美国友邦保险公司和美亚保险公司在上海开设分公司。1994 年 11 月，日本的东京海上火灾保险公司经批准在上海也开设了分公司。它标志着我国保险市场迈出了国际化的第一步。与此同时，中国天安保险有限公司、大众保险有限公司这两家区域性保险公司分别于 1994 年 12 月和 1995 年 1 月在上海成立。此后，保险公司数量迅速增长。截至 2014 年年底，我国共有财产保险公司 65 家，人身保险公司 71 家。2014 年，全国保费收入突破 2 万亿元，行业总资产突破 10 万亿元，行业增速达到 17.5%；财产保险保费收入 7 203 亿元，同比增长 16%；人身保险保费收入 1.3 万亿元，同比增长 18.2%；保险资金运用实现收益 5 358.8 亿元，同比增长 46.5%；保险资金投资收益率 6.3%，同比上升 1.3 个百分点。

第二节　投资银行

一、投资银行的产生与发展

投资银行产生于西欧，发展于北美洲，全面兴起于亚洲、非洲和拉丁美洲，目前已成为国际金融市场中的一类重要金融机构，在世界经济体系中发挥着不容忽视的积极作用。在大多数欧洲国家，投资银行被称为“商人银行”；在美国被称为“华尔街金融公司”；在日本被称为“证券公司”。这正是“商人”“投资”和“证券”三个名词的由来。虽然各国对投资银行的叫法不一致，但其业务都源于政府或大企业、大公司筹集资金的需要和为投资者谋求投资机会的客观要求。由于早期的投资银行接受存款，具有吸收存款、发放贷款的功能，所以称其为银行。但当今的投资银行实际上已失去“银行”的本质含义，成为金融市场的专业投资机构，是名副其实的非银行金融机构。

最初的投资银行主要从事公司证券承销、分销以及二级市场证券交易和操作，随着金融业务的不断发展和公司业务的全球化，特别是电信、计算机和数据处理等技术的进步，投资银行的经营范围大大拓展。与此同时，新兴市场和新的金融工具不断诞生，贷款抵押担保证券市场的发展、零息债券的产生、作为融资和资金管理工具的回购市场的出现，以及金融衍生市场的诞生等，都为现代投资银行的形成与发展创造了十分有利的现实条件，促进了投资银行业务在金融市场诸多领域中广为渗透。

二、投资银行业务

（一）风险投资

风险投资创造一级和二级价值增值，是指投向专门从事某种新思想或新技术的小型公司的股权资本。投资银行通过风险投资活动，不仅向创新企业注入启动资金，而且提供建立企业、制定企业经营战略和组织管理的顾问方案以及特种技能。风险投资的具体形式是建立专门投资于高新技术行业的风险投资公司。发达国家的高新技术产业都不同程度地得益于风险资本的推动。风险投资具有高风险和高收益的特点，一旦抓住机遇，风险资本便可以高速成长。

（二）证券发行

在一级市场上帮助企业 IPO 融资是投资银行最重要也是最主要的业务，证券发行业务创造二级价值增值。投资银行承销证券的范围非常广泛，包括本国中央政府和地方政府债券、企业股票和债券以及外国政府和企业证券。证券发行业务主要包括三方面的内容。(1) 提供信息和咨询。对证券发行者和投资者提供咨询服务，特别是向投资者提供信息发布和推介服务。(2) 公开销售。公开销售证券方式分为代销、余额包销和全额包销三种。在代销情况下，投资银行按照约定发行条件尽力推销，发行结束后未售出证券退还给发行人，不承担发行风险。在后两种情况下，投资银行有义务购进未售出证券，因而承担一定的发行风险，对此一般通过联合多家机构组成承销团，其中一家或数家投资银行为主承销商，每家分别承销总发行额中的一部分以分散发行风险。随着证券市场扩容速度的加快，证券市场供求失衡有所增加，证券承销风险随之增大。(3) 私募发行。投资银行往往针对一些机构客户，如投资基金、养老基金和保险公司等定向销售证券，使发行过程得以顺利进行。

（三）证券交易

证券交易活动创造三级价值增值。投资银行在二级市场中的证券交易业务主要是充当证券经纪商和自营商。在发达证券市场中投资银行一般有专业分工，只有少数几家投资银行身兼证券批发商和零售商，大多数投资银行则根据自身财务结构和业务水平，来确定专业化业务品种及市场定位。除了资本市场以外，投资银行还在货币市场中参与买卖银行承兑汇票、国库券、政府债券和大额定期存单等业务。

（四）基金管理

基金管理业务也是创造三级价值增值。自 1940 年美国《投资公司法》颁布实施以来，投资银行在开拓基金管理业务方面取得了长足进展。投资银行通过发起设立投资基金和从事基金管理业务，为中小投资者和各类机构投资者提供专业资产管理服务，也为自身创造了大量收入。在发达证券市场中，以投资基金为主的机构投资人占据主导地位，很多投资银行都成立了专门的投资管理部门或附属资产管理公司，广泛参与了投资基金业务。基金业的迅速崛起，大大拓宽了投资银行业务领域，投资银行不仅作为基金管理人，而且作为基金证券承销人以及基金投资经纪人，充当多重角色。

（五）企业并购

企业并购业务创造四级价值增值。第二次世界大战以来，企业并购日益成为投资银行的核心业务。兼并是指两家或更多的独立企业合并组成一家企业，通常由一家优势企业吸收一家或更多的企业。企业兼并方法包括用现金或有价证券购买其他企业资产、股票或股份以及股权置换等。收购是指一家企业在证券市场上用现金、股票或债券购买另一家企业的股票或资产，以获得对该企业的控制权，该企业的法人地位并不消失。企业收购可分为资产收购和股权收购两种形式，其中股权收购又包括参股式收购、控股式收购和全面收购等。自 19 世纪末以来，美国发生了五次企业并购浪潮。投资银行介入并购活动有以下主要途径：一是帮助企业设计并购方案；二是设计反并购和防卫措施；三是确定合理价格；四是安排融资；五是风险套利。

（六）理财顾问

理财顾问业务包括两方面的内容：为筹资者提供财务顾问和为投资者提供资金顾问或咨询。财务顾问对象可以是企业，也可以是政府。近年来，投资银行为了巩固长期客户关系，广泛开展了各种顾问业务，为企业和政府出谋划策、筹集资金，业务内涵不断充实和丰富起来。投资咨询主要为客户提供各类投资信息和分析，此项业务范围不断延伸，已派生出“代客理财”和“合伙投资”等形式，与资产管理业务形成交叉。随着投资银行业务和市场的细分，一些小型投资银行机构和专业人士广泛开展各种理财顾问业务，表现出了极大的灵活性和活力。理财顾问业务往往与投资银行的其他业务相伴而行，并渗透于其他各项业务当中，因此理财顾问业务对各级价值增值都有贡献。

（七）项目融资

传统项目融资是通过国际商业银行、银团和多边组织的无限追索权和有限追索权贷款。现在的项目融资已有多种形式，如产品支付、融资租赁、BOT 融资、项目债券融资等。具有有限追索形式是项目融资区别于传统融资的重要标志。采用项目融资可以使项目投资者，即借款人将融资安排成一种非负债型的融资，并有效地分散融资风险。在项目融资过程中，投资银行通常充当财务顾问，为相关当事人提供多种中介顾问服务。项目融资本来是商业银行的业务领域，随着资本市场业务品种的不断创新，项目融资活动日益与资本市场密不可分，其中投资银行的作用变得越来越重要。由于项目融资中通常要综合运用各种创新金融工具和手段，因此将其归类于投资银行的五级价值增值业务。

（八）金融工程

金融工程创造了五级价值增值。金融工程开始于 20 世纪 70 年代的金融自由化，金融工程学作为一门独立学科则是 90 年代的事情。美国金融学家约翰·芬纳蒂（John Finnerty）在其 1988 年发表的《公司理财中的金融工程综观》一文中将金融工程界定为："金融工程包括新型金融工具与金融手段设计、开发与实施以及对金融问题进行创造性解决。"

金融工程的范围包括三个方面：一是新型金融工具设计与开发，如互换、期权、票据发行便利、远期利率协议、指数期货、认股权证、证券凭证、零息债券、可转换债券、合成股票等；二是为降低交易成本的新型金融手段开发，包括金融机构运作机制优化、金融市场套利机会发掘、发行及交易系统创新等；三是创造性地为解决某些金融问题提供系统完备的解决方法，包括各类风险管理技术开发与应用、现金管理策略创新、公司融资结构安排、企业并购方案设计，以及实施资产证券化等。

实际上，投资银行业务上远不止上面列举的八个领域，其业务种类繁多，几乎涉及所有金融市场，经营与证券相关的全部金融产品。

三、投资银行的特征

投资银行的特征可以从投资银行的总体特征及投资银行与商业银行的区别两个方面来考察。

（一）投资银行的总体特征

投资银行的总体特征有适应性、多样性、专业性、集中性、创新性和国际性等。

投资银行具有很强的获利能力和生存能力。它的组织结构灵活，经营决策迅速，决策实施敏捷，因此市场灵活性很高。同时，投资银行的业务种类很多，而且都有高度的专业性，能够做到"量体裁衣"。这股力量驱动着投资银行在业务上不断创新。投资银行在将其业务拓展到全球的同时，实力也越来越集中于某些大型投资银行。

（二）投资银行与商业银行的区别

典型的投资银行和典型的商业银行在各自的地位、职能、本源业务、融资方式、资金利润来源、经营管理方针等许多方面都有很大不同。

投资银行居于次要和补充的地位，不是中央银行调控的主要对象，其主要职能就是充当证券承销商和证券经纪商，为证券的发行、买卖及与此有关的活动提供协助和服务。此外，投资银行的本源业务是证券发行市场上的证券承销业务和证券流通市场上的证券经纪业务，不存在明显的资产负债管理特征，其主要资金来源是发行股票、债券以及从其他银行取得贷款，利润也主要来自证券包销业务中的证券买卖差价以及各种佣金收入。这些与商业银行有很大不同。最后，投资银行经营的业务风险性高、投资性强，因此其经营方针是稳健与开拓并重，既要最大限度地避免风险，又要积极进取、不断开拓。

四、投资银行的基本功能

投资银行肩负着联系不同主体和创造证券市场的重要责任。除了充当直接金融中介之外，投资银行还有以下四个方面的功能。

（一）引导证券市场发展

在证券一级市场上，投资银行是证券发行者和证券投资者的中介人，一方面为资金供给者选择合适的投资机会，另一方面也为资金需求者找到资本来源，促进了全社会资本的形成，加快了资本运动，提高了资金运作效率。在证券二级市场上，投资银行既是主要中介人，也是主要参与者。投资银行在提高二级市场资金流动性和活跃二级市场交易等方面，发挥了不可替代的作用。投资银行在推动企业兼并收购和资产重组、资产管理方面都为投资人提供了专业化的理财服务，既分散了投资风险，也起到了维护证券市场理性发展的作用。因此从一定意义上讲，投资银行充当着证券市场的灵魂和引导者的角色，没有投资银行，就不可能有高效率、低成本和规范化的证券市场。

（二）提高公司经营业绩

投资银行帮助企业改制上市，完善公司治理结构，实现了投资主体多元化。国有企业通过上市，建立了现代公司治理结构，有助于转变经营机制。上市公司信息披露制度和股票价格变动有利于加强对企业经营管理者的监督，有利于保护公众投资者的利益，也促使上市公司努力改进经营管理。

投资银行还通过帮助企业设计较为完善的内部激励制度，如股票期权等，充分调动管理层的积极性，从而促进企业业绩的提高。

投资银行还为股权转让出谋划策，推动公司控制权转移，有利于企业管理层改进经营管理，提高企业竞争力。另外，投资银行在帮助企业改善经营管理、调整产品结构、进行技术改造和市场开拓以及资本运营等方面提供顾问建议，由于提高了企业内在价值，使该企业股票在二级市场上有一个好的表现，最终保护了投资人利益。

（三）推动产业结构升级

投资银行为企业提供各种金融中介服务，促进了生产社会化和国家产业结构的优化与升级。在资本市场上，收购兼并提高了产业集中程度，促进了工商企业和金融企业相互持股，使金融资本与产业资本相互渗透。企业并购是一项技术性强的工作，包括选择合适的对象、时间、价格以及合理的财务安排等，都需要投资银行提供专业知识和技术。第二次世界大战以来，大量企业并购通过二级市场进行，手续更加烦琐，要求更加严格，操作更为困难，如果没有投资银行作为顾问和代理人，企业并购几乎不可能进行。由于投资银行的卓越工作，才极大地促进了资本集中和产业结构的调整与升级。

（四）促进国民经济增长

投资银行作为现代证券市场中的重要金融中介机构，在优化资源配置和促进国民经济增长方面起着非常重要的作用。

1. 投资银行通过资金媒介作用，使能获取较高收益的企业通过发行股票和债券等方式来获得资金，引导社会资金向效益好的部门流动，使国家整体经济效益和福利得到提高，促进了资源的合理配置。

2. 投资银行便利了政府债券发行，同时，政府还可以通过买卖政府债券等方式，调节货币供应量和进行宏观调控，借以保障宏观经济稳定运行。

3. 投资银行帮助企业发行股票和债券，不仅使企业获得发展和壮大所需的资金，而且将企业经营管理活动置于广大股东和债权人的监督之下，有利于建立科学的激励机制和约束机制以及现代企业制度。

4. 投资银行并购业务促进了经营管理不善的企业被兼并或收购。

5. 投资银行为各类投资者创造了财富增长机会，促进了全社会的收入增加，反过来又推动了全社会的消费和投资，从而推动国民经济快速增长。

第三节 证券公司

一、证券公司概况

（一）证券公司的概念

证券公司是为投资者在金融市场上买卖证券提供服务的投资机构。在我国，是指依照《公司法》的规定，经国务院证券监督管理机构审查批准设立的从事证券经营业务的有限责任公司或股份有限公司。在我国，证券公司被视为投资银行，可以从事投资银行的各项业务。

我国的证券机构主要包括证券公司、证券交易所、证券交易中心和信托投资公司所属的证券部四部分。此外，还有证券市场管理机构——中国证券监督管理委员会。我国自1980年开始发行国库券以后，逐步地形成证券市场，多种类型的证券发行上市，促成了证券公司的产生。1987年9月，中国人民银行首先批准成立了深圳经济特区证券公司，成为新中国第一家证券公司。

（二）证券公司的发展

证券公司不仅是证券市场上最重要的中介机构，也是证券市场的主要参与者。它承担着证券代理发行、证券自营买卖、证券代理买卖、资产管理及证券投资咨询等重要职能。

我国证券公司起源于20世纪80年代银行、信托下属的证券网点。1990年，上海证券交易所和深圳证券交易所相继成立，标志着中华人民共和国集中交易的证券市场正式诞生。二十多年来，伴随着经济体制改革的推进和市场经济的发展，我国证券市场制度不断健全，体系不断完善，规模不断壮大，已经成为我国经济体系的重要组成部分。与此同时，我国证券公司也经历了不断规范完善、日益发展壮大的过程。

由于我国证券公司发展初期证券市场不够成熟、证券公司经营不够规范，特别是2001年以后股市持续低迷，2002—2005年证券业连续四年亏损，行业风险集中暴露，证券公司遇到了严重的经营困难。2004年开始，按照国务院部署，中国证监会对证券公司实施了三年的综合治理，关闭、重组了一批高风险公司，化解了行业历史遗留风险，并且推动证券市场基础性制度进一步完善，证券公司合规管理和风险控制能力显著增强，规范运作水平明显提高，证券业由此步入规范发展轨道。

根据证券业协会统计，截止到2014年年底，120家证券公司总资产为4.09万亿元，净资产为9 205.19亿元，净资本为6 791.60亿元，客户交易结算资金余额（含信用交易资金）为1.2万亿元，托管证券市值为24.86万亿元，受托管理资金本金总额为7.97万亿元。120 家证券公司全年实现营业收入 2 602.84 亿元，各主营业务收入分别为代理买卖证券业务净收入 1 049.48 亿元、证券承销与保荐业务净收入 240.19 亿元、财务顾问业务净收入 69.19 亿元、投资咨询业务净收入 22.31 亿元、资产管理业务净收入 124.35 亿元、证券投资收益（含公允价值变动）710.28 亿元、融资融券业务利息收入 446.24 亿元，全年实现净利润 965.54 亿元，119 家公司实现盈利。表 7-1 显示了 2014 年我国总资产排名前十位的证券公司。

表 7-1　2014 年我国总资产排名前十的证券公司

序号	公司名称	总资产（万元）
1	中信证券	34 843 144
2	海通证券	26 341 251
3	国泰君安	24 474 082
4	广发证券	22 139 549
5	华泰证券	20 044 260
6	招商证券	17 724 004
7	银河证券	16 517 745
8	国信证券	14 647 465
9	申万宏源	11 980 406
10	中信建投	11 459 646

资料来源：中国证券业协会，http：//www.sac.net.cn/hysj/zqgsyjpm/。

二、证券公司的功能

证券公司是一国金融体系的重要组成部分，是证券市场重要的组织者、参与者。它是连接证券市场上资金供求双方的桥梁和纽带，并为之提供适合各自所需的金融工具；同时，它对实现一国资源的有效配置和促进产业集中也起到了十分重要的作用。

（一）媒介资金供需

证券公司作为沟通资金盈余者和资金短缺者的桥梁，一方面使资金盈余者能够充分利用多余资金来获取收益，另一方面又帮助资金短缺者获得所需资金以求发展。证券公司本身并不介入投资者和筹资者之间的权利与义务中，投资者和筹资者互相接触，并且相互拥有权利和承担相应的义务。证券公司侧重于中、长期资本市场。

（二）优化资源配置

证券公司通过其资金媒介作用，引导社会资金通过发行股票和债券等方式流向效益好的产业和企业，促进企业生产规模的扩大，引导产业的集中，促进生产的社会化向更高的层次发展，通过资源的合理配置来提高国家整体的经济效益。同时，证券公司帮助企业发行股票和债券，将企业的经营管理置于广大股东和债权人的监督之下，有利于整个社会经济建立科学的激励、约束机制，实现社会资源的优化配置。

（三）维持证券市场有序发展

证券市场由证券发行人、证券投资者、证券交易所、证券管理组织者、证券公司和服务机构组成。其中，证券公司起着联系不同主体、构造证券市场的重要作用。在证券市场上，证券公司以自营商、经纪商、做市商等身份参与交易市场，对提高交易效率、维持场内秩序、稳定证券价格、保障交易活动的顺利进行都发挥着重要作用。证券公司还是重要的信息服务机构。通过收集资料、调查研究和提供咨询服务，证券经营机构极大地促进了各种信息在证券市场中的传播，提高了证券市场透明度，维护了市场公开性原则。

第四节　投资基金

一、投资基金的概念及特点

（一）投资基金的概念

投资基金是指一种利益共享、风险共担的集合证券投资方式（或制度），即通过发行基金单位，集中投资者的资金，由基金托管人托管，由基金管理人管理和运用资金，从事资本市场上的股票、债券，货币市场上的短期票据与银行同业拆借等金融工具投资，并将投资收益按基金投资者的投资比例进行分配的一种间接投资方式。基金管理人根据投资者的委托进行投资运作，赚取管理费收入。

（二）投资基金的特点

1. 集合投资

基金将零散的资金巧妙地汇集起来，交给专业机构投资于各种金融工具，以谋取资产的增值。基金对投资者的最低限额要求不高，投资者可根据自己的经济能力决定购买数量，有些基金不限制投资额大小。

2. 分散风险

以科学的投资组合降低风险、提高收益是基金的另一大特点。在投资活动中，风险和收益总是共存的，基金可以凭借其雄厚的资金，在法律规定的投资范围内进行科学的组合，分散投资于多种证券，实现资产组合多样化。

3. 专家理财

基金实行专家管理制度，从事基金管理的是一些专业人员，具有丰富的证券投资经验。

二、投资基金的分类

（一）按组织形式划分

按组织形式，基金可分为契约型基金和公司型基金。

契约型基金，又称为单位信托基金，是指把投资者、管理者、托管人三者作为基金的当事人，通过签订基金契约的形式发行收益凭证而设立的一种基金。契约型基金没有基金章程，也没有公司董事会，而是通过基金契约来规范三方当事人的行为。基金管理人负责基金的管理操作，基金托管人作为基金资产的名义持有人，负责基金资产的保管和处置，对基金管理人的运作实行监督。

公司型基金，是按照《公司法》以公司形态组成的，该基金公司以发行股份的方式募集资金，一般投资者则为认购基金而购买该公司的股份，也就成为该公司的股东，凭其持有的股份依法享有投资收益。公司型基金在组织形式上与股份有限公司类似，基金公司资产为投资者所有，由股东选举董事会，由董事会选聘基金管理公司，基金管理公司负责管理基金业务。

（二）按基金价格的决定方式划分

按基金价格的决定方式，基金可分为封闭式基金和开放式基金。

封闭式基金，是指基金规模在发行前已经确定，在发行完毕后和规定的期限内，基金规模固定不变的投资基金。

开放式基金，是指基金公司随时根据市场供求情况发行新份额或被投资人赎回，基金规模不断变化的投资基金。

归纳起来，开放式基金与封闭式基金在以下方面存在着不同：第一，基金规模的可变性不同：封闭式基金均有明确的存续期，在此期限内已发行的基金单位不能被赎回；而开放式基金所发行的基金单位是可赎回的，而且投资者在基金的存续期内也可以随时申购基金单位；第二，基金单位的买卖价格形成方式不同：封闭式基金因基金规模固定不变，其买卖价格主要由供求决定；而开放式基金由于其资金规模的可变性，其买卖价格是以基金单位的资产净值为基础计算的，可直接反映基金单位资产净值的高低；第三，基金的投资策略不同：由于封闭式基金不能随时被赎回，其募集的资金可以全部用于投资，基金管理公司可以制定长期的投资策略，取得长期经营收益；而开放式基金则必须保留一部分资金，以便投资者随时赎回，而不能全部用于长期投资，一般投资于变现力强的资产。

（三）按投资标的划分

按投资标的，基金可分为国债基金、股票基金和货币市场基金。

国债基金是一种以国债为主要投资对象的证券投资基金。由于国债基金年利率固定，又有国家信用作保证，因此，这类基金的风险较低，适合于稳健投资者。但国债基金的收益会受到货币市场利率的影响，当市场利率下降时，其收益率就会上升；反之，基金收益率将下降。

股票基金是指以股票为主要投资对象的证券投资基金。股票投资基金的投资目标侧重于追求资本利得和长期资本增值。股票基金具有变现性强、流动性强等优点。由于股票投资基金积聚了巨额资金，几只甚至一只基金就可以引发股市动荡，所以各国政府对股票基金的监管都十分严格，防止基金过度投机和操纵股市。

货币市场基金是以货币市场为投资对象的一种基金，其投资工具期限在一年以内，包括银行短期存款、国库券、公司债券、银行承兑票据及商业票据等。通常货币基金的收益会随着市场利率的下降而下降，与国债基金正好相反。货币市场基金通常被认为是无风险或低风险的投资。

（四）按投资目标划分

按投资目标，基金可分为成长型基金、收入型基金和平衡型基金。

成长型基金是基金中最常见的一种，它追求的是基金资产的长期增值。基金管理人通常将基金资产投资于信誉度较高、有长期成长前景或长期盈余的所谓成长公司的股票。成长型基金又可分为稳健成长型基金和积极成长型基金。

收入型基金主要投资于可带来现金收入的有价证券，以获取当期的最大收入为目的。收入型基金资产成长的潜力较小，损失本金的风险相对也较低，一般可分为固定收入型基金和股票收入型基金。固定收入型基金的主要投资对象是债券和优先股，因而尽管收益率较高，但长期成长的潜力很小，而且当市场利率波动时，基金净值容易受到影响。股票收入型基金的成长潜力比较大，但易受股市波动的影响。

平衡型基金将资产分别投资于两种不同性质的证券上，并在以取得收入为目的的债券及优先股和以资本增值为目的的普通股之间进行平衡。这种基金一般将25%—50%的资产投资于债券及优先股，其余的投资于普通股。平衡型基金的主要目的是从其投资组合的债券中得到适当的利息收益，与此同时又可以获得普通股的升值收益。平衡型基金的特点是风险比较低，缺点是成长的潜力不大。

三、我国投资基金的发展

我国基金发展的历史起源于1992年，规范的基金起源于1998年3月。1997年11月14日，国务院证券委员会颁布《证券投资基金管理暂行办法》，这是我国首次颁布的规范证券投资基金运作的行政法规，为我国基金业的发展指明了方向。1998年3月，国泰基金管理有限公司和南方基金管理有限公司经批准分别发起设立20亿元人民币规模的封闭式基金——“基金金泰”和“基金开元”，从此揭开了新基金发展的序幕。2000年10月8日，中国证监会发布了《开放式证券投资基金试点办法》。2001年9月，我国第一只开放式基金——华安创新诞生，使我国基金业发展实现了从封闭式基金到开放式基金的历史性跨越。2002年8月，我国第一只以债券投资为主的债券基金——南方宝元债券基金推出。2003年3月，我国第一只系列基金——招商安泰系列基金推出。2003年5月，我国第一只具有保本特色的基金——南方避险增值基金推出。2003年12月，我国第一只货币型基金——华安现金富利基金推出。

2004年6月1日，我国《证券投资基金法》正式实施，以法律形式确认了证券投资基金在资本市场及社会主义市场经济中的地位和作用，成为中国证券投资基金业发展史上的一个重要里程碑。证券投资基金业从此进入崭新的发展阶段，基金数量和规模迅速增长，市场地位日趋重要。

《证券投资基金法》实施以来，我国基金市场产品创新活动日趋活跃，具有代表性的基金创新产品包括：2004年10月成立的国内第一只上市开放式基金（LOF）——南方积极配置基金，2004年年底推出的国内首只交易型开放式指数基金（ETF）——华夏上证50ETF，2006年5月推出的国内首只生命周期基金——汇丰晋信2016基金，2007年7月推出的国内首只结构化基金——国投瑞银瑞福基金，2007年9月推出的首只QDII基金——南方全球精选基金QDII基金，2008年4月推出的国内首只社会责任基金——兴业社会责任基金，2009年5月推出的ETF联接基金等。层出不穷的基金产品创新极大地推动了我国基金业的发展，成为我国证券市场中不可忽略的重要力量，在我国资本市场的发展中起到越来越重要的作用。

截至2015年6月底，我国境内共有基金管理公司97家，其中合资公司46家，内资公司51家；取得公募基金管理资格的证券公司7家，保险资管公司1家。以上机构管理的公募基金数量2 379只，资产合计7.11万亿元（如表7-2所示）。

表 7-2　2015 年 6 月底我国证券投资基金统计

类别	基金数量（只）	份额（亿份）	净值（亿元）
封闭式基金	149	1 446. 70	1 667. 86
开放式基金	2 230	60 939. 45	69 472. 47
其中：股票基金	855	12 725. 52	17 728. 17
其中：混合基金	664	20 107. 49	23 072. 03
其中：货币基金	191	24 093. 26	24 113. 80
其中：债券基金	423	3 048. 03	3 615. 36
其中：QDII 基金	97	965. 15	943. 11
合计	2 379	62 386. 15	71 140. 33

资料来源：中国证券投资基金业协会，http：//www. amac. org. cn/tjsj/xysj/。

第五节　其他非银行类金融机构

一、信托投资公司

（一）信托与信托投资公司

信托是一种因信任而托付他人代办谋事的行为。从委托人角度讲，信托就是委托人为收受、保存、处置自己的财产，在信任他人的基础上委托他人按自己的要求管理和处置归己所有的财产；从受托人角度讲，信托就是受托人受委托人委托，并根据委托人的要求，为其本人或由其指定的第三者谋利益。在西方国家，信托制度是一项重要的财产管理制度。

信托投资公司是一种以受托人的身份代人理财的金融机构。大多数的信托投资公司以经营资金和财产委托、代理资产保管、金融租赁、经济咨询、证券发行及投资为主要业务。金融信托投资公司也可以吸收一年期以上的信托存款。信托投资公司可以概括为“受人之托、为人管业、代人理财”。

（二）信托投资公司的发展

我国信托投资公司是在经济体制改革后创办起来的。1979 年 10 月，国务院批准中国国际信托投资公司（现中国中信集团公司）成立，这是我国第一家信托投资公司。它是邓小平亲自倡导和批准，由前国家副主席荣毅仁创办的。此后，从中央银行到各专业银行及行政主管部门、地方政府纷纷成立了各种形式的信托投资公司，到 1988 年达到最高峰时共有 1 000 多家。这些信托投资公司在增加资金流量、挖掘资金潜力、为经济部门提供金融服务等方面发挥了一定的作用。当时的信托机构经营的不是真正的信托业务，而是银行存款、贷款业务和投资业务。由于信托投资公司的经营方式比银行灵活，许多机构利用信托投资公司从事违规金融活动，进行股票和房地产投机，影响了金融稳定。为此，信托投资公司先后经历了多次清理整顿。1998 年，对信托投资公司按照分业经营和规范管理的要求进行了新的清理整顿。2001 年 10 月 1 日，《中华人民共和国信托法》正式实施。2002 年 5 月 9

日，《信托投资公司管理办法》实施。2002 年 7 月 18 日，《信托投资公司资金信托管理暂行办法》实施。当天，爱建信托推出我国第一个规范的信托产品——外环隧道项目资金信托。2007 年，银监会颁布实施新的《信托投资公司管理办法》，为我国信托投资公司的规范发展提供了必要的法律环境。

规范后的信托投资公司主要经营资金、动产、不动产信托，基金管理及兼并重组，企业财务顾问等业务。规范后的信托投资公司以手续费、佣金等为主要收入来源，使信托业真正成为受人之托、代人理财的金融机构。

目前，较有实力的信托投资公司为平安信托、中信信托、华润信托、中融信托、中诚信托、重庆信托等。

二、融资租赁公司

（一）融资租赁公司的概念

融资租赁公司是专门为承租人提供资金融通的租赁公司。现代金融租赁是指设备需求者（承租人）在需要添置技术设备而又缺乏资金时，由出租人代其购进或租进所需设备并出租给其使用，按期收取租金，待租赁期满，承租人可选择退回、续租或者以象征性的价款购买租进设备的一种把金融、贸易和技术更新结合起来的租赁方式。从事金融租赁的公司称为金融租赁公司。金融租赁是所有权与使用权相分离的一种新的经济活动方式，具有融资、透支、促销和管理的能力。

从微观角度看，融资租赁有利于解决企业技术更新和设备改造所需要的资金不足问题，从而加快企业设备更新和技术提升速度，提高市场竞争力。从宏观角度看，融资租赁则有利于调整产业结构。因此，国家可根据产业政策来确定融资性租赁政策，推动产业结构的调整和合理构建。此外，融资租赁还有利于引进更多的外资。

我国的融资租赁产生于 1981 年，中国国际信托投资公司组建了第一家中外合资的中国东方租赁有限公司和第一家内资的中国租赁有限公司。当时的主要目的是“利用外资”，引进先进的机械设备、技术和管理。

2007 年 1 月修订发布的《金融租赁公司管理办法》明确允许符合条件的商业银行发起设立金融租赁公司，金融租赁业得以“重生”。银行系金融租赁公司的迅猛发展，也带动了内资、外资租赁公司开始发力，整个租赁业日益显出欣欣向荣的景象。2014 年 3 月，银监会发布新的《金融租赁公司管理办法》，相对降低了行业准入门槛，扩大了融资租赁公司的经营范围，促使符合条件的商业银行纷纷介入融资租赁行业，争相设立银行系金融租赁公司。

金融租赁作为现代金融体系重要的组成部分，近年来取得长足发展，呈现出强劲的发展活力。截至 2015 年 6 月底，共有 36 家已开业金融租赁公司，总实收资本达 1 194.55 亿元，总资产达 14 600.3 亿元，较一季度末增长 1 182.56 亿元；2015 年上半年实现营业收入 448.55 亿元，利润总额 114.36 亿元。

（二）融资租赁公司的种类

融资租赁公司种类繁多，按照业务活动范围，可分为国内租赁和国际租赁；按照租赁中出资者的比例，可分为单一投资租赁和杠杆租赁；按具体经营方式，可分为直接租赁、转租赁和回租租赁三种。

1. 直接租赁

直接租赁是一种直接购进并租出的租赁方法，是由租赁公司从供货厂商购进承租人所需设备，然后直接租给承租人使用，设备所付款由出租人筹措。直接租赁一般包括两个合同：一个是租赁合同，由出租人和承租人签订；一个是购货合同，由出租人与供货商签订。

2. 转租赁

转租赁是指租赁公司以第一承租人的身份向其他租赁公司或厂商租进其用户所需要的设备，然后再以第二出租人的身份把设备租给第二承租人。当一家租赁公司自身借贷能力较弱、融资技术不发达、资金来源有限时，常采用这种方式，以期获得其他融资性租赁公司优惠的融资便利。这项业务在我国多用于引进外国设备。

3. 回租租赁

回租租赁又称售后回租或返租赁，指企业先将自己拥有的设备、厂房按照重估价值出售给租赁公司，然后再作为承租人将其租回来使用。回租租赁是一种紧急融资方式，当企业急需资金时，可利用这种方式改善财务状况。这种租赁方式可以使企业的固定资产变为流动资金，同时又不影响资产的使用。

三、典当行

（一）典当行的概念

所谓典当，是指当户将其动产、财产权利作为当物质押或者抵押给典当行，交付一定的比例费用，取得当金，并在约定期限内支付当金利息、偿还当金、赎回当物的行为。典当行是主要以财物作为质押而有偿有期借贷融资的、具有浓厚商业色彩的金融经营机构，是中国乃至世界历史上最为古老的非银行性质的金融行业，也是现代银行业的雏形和源头。

到了汉代，作为充当社会商品生产和交换的一般等价物——货币已经有了长足发展，人们对货币需求越来越大，民间高利贷十分活跃。由于两汉时期私人质贷行为已相当普遍，“以物质钱”的典当行为便在这种私人高利贷活动中正式萌芽。新中国成立后，随着公私合营的社会主义改造基本完成，典当业作为一种高利贷剥削行业陆续被全部取缔，开始进入一个历史消亡期。直到20世纪70年代末期，我国实行经济体制改革，随着改革开放政策的推进，1987年12月，四川成都华茂典当商行正式复出成立，标志着在我国沉寂了三十余年的典当业复苏，并带动全国典当行业迅速恢复和发展。

1993年8月，中国人民银行下发《关于加强典当行管理的通知》。1996年4月，中国人民银行又颁布实施了《典当行管理暂行办法》，并随即据此对全国的典当行进行了全面的清理整顿。2000年下半年，中国人民银行与国家经贸委就典当行进行了交接，将原由中国人民银行监管的典当行作为一类特殊的工商企业，交由国家经贸委统一归口管理。2001年，国家经贸委发布《典当行管理办法》，实施允许典当行经营房地产抵押业务、允许典当行从金融机构贷款、允许设立分支机构等一系列松绑政策，有力地促进了典当业的发展。2003年6月，国家经贸委撤销，典当行划归新组建的商务部管理。2005年，商务部、公安部联合发布了《典当管理办法》，明确界定了典当行经营范围，细化治安管理职能，为有关部门依法监管提供了明确的法律依据。

（二）典当行的主要业务

典当行的主要业务包括：

（1）动产质押、财产权利质押典当业务；

(2) 房地产抵押典当业务；
(3) 限额内绝当物品的变卖；
(4) 鉴定评估及咨询服务；
(5) 商务部依法批准的其他典当业务。
典当行不得收当下列财产：
(1) 依法被查封、扣押或者已被采取其他保全措施的财产；
(2) 易燃、易爆、剧毒、放射性物品及其容器；
(3) 赃物和来源不明的物品及财产权利；
(4) 管制刀具，枪支、弹药，军、警用标志、制式服装和器械；
(5) 国家机关公文、印章及其管理的财物；
(6) 国家机关核发的除物权证书以外的证照及有效身份证件；
(7) 当户没有所有权或者未能依法取得处分权的财产；
(8) 法律、法规及国家有关规定禁止流通的自然资源或者其他财物。

四、财务公司

国外的财务公司主要是经营消费贷款、汽车贷款等消费信贷业务的非银行金融机构。国外的财务公司虽然也经营贷款业务，但却不是以存款作为资金来源，而是靠发行长期债券或以短期借款来筹集资金，或以自身拥有的资本进行营运。财务公司的资金运用主要是消费信贷，少数财务公司也向企业发放贷款。以美国为例，财务公司产生于经济大萧条时期，当时通用电气公司为了扩大销售，建立了通用电气财务公司，专门向那些愿意购买本公司产品却资金不足的客户发放贷款。以后其他生产制造业也开始成立类似的金融财务公司。20 世纪 50 年代后，银行开始提供较多的分期付款贷款，争夺了财务公司的部分客户，财务公司又开始为本公司的外部客户提供信贷便利，同时还开辟了新的业务领域，如包销证券、不动产抵押贷款和其他金融机构联合贷款以及提供各种金融服务等。

目前，我国的财务公司是由大型企业集团内部成员单位出资组建并为成员单位提供金融服务的非银行金融机构，经营目的是支持国家重点集团或重点行业的发展。主要业务有：办理企业集团内部各成员单位的存款、贷款、投资、结算、票据贴现、融资租赁等。经中国人民银行批准，1987 年，我国第一家财务公司——东风汽车集团财务公司成立。

五、金融资产管理公司

(一) 金融资产管理公司的概念

金融资产管理公司是各国主要用于清理银行不良资产的金融中介机构。由于银行自行清理不良资产会遇到法规限制、专业技术知识不足、管理能力不够和信心来源不充分等困难，成立由有关方面人员组成的、拥有一定行政能力的金融资产管理公司来清理不良资产，有利于降低清理成本，减少清理损失。

金融资产管理公司通常是在银行出现危机时由政府设立的，它不以营利为目的，享受税收优惠。主要目标是：通过向银行系统注入资金以挽救金融行业，重建公众对银行体系的信心；通过运用有效的资产管理及资产变现战略，尽可能地从破产倒闭银行的不良资产中多收回些价值；在尽量减少动用政府资金的前提下，使得金融行业能够实现资本重整；考虑到政治、经济和社会等因素，尽量减轻银行重组对社会整体的震荡以及负面影响。

（二）我国金融资产管理公司的建立与发展

1999年，我国先后成立了四家金融资产管理公司。第一家金融资产管理公司——中国信达金融资产管理公司于1999年4月成立，从此拉开了剥离国有商业银行不良资产的序幕。1999年8月，国务院又批准成立了三家资产管理公司——华融、长城、东方金融资产管理公司。中国信达金融资产管理公司负责接收、管理、处置中国建设银行划拨的不良贷款，是具有独立法人资格的国有独资金融企业。该公司注册资本为100亿元人民币，由财政部全额拨款。10月15日，中国东方资产管理公司正式成立。其主要任务是收购、管理、处置中国银行剥离的不良贷款，公司注册资本为100亿元人民币。10月18日，中国长城资产管理公司成立。其主要任务是处置中国农业银行的不良资产，公司注册资本为100亿元人民币。10月19日，中国最大的资产管理公司——中国华融资产管理公司成立。该公司是具有独立法人资格的国有独资金融企业。其主要任务是收购、管理、处置中国工商银行剥离的不良资产。公司实收资本为100亿元人民币。

根据国务院的有关规定，四家公司主要经营、办理和收购各家银行剥离的不良资产；债务追偿、资产置换、转让与销售；债务重组及企业重组；债权转股权及阶段性持股，资产证券化；资产管理范围内的上市推荐及债券、股票承销直接投资；发行债券，商业借款；向金融机构借款和向中国人民银行申请再贷款；投资、财务及法律咨询与顾问；资产及项目评估；企业审计与破产清算；金融监管部门批准的其他业务。同时，公司可以向境外投资者出售债权、股权。

六、邮政储蓄机构

（一）邮政储蓄机构的概念及产生

邮政储蓄机构是能够吸收储蓄存款的邮政机构。它是一种与邮政部门关系密切的非银行金融机构。

1816年，邮政储蓄机构首创于美国，其主要经营小额存款，资金运用一般是存入中央银行或购买政府债券，吸收的存款一般不缴纳准备金。邮政储蓄机构的设立，是利用邮政储蓄部门点多、面广、集资方便等特点设立的，在各国发展比较快。据统计，全世界已有80多个国家的邮政部门经办了这种邮政储蓄业务，有些国家的邮政储蓄部门可办理银行业务。西方典型的邮政储蓄机构是英国在1861年创立的邮政储蓄银行基础上发展起来的国民储蓄银行。此外，如瑞典邮政总局的划拨银行是专门的邮政银行，独立核算，可办理全面的银行业务。法国国家邮政总局的国家储蓄银行是邮政金融业务局，可办理部分银行业务。这两类邮政金融机构都办理种类繁多的邮政业务。

（二）我国邮政储蓄机构的业务及发展

我国的邮政储蓄机构开展的传统业务种类主要有三种：（1）储蓄存款，如定期存款、活期存款、定活两便存款和零存整取存款等，随着金融电子化程度的提高，邮政储蓄机构还提供异地存取款业务；（2）国内外的汇兑业务；（3）代收代付类的中间业务。

我国的邮政储蓄业务始办于1919年，中华人民共和国成立后，中国人民银行于1951年委托邮政部门代理储蓄业务，但1953年停办。1986年，为充分利用邮政网络设施筹集资金，国务院恢复邮政部门代办邮政储蓄业务。最初，邮政储蓄存款全额缴存中国人民银行，中国人民银行按季支付邮政部门固定代办手续费。从1990年起，为鼓励邮政储蓄业务的发展，邮政储蓄存款由缴存改为转存中国人民银行，并获取转存款利息收入。2003年8月1日，邮政储蓄存款实行新老划断，此后新增的储蓄存款资金由国家邮政局自主运用，原有约8 290亿元的存款继续按4.131%的利率转存中国人民银行。

根据国务院金融体制改革的总体安排，在改革原有邮政储蓄管理体制的基础上，2007年3月，中国邮政储蓄银行有限责任公司正式成立。2012年1月21日，经国务院同意并经中国银行业监督管理委员会批准，中国邮政储蓄银行有限责任公司依法整体变更为中国邮政储蓄银行股份有限公司。目前，邮政储蓄业务已超出传统的储蓄范围，包括银行卡（绿卡）、国际国内汇兑、银行间债券买卖、与中资商业银行和农村信用社大额协议存款、代理保险、代理商业银行发放小额贷款、银证通、各项代收代付业务等邮政金融业务。

目前，中国邮政储蓄银行已成为全国网点规模最大、覆盖面最广、服务客户数量最多的商业银行。截至2015年6月末，中国邮政储蓄银行拥有营业网点超过4万个，打造了包括网上银行、手机银行、电话银行、电视银行、微博银行、微信银行和易信银行在内的电子金融服务网络，服务触角遍及广袤城乡，服务客户近4.9亿人。

【案例阅读】

影子银行：怎样使好双刃剑？

在今年两会的记者会上，国务院总理李克强明确表示，对影子银行等金融风险正加强监管，已排出时间表，推进监管措施；前不久，银监会发布《商业银行保理业务管理暂行办法》，被视为中央收紧影子银行系统的又一举措……影子银行正受到越来越多的关注和重视。不少人认为，中国的影子银行是把双刃剑，既能帮助金融系统更高效运行，又因积累系统性风险加剧了金融体系的脆弱性。影子银行是什么？它会带来哪些风险？又该如何管控？

何谓影子银行

影子银行系统的概念最早在2007年由美国太平洋投资管理公司执行董事麦卡利首次提出并被广泛使用，也被称为平行银行系统，包括投资银行、对冲基金、货币市场基金、债券保险公司、结构性投资工具（SIV）等非银行金融机构。这些机构通常从事放款，也接受抵押，是通过杠杆操作持有大量证券、债券和复杂金融工具的金融机构。

在我国，影子银行的概念此前一直存在争议。除地下钱庄、小额贷款公司、私募投资等非银行金融贷款业务，理财产品等也一度被认为是影子银行的业务范畴。

2013年4月，银监会发布《中国银行业监督管理委员会2012年报》，首次明确影子银行的业务范围——“从实践看，我国绝大部分信用中介机构都已纳入监管体系，并受到严格监管，银监会所监管的六类非银行金融机构及其业务、商业银行理财等表外业务不属于影子银行。”

2013年年底发布的《国务院办公厅关于加强影子银行监管有关问题的通知》，将影子银行体系分为三部分：一是不持有金融牌照、完全无监管的信用中介机构，包括新型网络金融公司、第三方理财机构等。二是不持有金融牌照、存在监管不足的信用中介机构，包括融资性担保公司、小额贷款公司等。三是机构持有金融牌照，但存在监管不足或规避监管的业务，包括货币市场基金、资产证券化、部分理财业务等。

影子银行的风险有多大

中国社会科学院发布的《中国金融监管报告2013》把影子银行问题列为我国金融监管改革面临的首要问题。报告认为，由于影子银行与传统银行业的紧密关系，这种风险可能威胁到中国的金融稳定。另外，影子银行规模的扩大很可能导致一系列问题，如信贷规模过度扩张、信贷监管政策失效、影响传统货币政策的有效性及导致系统性风险的产生等。

银监会副主席王兆星表示，影子银行是正规金融体系的重要补充，但其快速发展，也带来了风险的积累，一旦失控可能形成系统性风险，甚至威胁整个银行体系及整个金融体系的安全。影子银行对金融安全的潜在和现实威胁是长期的，对金融监管的挑战也是长期的。

用监管看清影子银行

专家表示，影子银行毕竟是金融创新，在风险可控的前提下，要鼓励其发展。要加强监管，提高信息透明度，卖方应将产品风险告知投资者，并加强对消费者的金融教育。对影子银行产品，提供运作规范，引导其有序发展。

面对日益壮大的影子银行，有关方面的监管也一直在跟进。银监会2013年3月下发《关于规范商业银行理财业务投资运作有关问题的通知》，对银行资金直接或间接投资于“非标准化债权资产”进行全面规范，要求银行实现每个理财产品与所投资资产一一对应，停止资产池运作模式，标志着监管层对影子银行的全面监管。今年1月，银监会召开2014年监管工作会议，特别提出要对理财业务、信托业务、小贷公司和融资性担保公司四种业务的风险进行防范，其监管精神和《国务院办公厅关于加强影子银行监管有关问题的通知》暗合，意味着中国式影子银行被勒上“缰绳”……

银监会主席尚福林表示，尽管影子银行存在一些问题，但风险基本可控。监管上，将严格监管理财产品设计、销售和资金投向，同时防止影子银行风险波及银行体系。

资料来源：陈晨，《影子银行：怎样使好双刃剑?》，《光明日报》，2014年5月08日。

【主要术语】

保险公司　投资银行　投资基金　证券公司　影子银行

【复习思考题】

1. 投资银行的主要特点是什么?
2. 试比较资本市场价值增值与投资银行业务的发展。
3. 证券公司的主要特点与业务是什么?
4. 投资基金的主要特点与业务是什么?
5. 如何理解保险公司的作用?
6. 信托投资机构的主要特征与业务是什么?
7. 如何理解和认识非银行金融机构的作用?
8. 如何理解影子银行对金融体系的影响?

第八章　金融市场及其构成

学习目标：

- 了解金融市场与金融工具的含义、种类和特征；
- 熟悉金融市场的划分方法及其构成要素；
- 掌握货币市场、资本市场的主要特征及其运行机制；
- 掌握金融工具的价格和衍生金融工具的种类；
- 理解金融市场效率理论及影响因素。

金融市场是指货币资金融通和金融资产交换的场所，是资金供求双方通过买卖金融工具，实现资金融通、交换风险的场所。在这个市场上，各类经济主体进行资金融通、交换风险，从而提高整个社会资源配置的效率。金融市场也是指各种融资活动以及由此形成的信用关系。它是构成金融体系的重要子系统，提供了金融机构在特定金融制度下配置金融资源的场所和运行机制。当前经济的发展趋势是趋向于市场主导型的金融体系。

第一节　金融市场概述

一、金融市场的含义与特征

（一）金融市场的含义

金融市场是指资金供求双方借助金融工具进行各种货币资金交易活动的场所。各个企业、个人或国家在一定时点上经常出现资金盈余或短缺。资金短缺者由于购买与卖出、收入与支出在时间和数量上的不一致，为了保证其经济活动的正常运行，愿意以一定的代价借入一部分货币资金，以弥补其不足，运用一段时间后再归还；资金盈余者也愿意将暂时闲置的货币资金借出去，到期收回并以利息的形式索取一定的报酬，作为在这段时间内转让资金使用权的补偿。这样，盈余者就成为资金供给者，短缺者就构成资金需求者，他们之间的货币资金融通或调剂就形成了金融交易活动，他们在融通或调剂时出具的债权债务凭证就成为金融工具。

资金供给者通过购买并持有各种金融工具拥有相应金额的债权，资金需求者通过发行并卖出各种金融工具承担着相应金额的债务。各种不同的金融工具构成了不同的融资市场，金融市场便是各种融资市场的总称。金融市场的含义又有广义和狭义之分。

1．广义的金融市场

广义的金融市场泛指资金供求双方运用各种金融工具，通过各种形式进行的全部金融性交易活动。具体包括金融机构与客户之间、各金融机构之间、资金供求双方所有以货币资金为交易对象的金融活动，如存款、贷款、票据抵押与贴现、信托、租赁、保险、有价证券买卖、黄金外汇交易，等等。

2．狭义的金融市场

狭义的金融市场则一般限定在以有价证券为金融工具的交易活动、金融机构间的同业拆借、黄金外汇的交易活动等范围内。通常所说的金融市场主要是指狭义的金融市场。

（二）金融市场的特征

随着现代市场经济的发展，金融市场也在不断发展，它不仅和人们的生活发生日益紧密的联系，而且处于现代市场体系的核心地位。与传统的商品市场相比，金融市场有着自己独具的特点。

1．交易对象为金融资产

金融资产也称金融工具，是指在金融活动中产生的，能够证明金融交易金额、期限、价格的合法凭证，是一种具有法律效力的契约。既包括政府债券、公司股票和债券、商业票据、银行可转让大额定期存单，也包括金融期货、期权等衍生金融资产。金融资产具有流动性、偿还性、收益性、风险性等特征。在金融市场上，金融资产的交易过程就是它的定价过程，而金融资产的价格反映了货币资金需求者的融资成本和货币资金供应者的投资收益。因而，金融资产的定价机制也是金融市场的核心机制。

2．交易价格表现为资金的合理收益率

金融市场上交易对象的价格体现为不同期限资金借贷的合理收益率。无风险资产一般只包含无风险收益率——基础收益率，而风险资产的收益率还包含风险溢价——风险收益。了解无风险收益和风险收益的区别及各自的决定机制，对于投资成功至关重要。

3．交易目的是让渡或获得一定时期一定数量资金的使用权

金融市场上的交易目的主要体现在使用权而不是所有权的交易上，这与商品市场有着显著的区别。资金的盈余单位以各种方式让渡一定时期一定数量资金的使用权，其目的是获得利息或收益；而资金的短缺单位则通过各种渠道获得一定时期一定数量资金的使用权，代价是要支付不同期限资金使用的资金成本。

4．交易场所表现为有形和无形

金融市场的形态大致分为两种情形：一是交易所方式，或称有形市场，有形市场是指交易者集中在有固定地点和交易设施的场所内进行交易的市场，例如证券交易所就是典型的有形市场，银行也是有形市场。二是柜台交易，或称无形市场，无形市场是指交易者分散在不同地点（机构）或采用电信手段进行交易的市场，如场外交易市场和全球外汇市场就属于无形市场。

二、金融市场的功能

1．资金融通功能

资金融通是金融市场最基本的功能。通过货币资金供需双方的融资，在时空上转移资源，实现总体经济中的余缺调剂，促进储蓄向投资者的转移，从而提高金融机构经营效率

和整个金融体系的配置效率。一般来说，金融市场货币资金供需双方的融资结构分为两种形式：直接融资和间接融资，资金供需双方运用各种金融工具通过不同的渠道实现融资。

2. 风险管理功能

一方面，现代金融市场上可供投资者选择的金融工具和融资方式灵活多样，有利于分散和转移风险；另一方面，金融市场的运行又是以严格的法规为背景的，规范化运作本身也起到防范和降低风险的作用。

3. 支付与清算功能

金融市场提供有效的支付系统，完成商品、服务和资产的交易，从而提高经济运行的整体效率。例如，从黄金到纸币，再到支票、信用卡和电子资金转移等纸币的替代性支付手段的发展，促进了效率的不断提高。

4. 价格发现功能

金融市场上买方和卖方之间的互动决定了金融资产的价格，这种由市场供求产生的价格，具有自行引导金融资产配置的作用。金融市场通过利率的差异和上下波动，通过市场上优胜劣汰的竞争以及对有价证券价格的影响，能够引导资金流向最需要的地方，流向那些经营管理好、产品畅销、有发展前途的经济单位，从而有利于提高投资效益，实现资金在各地区、各部门、各单位间的合理流动，完成社会资源的优化配置。

5. 财富积累功能

金融市场提供了众多金融工具和机制来帮助市场参与者筹措资金及聚集财富，例如证券市场和银行，同时，市场也为势单力薄的经济主体提供了广泛参与的投资与收益机会。例如，股票市场为单个家庭提供了参与大型企业投资的机会；共同基金将分散的小规模投资筹集起来获取最大规模投资带来的收益。

6. 提供信息和解决激励问题

金融市场所提供的价格信息，如股票价格和利率，不仅为金融市场的直接参与者提供了决策依据，而且对社会公众的其他经济决策产生了广泛的影响。

道德风险、逆向选择以及委托代理问题，都会降低金融机构和金融市场配置资源及分散风险的激励，从而限制了金融体系运行效率的改善。而应用于金融市场的信息披露制度、风险规避机制等，能够缓解上述问题的不利影响。

7. 传递政策效应

金融市场上各种金融工具的发行与交易，实质上是通过市场利率的变动实现资金的自发重组与配置；资金的优化配置又促进着经济资源配置的效率改善。因此，金融市场也是中央银行实施货币政策的重要途径。中央银行通过公开市场业务操作，吞吐基础货币，直接调控社会货币供应量。在金融市场体系发达的国家，金融市场已成为政府实施宏观政策、稳定经济和避免通货膨胀的主要渠道。

8. 推动经济一体化

金融市场上资金的转移有利于加强各部门之间、区域之间和国家之间的经济联系，促进经济的开放式发展和全球化进程。

有效的金融市场对于实际经济维持一定的消费与增长水平具有显著的影响。一方面，金融市场提供了储蓄者让渡当期收入来获得未来更高消费的机会，同时，允许个人延迟当期消费和构建未来财富。另一方面，金融市场提供了投资者稳定获取和更有效利用实物资源的机会。发达的金融市场意味着更多的资本、更高的产出和更高的消费，因而是一个发达经济不可分割的部分。

三、金融市场的构成要素

金融市场主要由以下四个基本要素构成：

1. 参与者

参与者即参与金融市场交易活动而形成买卖双方的各经济单位。各国金融市场的参与者大致可分为五类：（1）个人；（2）企业；（3）银行和非银行金融机构；（4）中央银行；（5）政府及政府机构。金融市场的参与者必须是能够独立作出决策，并承担利益和风险的经济主体。

2. 金融工具

金融工具即交易双方借以进行金融交易活动的工具，又称为信用工具，在第七章已做过相关介绍。金融交易作为一种有偿转让资金的活动，可以采用口头协定、账面信用和书面凭证三种方式进行。

前两种方式虽然简单，但由于协议条件没有正式凭证，不能可靠地确立债权债务关系，容易发生纠纷，并且无法在市场上流通转让，不能适应信用关系日益发展和复杂交错的状况。书面凭证则具体载明支付或偿还条件等事宜，可凭此确立信用关系和流通转让，因而成为金融交易的必要工具。

金融工具一般包括债权债务凭证（票据、债券等）和所有权凭证（股票），是金融市场上买卖交易的对象。金融工具的种类繁多、各具特色，能够分别满足资金供求双方的不同需要，由此形成了金融市场的各类子市场。

3. 交易价格

金融市场上的各种交易都是在一定的价格下实现的，但金融市场上的交易价格不同于商品市场上的商品交易价格，商品的交易价格反映交易对象的全部价值，如 1 吨大米的交易价格为 2 000 元，一辆汽车的交易价格为 20 万元等。由于金融市场上的交易对象是货币资金，交易所实现的只是货币资金使用权的转移，因此交易价格反映的是在一定时期内转让货币资金使用权的报酬。

由于本金不变，货币资金借贷时的交易价格通常表现为利率，例如，以 10% 的利率出让 100 元货币资金的使用权 1 年，这 10% 或 10 元便是这 100 元货币资金 1 年使用权的交易价格。但要注意的是，金融工具的价格通常表现为它的总值，即本金加收益。例如，100 元的1 年期债券，年利率为 10%，交易价格为 110 元；一张 100 元的股票，交易价格却可能为 180 元。因此，在金融市场上，货币资金借贷的交易价格和金融工具买卖的交易价格有不同的表现方式。

4. 组织方式

组织方式即金融市场的交易活动具体采用的方式。主要有三种：（1）有固定场所的有组织、有制度、集中进行交易的方式，如交易所方式。（2）在各金融机构柜台上买卖双方进行面议的、分散交易的方式，如柜台交易（店头交易）方式。（3）场外交易方式，指既没有固定的场所，也不直接接触，而主要是借助电信手段来完成交易的方式。

四、金融市场的分类

金融市场有多种分类方法，依据不同的划分标准，可以从不同的角度进行分类。

1. 按交易期限分类

按交易工具的期限不同，金融市场可分为货币市场和资本市场。前者是指以一年以内的票据和有价证券为交易工具进行短期资金融通的市场；后者是指以期限在一年以上的有价证券为交易工具进行长期资金交易的市场。

2. 按交割方式分类

按成交后是否立即交割，金融市场可分为现货市场和期货市场。前者是指即期买卖、立即交割的市场；后者是指先行成交，在以后某一约定时间再行交割的市场。

3. 按交易证券类型分类

按所交易证券的新旧不同，金融市场可分为证券发行市场（初级市场）和证券转让市场（二级市场）。前者是指新发行的股票、债券的初次买卖市场；后者是指已发行的旧证券在转让流通时的买卖市场。

4. 按交易对象分类

按交易对象不同，金融市场可分为票据市场、证券市场（股票市场、债券市场）、衍生工具市场、外汇市场、黄金市场等。

5. 按地理范围分类

按地理范围不同，金融市场可分为地方性、全国性、区域性、国际性金融市场。

第二节　货币市场

一、货币市场的含义与特点

（一）货币市场的含义

货币市场，是指期限在一年以内（包括一年期）的金融工具的发行和交易市场，又称短期金融市场，是最早和最基本的金融市场组成部分。由于这一市场的金融工具期限一般很短，类似于货币，因此称为“货币”市场。货币市场是金融机构调解流动性的重要场所，是中央银行货币政策操作的基础。

按交易对象划分，货币市场主要由同业拆借市场（又称短期拆借市场）、商业票据市场、短期证券市场、回购协议市场、短期存放款市场等子市场组成。

（二）货币市场的特点

1. 货币市场的参与者以机构投资者为主

货币市场对参与者的资信要求较高，因此，主要参与者是各类金融机构，如商业银行、证券公司、基金管理公司等，其中又以商业银行为主，它们是市场上最活跃的成分，所占的交易量最大，对资金供求与利率波动的影响也最大。

2. 货币市场交易的金融工具流动性高、收益率低

货币市场的交易活动所使用的金融工具因期限短、具有高度的流动性、价格相对平稳、风险较小、随时可以在市场上兑售成现金而接近于货币，因此这些金融工具的收益率也

较低。

3. 货币市场交易的目的是解决短期资金需要

货币市场的资金来源于暂时的闲置资金，资金去向一般用于弥补流动资金的临时不足。

货币市场主要由同业拆借市场、票据市场、短期国库券市场、大额可转让定期存单市场、回购市场等若干子市场构成。

二、同业拆借市场

同业拆借市场是指各类金融机构之间进行短期资金拆借活动所形成的市场。同业拆借市场主要是满足金融机构之间在日常经营活动中经常发生头寸盈缺调剂的需要。因此，同业拆借市场的参与者是各类金融机构。

（一）同业拆借市场的类型

同业拆借市场主要有两种类型：

1. 银行同业拆借市场

银行同业拆借市场是指银行同业之间短期资金的拆借市场。各银行在日常经营活动中经常发生头寸不足或盈余的情况，银行同业间为了互相支持对方业务的正常开展，并使多余资金产生短期收益，就会自然产生银行同业之间的资金拆借交易。

这种交易活动一般没有固定的场所，主要通过电信手段成交。期限按日计算，有 1 日、2 日、5 日不等，一般不超过 1 个月，更长期限的交易大多采用其他金融工具进行。期限最短的甚至只有半日，如日本的“半日拆”，从上午票据交换清算后到当日营业终了为限。拆借的利息叫“拆息”，其利率由交易双方自定，通常高于银行的筹资成本。拆息变动频繁，灵敏地反映资金供求状况。同业拆借每笔交易的数额较大，以适应银行经营活动的需要。“日拆”一般无抵押品，单凭银行间的信誉。期限较长的拆借常以信用度较高的金融工具为抵押品。

2. 短期拆借市场

短期拆借市场又叫“通知放款”，主要是商业银行与非银行金融机构（如证券商）之间的一种短期资金拆借形式。其特点是利率多变，拆借期限不固定，随时可以拆出，随时偿还。交易所经纪人大多采用这种方式向银行借款。具体做法是银行与客户间订立短期拆借协定，规定拆借幅度和担保方式，在幅度内随用随借，担保品多是股票、债券等有价证券。借款人在接到银行还款通知的次日即须偿还，如到期不能归还，银行有权出售其担保品。

（二）同业拆借市场的特点

同业拆借市场的特点，归纳起来有以下几点：

（1）交易的同业性。同业拆借市场有着严格的市场准入条件，一般只在实力强、信誉好和经常有业务往来的金融机构之间进行。而非金融机构，如工商企业、政府部门及个人或非指定的金融机构，不能进入拆借市场。

（2）融资期限的短期性。银行同业拆借的期限一般较短，以半天、1 天、2 天或 7 天为多，最短也可能只有几个小时，或隔夜拆借，最长不超过 1 年。

（3）交易金额的大宗性和无担保性。同业拆借金额较大，以英国伦敦同业拆借为例，交易数量最少为 25 万英镑，最高可达几百万英镑，而且，同业拆借市场一般不需要担保或抵押，完全是一种协议和信用交易，双方都以自己的信用担保。

（4）拆借利率的参考性和政策指导性。同业拆借的拆款按日计息，拆息额与拆借本金的比例称为“拆息率”。在国际货币市场上，比较典型的、有代表性的同业拆借利率有三种：伦敦银行同业拆借利率（LIBOR）、新加坡银行同业拆借利率（SIBOR）和香港银行同业拆借利率（HIBOR）。我国的同业拆借利率被称为“中国银行同业拆借利率”（CHIBOR）。同业拆借市场的利率是一种市场化程度很高的利率，能够充分灵敏地反映资金供求的状况变化，从而成为货币市场的参考利率。同时，由于同业拆借市场交易量大，能敏感地反映资金供求关系和货币政策意图，影响货币市场利率，因此，同业拆借利率也成为货币政策调控的主要对象。

（5）交易简便的无形市场。参与同业拆借的机构基本都在中央银行开立存款账户，资金拆借方式为：或者采取电话协商等方式达成拆借协议，之后通过各自在中央银行的存款账户自动划账清算；或者向资金交易中心提出供求和报价，由资金交易中心进行撮合成交，并进行资金划账。

三、票据市场

票据市场是短期资金融通的主要场所，是直接联系产业资本和金融资本的枢纽，作为货币市场的一个子市场，在整个货币体系中是最基础、交易主体中最广泛的组成部分。在这个市场中，资金融通的特点是：期限短、数额小、交易活跃、参与者众多、风险易于控制，可以说是一个古老的、大众化、基础性的市场。

由于银行承兑汇票和商业票据是投资者进行短期投资与金融机构进行流动性管理的重要工具，银行承兑汇票和商业票据市场也成为票据市场最主要的两个子市场。

（一）商业票据

商业票据分为两大类：一是传统的商业票据，进入货币市场在商品和劳务交易的基础上签发流通的主要有汇票与本票；二是创新的商业票据，如融通票据，融通票据在票据市场的比重越来越大。商业票据是一种无担保的票据，为保证发行者的偿还能力，必须经过信用评级机构的严格评定才能获准发行。商业票据的发行方法均为折扣发行，票面价与发行价的差额就是利息。

商业票据市场主要是指商业票据的流通及转让市场，包括票据承兑市场和票据贴现市场。

1. 票据承兑市场

承兑是指汇票到期前，汇票付款人或指定银行确认票据记明事项，在票面上作出承诺付款并签章的一种行为。

汇票之所以需要承兑，是由于债权人作为出票人单方面将付款人、金额、期限等内容记载于票面，从法律上讲，付款人在没有承诺前不是真正的票据债务人。经过承兑，承兑者就成了汇票的主债务人，因此，只有承兑后的汇票才具有法律效力，才能作为市场上合格的金融工具转让流通。由于承兑者以自己的信用作保证，负责到期付款，因此，如果委托他人或银行办理承兑，需支付承兑手续费。在国外，汇票承兑一般由商业银行办理，也有专门办理承兑的金融机构，如英国的票据承兑所。

2. 票据贴现市场

贴现是商业票据持有人在票据到期前，为获取现款向金融机构贴付一定的利息所作的票据转让。贴现利息与票据到期时应得款项的金额之比叫贴现率。

票据贴现市场所转让的商业票据主要是经过背书的本票和汇票。票据到期前，金融机构若需用现款，可办理再贴现和转贴现。

再贴现是指商业银行将其贴现收进的未到期票据向中央银行再办理贴现的融资行为，也称重贴现。因此，中央银行可以通过调整再贴现利率或条件，调节市场利率和货币供应总量。

转贴现是指商业银行将贴现收进的未到期票据向其他商业银行或贴现机构进行贴现的融资行为。

票据贴现市场上的贴现、再贴现和转贴现，形式上是贴现机构买进未到期的票据，实质上是债权的转移；表面上是票据的转让与再转让，实际上是资金的融通。

（二）银行承兑汇票

银行承兑汇票是由银行担任承兑人的一种可流通汇票。汇票之所以需要承兑，是由于债权人作为出票人单方面将付款人、金额、期限等内容记载于票面，付款人一旦对汇票作承兑，即成为承兑人并以主债务人的身份承担汇票到期时付款的法律责任。如果银行在汇票上盖上承兑的戳记，该汇票就成为银行承兑汇票，就有了银行的付款保证。于是银行承兑汇票就成为货币市场上的重要工具。银行承兑汇票是商业信用与银行信用相结合的信用票据，因而其信用风险较低。

四、国库券市场

国库券是政府为弥补国库资金临时不足而发行的短期债务凭证。在国外，偿还期在一年以上的政府债券被称为国债或公债，偿还期在一年以下的政府债券被称为国库券。国库券市场的活动包括国库券的发行与转让流通。

（一）国库券的发行

国外国库券的发行次数频繁，一般有定期发行和不定期发行两种。例如，美国定期发行的国库券有每周发行和每月发行两类。为期 3 个月、6 个月的国库券每周发行，为期 9 个月或 12 个月的国库券每月发行。不定期发行的国库券更为灵活，需要时可以连续数天发行。国库券的发行对象主要是金融机构、企业和居民。

国库券在市场发行时，需要通过专门的机构进行，这些机构通常被称为“一级自营商”。一级自营商往往由信誉卓著、资力雄厚的大商业银行或投资银行组成。一级自营商的资格由政府认定，一经确定资格就有义务连续参与国库券及长期公债的承销活动，并参与政府债券的交易活动。故一级自营商是国库券市场（包括公债市场）的骨干，政府对他们的市场活动进行严格的监管。

国库券的市场发行一般采取拍卖方式折扣发行。当发行代理人（财政部或中央银行）发出拍卖信息（种类、数量）后，一级自营商即根据市场行情和预测报出购买价格与数量。发行人根据自营商的报价自高而低排列，先满足较高价位者的购买数量，直至达到发行量为止。因此，合理报价对自营商十分重要，报价过高可能冒推销不出去的风险，报价过低又可能得不到承销业务。当一级自营商获得承销量之后，即向零售商或投资者销售。

国库券的发行价格为折扣价格，又称折价发行，即发行价格低于国库券面值，但按面值偿还，其差价即为投资者的利息收益，等于是提前支付了利息。

（二）国库券的流通

国库券的流通可以通过贴现或买卖方式进行。国库券具有信誉好、期限短、利率优惠等优点，是短期资金市场中最受欢迎的金融工具之一。

国库券在二级市场上能顺利地转让流通，迅速变为现金。在国外，国库券市场非常活跃，不仅是投资者的理想场所，是商业银行调节二级准备金的重要渠道，而且还是政府调整国库收支的重要基地，是中央银行进行公开市场业务操作以调节货币信用的重要场所。

五、大额可转让定期存单市场

（一）大额可转让定期存单的含义

大额可转让定期存单（negotiable certificates of deposit，NCDs），是由美国花旗银行于1961年创造的一项金融工具。大额可转让定期存单是在银行定期存款的凭据上注明存款金额、期限、利率，到期由持有人提取本金和利息的一种债务凭证。

（二）大额可转让定期存单的特点

大额可转让定期存单与一般定期存款单不同，其主要特点表现为：

（1）不记名。大额可转让定期存单可以自由转让，持有者需要现款时即可在市场上转让出售。

（2）金额固定，面额大。美国的大额可转让定期存单最低起价为10万美元。存单的期限通常不少于2周，大多为3—6个月，一般不超过1年。大额可转让定期存单的利率略高于同等期限的定期存款利率，与当时的货币市场利率基本一致。

（3）允许买卖、转让。这使得大额可转让定期存单集中了活期存款和定期存款的优点。对于银行来说，它是定期存款，未到期不能提前支取，故可作为相对稳定的资金用于期限较长的放款；对于存款人来说，既有较高的利息收入（国外活期存款一般没有利息），又能在需要时转让出售，迅速变现，是一种理想的金融工具。

（三）大额可转让定期存单的发行

大额可转让定期存单的发行采取批发和零售两种形式。批发发行时，发行银行将拟发行大额可转让定期存单的总额、利率、期限、面额等有关内容预先公布，等候认购。零售发行时，发行银行随时根据投资者的需要发行，利率可以双方议定。

许多大额可转让定期存单的发行不通过经纪人和交易商，由发行银行直接向大企业或客户出售。因为这样做可以减少发行银行经营状况的透明度，保证发行银行始终如一的良好信誉形象。

（四）大额可转让定期存单市场的交易主体

大额可转让定期存单交易市场上的参与者有：一是存单发行人，主要是银行。二是投资者，包括非银行金融公司、大企业、政府机构、企业、银行和个人。三是交易商。交易商属中介机构，对存单买卖发挥中介作用，它们一方面积极参与大额可转让定期存单的发行，另一方面努力创造和维持良好的二级交易市场，保证大额可转让定期存单发行市场的顺畅。

我国大额可转让定期存单的发行开始于1986年，最初由中国银行和交通银行发行。1989年起，其他银行也开始发行。但是在1996年11月11日中国人民银行修改了《大额可转让定期存单管理办法》之后，该业务却无疾而终。有专家认为，原因在于当时大额可转让定期存单实际上没有交易市场，与不可转让存单没有实质区别。

六、回购协议市场

（一）回购协议市场的含义

回购协议市场是指根据回购协议，卖出一种证券，并约定于未来某一时间以约定的价格再购回该种证券的交易市场。

但通常说的回购市场，实际上是指国债的回购市场。因为无论是在西方国家，还是在我国，回购交易的标的物主要是国债，尤其是短期国库券。所谓国债回购，是指国债的卖方按照协议在卖出的同时，承诺于日后再按约定的价格将该笔国债如数买回的交易。这一过程对卖方而言，是售出国债、取得资金的过程，对买方而言，是“回售”即买入国债、借出资金的过程。国债回购实际上是一种以国债作为抵押品融通短期资金的交易，也是一种即期和远期相结合的国债交易。

国债回购交易的期限长短不一，有一个营业日的，即今日卖出证券，明日又买回，相当于日拆。例如，上海交易所国债回购交易品种共有 9 种，期限最短 1 天，最长 192 天。由于回购交易的期限短、成本低、风险小，且银行通过回购交易融入资金，无须交纳存款准备金和存款保险费，因而是一种很受投资者和筹资者欢迎的短期融资工具。我国的国债回购业务始于 1991 年。多年来，该市场的交易主体逐步扩大，由单一商业银行发展到几乎全部的金融机构，回购品种也不断增加，各金融机构对这一工具的运用显得日趋成熟。由于证券公司、基金管理公司和保险公司的加入，国债回购市场在一定程度上成为沟通资本市场和货币市场的渠道。

（二）回购协议的分类

1. 按照交易的主动性不同，分为正回购与逆回购

正回购，即通常意义上的回购概念。逆回购，是正回购的反向操作，是指资金供给者在买入证券的同时承诺约定日期再按照约定价格将证券出售给对方的交易。

2. 按照交易场所不同，分为场内回购和场外回购

场内回购，是指在证券交易所、期货交易所、证券交易中心、证券交易报价系统内，由其设计并经主管部门批准的标准化回购业务。

场外回购，是指在交易所和交易中心之外的证券公司、信托投资公司、国债服务中心、商业银行证券部及银行同业之间进行的证券回购交易。我国的场外回购交易主要是指在银行间市场进行的回购交易。

第三节　资本市场

一、资本市场的含义与特点

资本市场是指以期限 1 年以上的金融工具为媒介，进行长期性资金交易活动的市场，又称长期资金市场。其交易对象是政府中长期债券、公司债券和股票，以及银行中长期贷款。因此，广义的资本市场又分为证券市场和银行中长期信贷市场。狭义的资本市场仅指

证券市场。由于证券市场在资本市场中占据越来越重要的地位，因此，本节主要介绍狭义的资本市场，主要是指股票和债券的发行与买卖的市场。

资本市场主要有以下四个特点：

1. 交易期限长

资本市场所交易的金融工具期限长，至少在 1 年以上，最长的可达数十年，股票则没有偿还期限，可以长期交易。

2. 交易目的是获得投资性资金与增值

在资本市场上所筹措的长期资金主要是用于满足长期投资性资金及其盈利性增值的需要。对于上市公司而言，其目的是补充固定资本，扩大生产能力，如开办新企业，更新改造或扩充厂房设备，用于国家长期建设性项目的投资。

3. 资金借贷量大

为满足长期投资项目的需要，通常所需资金量较大。

4. 交易工具收益高但流动性差

作为资本市场交易工具的有价证券与短期金融工具相比，收益较高而流动性差，价格变动幅度大，有一定的风险性和投机性。

二、发行市场

发行市场又称初级市场，其活动围绕着有价证券的发行而展开。参与者主要是发行人和认购人，中介人只作为包销者或受托人参与活动。发行人是资金的筹集者，他们的活动为发行市场提供了各种交易品，供认购人根据自己的需要和意愿选择。有价证券的发行并不是一种新证券从发行人手中转到认购人手中的简单买卖，而是一次复杂的金融活动。证券的发行或认购大致要经历以下几个环节。

（一）证券种类的选择

对于发行人来说，首先要确定发行股票还是发行债券，其次是选择发行何种股票或何种债券。发行人要考虑的因素有：(1) 适用范围。凡有预期收益的经济单位都能发行债券，但股票只有股份制企业才能发行。(2) 使用性质。发行债券所筹资金是借入性的，有使用期限，到期必须偿还；发行股票所筹资金可以长期使用，无须归还，可视同自有资金。(3) 筹资成本。一般股票的筹资成本高于债券，原因是股票不还本，收益风险较大，要向认购人提供相对高的收益。(4) 提供的权利。发行股票向认购人提供直接参与公司经营管理活动的权利；发行债券只向认购人提供按期索取本息的权利。(5) 发售的难易程度。由于股票没有偿还期，只有转让才能收回投资，而债券无论期限长短最终都能还本，因此，在转让市场不发达的情况下，发售股票比债券困难得多。不同种类的股票或债券发售的难易程度也存在差异。

对于认购人来说，在选择购买何种证券时需要考虑如下因素：(1) 安全性。根据发行人的资信度，考察债券的偿还能力或股票收益的保障程度。(2) 流动性。债券因有偿还期限，先天就有一定程度的流动性；而股票的流动性首先依赖于二级市场的发达程度，其次才是股票自身的质量。(3) 盈利性。与债券相比，股票是一种高收益、高风险的有价证券。在股票中，普通股又比优先股有更高的收益和风险。在债券中，信用债券的收益高于抵押债券；长期债券的收益高于中短期债券。(4) 对未来经济态势的预测。在经济已发生或将要发生动荡时，债券因收益固定、到期偿还，比股票更为可取。

（二）偿还期限的确定

由于股票没有偿还期，因此期限的确定只适用于债券。

发行人确定债券期限的主要依据有：（1）资金投向的需要。根据所筹资的用途及时间长短发行不同期限的债券。（2）未来利率的预测。若预期市场利率将下降，就应该尽量缩短债券期限，待市场利率下降后，再以较低利率发行新债券，降低筹资成本。（3）推销债券的难易程度。一般来说，期限越长，推销的难度越大。

认购人在选择不同期限的债券时，主要考虑其变现能力和收益，同时还要考虑闲置资金的性质和期限、个人的心理喜好和消费倾向等因素。

（三）债券还本付息的条件

还本方式主要有分期偿还、一次性偿还和提前或延期偿还（赎回）等几种。发行人和认购人根据自己的财务收支状况、债务结构和市场行情等因素综合分析后，在几种方式间进行选择。计息的方式分为单利、复利、贴现计息三种。发行人选用计付利息方式的原则是：降低筹资成本的同时有利于吸引投资人。认购人选择还本付息方式的原则是：在提高收益的同时保持一定的流动性。

（四）发行方式的选择

1. 发行人对发行方式的选择

发行人需要作出两种选择：（1）选择认购人，以决定是私募还是公募。私募只向特定的对象发售，如内部职工、金融机构等。私募手续简便，筹资迅速，推销费低，但需提供较优厚的报酬，并易受认购人的干预，证券流动性较差。公募就是在市场上面向公众发行，其利弊与私募正相反。（2）选择销售人，以决定是直接发行还是间接发行。

2. 间接发行的方式

若选定间接发行，除选择中介机构外，还要选择以何种方式发行。间接发行的方式有三种：（1）代销。代理发行机构不垫资金，只负责按发行人的条件推销，发行风险（如滞销或减价）由发行人自负，手续费低。（2）承销。与代销的差别在于，承销人承担部分发行风险，推销一定时间后，所剩证券由承销人全部买进，故承销费用高于代销手续费。（3）包销。代理发行机构用自己的资金先买下全部待发证券，然后按市场条件转售出去。若有滞销证券，可减价出售或者自己持有。由于发行人可快速获得全部所筹资金，包销人承担全部风险，因此包销费远高于代销费和承销费。

具体选择何种发行方式，发行人主要考虑自己在市场上的信誉、用款时间和发售成本，中介机构则主要考虑承担的风险和发行收入的多少。

三、流通市场

流通市场又叫二级市场，其活动围绕着有价证券的转让流通而展开。二级市场以初级市场为存在基础，反过来又成为初级市场正常发展的必要条件。没有初级市场发行的有价证券，就不存在二级市场的转让流通活动，而没有二级市场的转让流通活动，多种金融工具就会因丧失流动性而难以发行。

二级市场上各种证券的转让流通，主要是为投资者解决金融工具的长期性和资金流动性的矛盾，通过证券的转让流通提高其流动性。

（一）参与者

资本市场的二级市场中，参与者除了买卖双方的投资者外，中介人非常活跃。这些中介人主要有证券经纪人、证券商和掮客，他们各有不同的使命，在二级市场的交易中起着十分重要的作用。

1. 证券经纪人

证券经纪人是在证券交易所充当交易中介而收取佣金的商人。经纪人必须是交易所会员。他们受证券买卖者的委托，进入交易所正式市场为其委托者进行证券交易。作为顾客的代理人，他们只代客买卖证券，不承担任何风险，并以佣金的形式向顾客索取报酬。不同国家的法律对经纪人的条件、职责有不同的规定。

2. 证券商

证券商是指买卖证券的商人。他们自己从事证券的买卖，从贱买贵卖中赚取差价，作为经营证券的利润。证券商分为两类：(1) 场外证券商。他们不参加交易所内的证券买卖，而是在自己开设的店堂或柜台进行交易，买卖的对象主要是未上市或不足成交批量的证券，由此形成了店头市场或柜台交易市场。(2) 场内证券商。即在交易所内买卖证券的商人，他们在交易所内经营一定数量和种类的证券，或与经纪人进行交易。

证券商买卖的目的并非从事长期证券投资，他们买入证券的主要目的是以更高的价格卖出，从买卖价差中获得收益。因此他们也是证券交易的中介商，与经纪人的差别在于他们自营证券，自负盈亏，风险较大。

3. 掮客

掮客是指交易所经纪人与外界证券商或客户的中介，又叫第二经纪人。他们不能直接参加交易所经营，主要任务是接受证券交易者的委托，将委托人的证券转交给交易所内的经纪人；向客户提供情况和通报信息，从中收取手续费。随着现代通信业的快速发展，特别是计算机在证券交易中的广泛应用，掮客的活动空间越来越小。

（二）组织方式

二级市场上证券交易的组织方式按场所划分，主要分为场内交易和场外交易。场内交易是指在证券交易所内进行的有组织的交易；场外交易是指在证券交易所以外进行的交易，目前主要有柜台交易和无形市场两种方式。

1. 证券交易所

证券交易所是二级市场的组织方式之一，是专门的、有组织的证券买卖集中交易的场所。这是由经纪人、证券商组成的会员制组织。交易所须经政府批准才能设立，并有一套具有法律效应的、完备的组织章程和管理细则。交易所必须在指定地点公开营业，一切交易必须在场内公开作价成交，并向顾客公布每天交易的证券种类、证券行市、数量、金额等情况。进入交易所内进行买卖的证券必须经过政府有关部门的上市审查，经批准后才能上市买卖。为了在有限的场地内进行便利的交易活动，能在证券交易所上市的证券数量是有限的，各国的上市证券一般只占全部发行证券的10%左右。

证券交易所在二级市场上处于核心和典型的地位。它的存在与发展需要以规范化的信用活动和股份制的普及为前提，以发达的一级市场提供的大量可供交易的证券为基本条件，以大规模的场外交易为基础，从中不断筛选出内在质量高、代表性强的证券集中上市交易。通过严密的组织与管理规范交易行为，形成合理的价格，发挥市场的示范效应和“晴雨表”作用。

2. 柜台交易

这是有价证券二级市场的另一种组织方式，是通过各家证券商（公司）所设的专门柜台进行证券买卖，故又称店头市场。柜台交易以多家证券公司为中介进行，投资者可以直接通过柜台进行买卖，也可以委托经纪人代理买卖。到这里进行交易的证券，主要是不具备上市条件的证券，或不愿意上市交易的证券。该市场没有固定的交易场所和固定的交易时间，也没有限制交易对象。与证券交易所高度组织化、制度化不同，柜台交易在各证券公司分散进行，是一种松散的、无组织的市场。与交易所的单一价格不同，柜台交易采用买入价、卖出价的双价形式，并由交易双方协商议定价格。因此，同一时间的同类证券在不同的证券公司柜台上成交，其价格也会不同。

3. 无形市场

无形市场是通过电脑、电话、电信方式进行证券交易的市场，实际上是证券交易的一个电信网络，国外又称之为网络市场。参加交易的人通常只涉及买卖双方，双方并不见面，只是通过电信方式协议定价，成交价格不公开。因为它没有集中的地点和有形的场地，不受政府管理，所以是一种无组织的分散市场。

由于二级市场的目的主要是解决证券的流动性问题，在各国金融市场的发展历程中，无论是从参与者、交易品种还是交易数量来看，场外交易均占主体。因为大量不能在证券交易所上市的证券同样有流通转让的要求，遍布各地、灵活便利的场外交易为大量非上市的证券交易提供了理想的场所，所以场外交易是二级市场的基础与主体。

我国目前二级市场上交易的组织方式主要有证券交易所和柜台交易两种。

（三）交易方式

在各国资本市场上，证券交易方式主要有现货交易、期货交易、期权交易、信用交易等。

1. 现货交易

现货交易，是指成交约定在2—3天内实现钱货两清的交易方式，即卖者交出证券，收回现款；买者交付现款，收到证券，俗称完成“交割”。

2. 期货交易

期货交易，是指证券买卖双方成交后，按照契约规定的价格、数量，经一定时期后才进行交割的交易方式。

3. 期权交易

期权交易是指买卖双方按约定的价格在约定的时间就是否买进或卖出证券而达成的契约交易。它是20世纪70年代以后西方金融市场产生的一种新的证券交易方式。在这个过程中，交易双方买卖的是一种权利，这种权利能保证购买期权者到期按照约定价格和数量实现买进或卖出，也允许购买期权者到时放弃行使买卖证券的权利，任其作废。购买期权者是行使还是放弃这种权利，则取决于当时的市场状况。如行使权利得到的好处超过期权费，就行使这个权利，否则就自动放弃，损失的只是期权费。另外，在期权的有效期内购买者也可以转卖出让这一权利。

4. 信用交易

信用交易指投资者购买有价证券时只付一部分价款，其余的由经纪人垫付，经纪人从中收取利息。经纪人以这些证券为抵押，向银行以短期拆放的方式借款，其利率低于为投资者垫款所得的利息，经纪人得到利差收入。当投资者不能按期偿还其余价款时，经纪人有权出售这些证券。

上述四种交易方式中，期货交易、期权交易和信用交易具有高风险、高收益和高投机性的特点，投资者用少量资金便可进行巨额的交易。由于这些交易主要是建立在对未来市场行情或经济变量预期的基础上，因而具有极大的不确定性，稍有不慎，就可能招致巨额损失，或引发市场动荡。

1995 年 2 月，具有 230 多年历史的英国巴林银行倒闭，就是因参与了日经股价期货与期权交易形成巨额亏损所致。虽然与该行在新加坡的期货公司交易员里森越权违规进行操作有关，但也足以说明期货交易和期权交易的高风险性。为了保证证券市场的正常运转和安全稳定，各国对期货、期权、信用交易均订有严格的法规，在市场发育不成熟的国家中，大都禁止开展这类交易。

我国目前规定，柜台交易和证券交易所内均采用现货交易方式。1992 年 12 月，上海证券交易所曾推出国债期货交易，但因各方面条件不成熟，导致期市失常，已于 1995 年 5 月暂时停止。

第四节　国际金融市场

一、国际金融市场的含义

国际金融市场是指进行国际间资金借贷或融通的场所，从概念上讲，有广义和狭义之分。广义的国际金融市场是指国际间集中进行各种金融活动的场所领域，包括传统的货币市场（短期资金市场）、资本市场（长期资金市场）、外汇市场和黄金市场，以及 20 世纪 70 年代以来形成和发展起来的国际金融期货与期权市场；狭义的国际金融市场则仅指从事国际资金借贷和融通的市场，即货币市场和资本市场。

目前，世界上主要的国际金融中心可以划分为五个区：西欧区，包括伦敦、苏黎世、巴黎、法兰克福、布鲁塞尔和卢森堡；亚洲区，包括新加坡、中国香港、东京等金融中心；中美洲和加勒比海区，包括开曼群岛和巴拿马；北美洲区，包括纽约金融中心以及美国所有设有国际银行设施的州、多伦多、蒙特利尔；中东区，包括巴林、科威特。在这些中心里，国际与国内金融市场在地理上并无明显的区别，只经营国际业务的部分即为国际金融市场。

二、国际金融市场的种类

（一）国际货币市场和国际资本市场

在国际金融市场上，商业银行和投资机构的作用非常重要，它们具体充当着资金供求双方的媒介。按照金融市场交易工具的期限不同，可以把国际金融市场分为国际货币市场和国际资本市场。

1. 国际货币市场

国际货币市场依信贷方式的不同，主要分为银行短期信贷市场、短期证券市场和贴现市场。使用的是短期金融工具，如国库券、商业票据、银行承兑票据、大额可转让定期存单等。

但是，因为国际金融市场的货币市场的组成部分是各个主要西方国家的货币市场，所以在各国还有一些其他的短期金融工具被使用，在各个国家的货币市场上表现得不完全相同。

2．国际资本市场

国际资本市场依筹资方式的不同，主要分为银行中长期信贷市场和证券市场。前者的信贷期限一般为1—10年，中期一般为3—5年，长期一般为5—10年；贷款人主要是发达工业国的大商业银行，贷款方式有独家贷款和银团贷款；借款人则有公司、政府机构、国际机构和金融机构等。证券市场上的有价证券，按性质可分为公司股票和债券两类。主要发行人有政府、公司、企业、机构等；购买人主要是保险公司、信托投资公司、储蓄机构及各种基金会和个人。

（二）外汇市场和黄金市场

按照交易对象的不同，还可将国际金融市场分为外汇市场和黄金市场。

1．外汇市场

外汇市场是进行外汇买卖、调剂外汇供求的场所。外汇市场的发展需要较宽松的外汇管制，因为在实行较严外汇管制的国家，企事业单位和个人的外汇收入都需向中央银行结售，需求也要向中央银行申请，所以很难有真正的市场。

外汇市场按交易方式的不同，可分为现货交易（又称即期交易）和期货交易（又称远期交易）。远期交易中有两种投机活动：（1）利用在同一市场上不同时间外汇行市的波动不同来赚取差价收益。（2）利用在不同市场上汇价的差别来赚取差价收益，这种做法称为“套汇”。套汇虽然有很强的投机性，但其结果却能促使各个外汇市场上同一种外汇的行市趋向一致，从而对汇率起到了一定的调节作用。

2．黄金市场

黄金市场是买卖黄金的场所。因为黄金的买卖既是国家调节国际储备资产的重要手段，也是居民调整个人财富储藏形式的一种方式，所以，各国都很重视对黄金的买卖。

世界上最著名的黄金市场有伦敦、纽约、苏黎世和香港。

三、外汇市场

（一）外汇市场的形式

外汇市场在形式上有有形市场和无形市场之分。

1．有形市场

有形市场即外汇交易所，一般设在证券交易所的建筑物内或交易大厅的一角，在规定的时间内，各银行的代表集合于此地从事外汇交易。

2．无形市场

无形市场则没有具体的地点，买卖双方通过电话、电传、电报或其他通信传输手段来进行交易。目前除部分欧洲大陆国家如法国、德国、比利时等国家的外汇市场有固定的场所外，大多数国家的外汇市场并无具体的交易场所，通过无形市场进行外汇交易。

（二）外汇市场的参与主体及其关系

外汇市场的参与者有经营外汇业务的指定银行、外汇经纪人、进出口商、外汇投机者和其他外汇供求者。此外，各国的中央银行也参与市场活动和采取干预措施，以保持本国货币对外汇率的稳定，从而外汇市场各参与主体之间出现了多重关系：

(1) 外汇指定银行与外汇经纪人或客户之间的关系；

(2) 同一外汇市场的各指定银行之间的关系；

(3) 不同外汇市场的指定银行之间的关系；

(4) 中央银行与指定银行之间的关系；

(5) 各国中央银行之间的关系。

其中，外汇指定银行作为外汇市场的主要参与者，不仅是外汇供求的中介，而且也是外汇市场的最大“客户”。据估计，90%以上的外汇交易是在银行同业之间进行的。银行间的外汇交易，一般是先按其对客户买卖不同货币的数额进行冲抵，结果可能出现头寸过剩或头寸短缺，然后通过外汇市场抛出或补进，以调剂外汇头寸余缺和避免汇率波动的风险。

外汇市场的发育应具备一定的条件。在一个实行严格外汇管制的国家里，很难有真正的外汇市场。只有实行自由的或管制较松的外汇制度的国家，才能有较完备的外汇市场。如果一国的外汇市场同时又成为国际外汇市场，则应具备更多的条件，如外币的自由兑换、资本流入流出的自由等。

我国长期实行严格的外汇管制，不能自由买卖外汇，因而并不存在通常意义上的外汇市场。1994 年 4 月 1 日设在上海的中国外汇交易中心正式开业，标志着中国的外汇市场正在成长。今后的任务是要进一步提高其市场化程度，扩大交易的范围，为日后有步骤地开放外汇市场积极创造条件。

(三) 外汇市场的作用

外汇市场的存在及发展促进和便利了国际货币交易的进行，对世界经济生活具有巨大作用。

1. 实现购买力的国际转移

国际间的政治、经济和文化往来，都会产生国际间的货币支付行为。为实现国际间的货币支付、清偿，随此而产生的债权债务关系，有必要将本国货币兑换成对方可接受的货币。这一切，必须借助于外汇市场上的外汇买卖才能实现。所以，外汇市场为货币和资金在国际间的转换与移动创造了前提及条件，使购买力从一国向另一国的转移得以实现。

2. 提供国际性的资金融通

外汇市场不仅从事各种外汇交易活动，而且还办理外币存款和借贷业务。因此，它可以集中各国政府、企业和个人的闲置资金，贷放给资金需求者，从而起到加速国际资本周转、调剂资金余缺的作用。

3. 反映国际间外汇资金运动和汇率变化的趋势

外汇市场是国际外汇资金活动的中心。国际间一切货币支付和债权债务的清偿、资本的国际转移，都是直接或间接地通过外汇市场来进行的。因而，通过外汇市场的业务活动，可以客观了解外汇资金的动态，及时掌握和预测汇率变化的趋势。

4. 避免或转移外汇风险

国际间的商品贸易本身就存在着一定的风险，加上汇率变动的因素，风险就更大了。在浮动汇率制度下，汇率动荡不定，使国际经济交易的风险大大增加，甚至令进出口商畏缩不前。外汇市场的存在，为进出口商避免或转移汇率风险提供了便利。例如，进出口商如果在外汇市场上同时进行现货与远期的交易，对支付的货币套期保值，就可以避免因汇率变动产生的风险。

（四）外汇市场的业务

按交易方式的不同，外汇市场可分为即期外汇交易（现汇交易）和远期外汇交易（期汇交易）。

1. 即期外汇交易

即期外汇交易也称现汇交易，是指外汇买卖成交后，即时或在两个营业日内办理收付的外汇业务。即期外汇交易按交易手段还可以细分为电汇、信汇和票汇等。

即期交易是外汇市场上最经常、最普遍的交易。开展即期交易业务并提高其在外汇市场上所占的比重，可以促进国际货币结算、资金融通和资本流动等活动在较短的时间内实现。同时，对市场参与者来说，即期汇率又是最重要的参数，它构成了所有外汇交易的基础。即期交易以外的一切交易，其汇价都是以即期汇率为基础而相应计算的。

2. 远期外汇交易

（1）远期外汇交易的概念。远期外汇交易又称期汇交易，是指买卖双方先订立买卖合同，规定外汇买卖的数量、期限、汇率等，到约定日期才按合同规定的汇率进行交割的外汇业务。预约的交割期限按月计算，一般为1个月到6个月，最长可以到1年或1年以上，但以3个月期的居多。

（2）远期外汇交易的运作。买卖远期外汇的汇率为远期汇率，它是以即期汇率为基础，用加减升水或贴水的办法来计算的。

远期外汇交易是进出口商为了防止汇率变动的风险而采用的一种保值措施。因为在进出口贸易中，从签订买卖合同到交货、付款，通常要经过一段时间。在这段时间内，双方都有可能因汇率变动而遭受损失。利用远期交易，出口商可以在签订贸易合同时，卖出预定将来收取的外汇，进口商也可以立即买进预定将来支付的外汇。由于在实际支付前已把汇率“锁定”，所以在到期交割时，就可以避免在此期间汇率波动的风险。

远期外汇交易也是银行平衡其外汇头寸的重要方式。由于进出口商、资金借贷者等客户向银行买进或卖出远期外汇，银行会经常出现不同期限、不同货币头寸的“多”或“缺”。这时，只要银行利用远期外汇交易进行抛售或补进，就可以使外汇头寸的结构趋于合理，并可以避免汇率波动带来的风险。

此外，远期外汇交易也是外汇投机经常采用的一种方式。所谓外汇投机，是指从事外汇交易的人并非因贸易或非贸易的实际需要而进行外汇买卖，而完全是为了赚取由汇价涨落而可能带来的利润。即期外汇交易不存在汇率涨落的现象，而远期外汇交易中预期的汇价涨落则刚好为外汇投机者所利用。利用远期外汇交易进行外汇投机有“空头”和“多头”两种方式。

“空头”是投机者在外汇行市看跌时，先抛售一笔远期的外汇，企图在交割前以下跌后的汇价再买进这笔外汇，从中赚取差价。因为这是在其手中还没有这笔外汇的情况下抛售的，所以称为“空头”。“多头”的操作程序则相反。投机者在外汇行市看涨时，先以现行汇率买进一笔远期外汇，企图在汇率上涨后再抛售，以获得汇差带来的利润。因为这是在其不需要用汇的情况下多买进的一笔外汇，所以称为“多头”。

3. 套汇交易

套汇是指利用不同的外汇市场、不同的外汇种类、不同的外汇交割期限在汇率或利率上的差异而进行的外汇买卖业务。

套汇交易主要分为地点套汇、时间套汇和利息套汇三种。

(1) 地点套汇。地点套汇又称空间套汇。其最简单的形式为直接套汇（双边或两角套汇）。它是利用两个不同地点的外汇市场之间的汇率差异，从便宜的市场买进，同时向高价的市场抛售，从中赚取汇率差额的一种外汇交易。除此之外还有三角套汇（或称间接套汇），即利用三个不同外汇市场之间的汇率差异，同时进行买卖，从汇率差额中获利。

(2) 时间套汇。时间套汇又称“掉期套汇”或“互换交易”。它是指在外汇市场上，交易者在买进一种外汇的同时，卖出交割期不同但等额的同一种外汇的交易。具体形式可以是买进（或卖出）即期外汇的同时，卖出（或买进）远期外汇；也可以是买进（或卖出）期限较短的远期外汇的同时，卖出（或买进）期限较长的远期外汇。时间套汇常被用来变更原已确定的收付款日期及调剂不同到期日外汇头寸的余缺，而不是以获利为目的。

(3) 利息套汇。利息套汇又称“套利”。由于两个不同国家金融市场上短期资金的利率高低不同，套汇者把资金从低利率市场转移到高利率市场投放，以获取利息差额收入。这种交易以赚取利差收益为目的，所以称为“套利”。

套汇虽然有很强的投机性，但却能促使各个外汇市场上同一种外汇的行市趋向一致，从而对汇率起到了一定的调节作用。

4. 外汇期权交易

期权交易是指在外汇买卖中，期权卖方提供给期权买方的一种可在合约期内或者到期时执行或不执行合同的选择权利。即在一定时间内，期权买方拥有按约定汇价买进或卖出一定数量外汇的权利，也可以放弃这种权利。但是期权买方要向卖方预先支付保险费或期权费（不论日后是否执行合同）。

四、黄金市场

（一）黄金市场的分类

按照黄金交易的地域范围，黄金市场分为国际性黄金市场、区域性黄金市场和国内黄金市场。

伦敦、苏黎世、纽约、芝加哥和香港是当今世界最著名的黄金市场，即所谓世界五大黄金市场。它们的价格和交易量的变化，对世界整个黄金市场起着举足轻重的作用。巴黎、法兰克福、卢森堡、新加坡、东京等区域性的黄金市场，交易量有限，且多集中于本地区，对世界黄金市场影响不大。国内黄金市场具有封闭性，其交易的客户仅限于本国的居民。

（二）黄金市场的交易方式

黄金市场的交易方式有现货交易和期货交易两种。前者是在同业间通过电信联系进行交易的市场，伦敦、苏黎世属于这一类的市场；后者以远期交易为主，没有独立的交易场所，纽约、芝加哥、香港等则属于这一类的市场。

我国内地自 1949 年以后，没有开放过黄金市场，黄金的生产和流通长期处于高度的计划性、垄断性和封闭性的状态中。2001 年 11 月 28 日起试营业的上海黄金交易市场标志着我国内地黄金市场开始走向开放。今后的任务是进一步放开黄金市场，并创造条件对外开放，与国际黄金市场接轨。

第五节　金融工具

一、金融工具的含义与特征

（一）金融工具的含义

金融工具是在信用活动中产生的、能够证明债权债务关系并据以进行货币资金交易的合法凭证，它对于债权债务双方所应承担的义务与享有的权利均具有法律效力。金融工具必须同时兼备三个要点：（1）有规范化的书面格式；（2）有广泛的社会可接受性或可转让性；（3）具有法律效力。

（二）金融工具的特点

金融工具一般具有期限性、流动性、风险性和收益性四个基本特征。

1. 期限性

期限性是指一般金融工具有规定的偿还期限。偿还期限是指债务人必须偿还债务前所剩余的时间期限。债务人有义务在规定的期限到期时归还本金，并按约定的条件和方式支付相应的利息。偿还期限一般在金融工具上有明确的规定，如政府发行2年期的国库券，偿还期即为2年。但对持有者来讲，更有现实意义的是从购买日到该金融工具到期日之间的时间。如政府发行的2年期国库券，1年后在金融市场上从他人手中买入，对自己来说偿还期即为1年而非2年。金融工具的偿还期一般是以月或年为单位，如1个月、3个月、6个月、9个月、1年、2年、3年、5年、10年，等等。金融工具的偿还期有两个极端情况，即零期和无限期。活期存款的偿还期限可看作零，而普通股票或永久性债券的偿还期则是无限的。

2. 流动性

流动性是指金融工具在必要时迅速转变为现金而不致遭受损失的能力。金融工具变现越方便、成本越低，流动性也就越强；反之，流动性就越差。一般说来，金融工具的流动性与偿还期成反比。货币（通货）这一金融工具本身就是流动性的体现，零期限的活期存款几乎具有完全的流动性。在大多数情况下，偿还期越短，流动性越大；偿还期越长，流动性越小。但这也不是绝对的，因为在发达的金融市场上，金融工具的盈利率高低也是决定流动性大小的重要因素，一些盈利率高的金融工具，即使偿还期较长，往往也具有很强的流动性。决定金融工具流动性的另一重要因素是发行者的资信程度。如国家发行的债券、信誉卓著的公司签发的商业票据、银行发行的可转让大额定期存单等，其流动性就很强。对持有者来说，流动性强的金融工具相当于货币。在一些国家，这类金融工具往往分别被列入不同层次的货币供给数量范围之内，并成为中央银行监控的目标。

3. 风险性

风险性是指购买金融工具的本金和预定收益遭受损失的可能性大小。风险一般来自两个方面：（1）债务人不按时支付利息和偿还本金的风险；（2）市场上金融工具价格下降的风险。前一种称为信用风险，这类风险与债务人的信誉和经营状况有关；后一种风险称为市场风险，相比之下，这类风险更难以预测，特别是在股票市场上。

4．收益性

收益性是指持有金融工具能够带来一定的收益。收益的大小取决于收益率。收益率是指持有期收益与本金的比率。对收益率大小的比较还要结合银行存款利率、通货膨胀率以及其他金融工具收益率等来分析。

所有的金融工具一般都具有上述四个特征，但不同的金融工具在上述四个方面所表现的程度是有差异的，这种差异便是金融工具购买者在进行选择时所需考虑的。

二、金融工具的种类

金融市场上的金融工具按不同的划分标准有多种分类。

1．按金融工具的期限不同，可分为货币市场工具和资本市场工具

货币市场工具主要有商业票据、国库券、可转让大额定期存单、回购协议等；资本市场工具主要是股票和债券。

2．按融资形式的不同，可分为直接融资工具和间接融资工具

商业票据、政府债券、公司股票和债券属于直接融资工具；银行承兑汇票、可转让大额定期存单、银行债券、人寿保险单等由金融机构发行的则属于间接融资工具。

3．按权利与义务的不同，可分为债务凭证和所有权凭证

股票是一种所有权凭证，其他金融工具则属于债务工具。

4．按是否与实际信用活动直接相关，可分为基础性金融工具和衍生性金融工具

基础性金融工具是指在实际信用活动中出具的能证明信用关系的合法凭证，如商业票据、股票、债券等。衍生性金融工具则是在基础性金融工具之上派生出来的可交易凭证，如各种金融期货、金融期权、可转换证券、互换、远期协议等。与其他分类一样，某一金融工具都能在不同的分类中找到自己的位置。

（一）商业票据

商业票据是由企业签发的以商品交易为基础的短期无担保债务凭证。商业票据是商业信用的一种传统金融工具。由于它以商品交易为基础，故不需要担保，同时因商品交易已经完成，故仅反映由此产生的债权债务关系。商业票据的特征是不可争辩性，只要证实票据不是伪造的，付款人就无权以任何借口拒绝履行票据所载的付款义务。商业票据主要有本票和汇票两种。本票，又叫期票，是债务人向债权人开出的在约定期限偿付欠款的债务凭证。因此，买方是出票人，卖方是持票人。本票到期，出票人必须按票面额向持票人付款。未到期限的本票，持票人必须在它背面作专门签署（即背书）后方能转让流通。本票可以多次转让，但每次转让须经过一次背书。转让后的本票如出票人到期不能偿付，则背书人负有付款的责任。汇票，是出票人（债权人）发给付款人（债务人）的支付命令书，命令付款人在约定的时间、地点，以一定的金额支付给指定的收款人。汇票可分为两种：（1）远期汇票，即出票或见票后在将来特定日期付款的汇票。（2）即期汇票，即提示或见票时立即付款的汇票。

（二）债券

债券是债务人向债权人出具的、在一定时期支付利息和到期归还本金的债务凭证。上面载明债券发行机构的名称、面额、期限、利率等事项。按发行者的不同，债券可分为企业债券、政府债券和金融债券三大类。

1. 企业债券

企业债券又称公司债券，是企业为筹集资金而发行的债务凭证。企业发行债券可以用不动产或动产作抵押，也可由第三者担保，或单凭企业的资信度。企业债券的期限较长，通常在5年以上，到期公司偿还本金赎回债券，未到期前分期付息。由于企业债券的风险较大，故其利率略高于其他债券。为保证投资人的权益，各国对企业债券的发行都有具体的规定。例如，企业必须向金融主管部门提出发行申请，接受对企业财务的公开检查；获准发行后，必须委托金融机构为受托人签订契约，受托人代表全体债券持有人行使其权利；发行债券的规模不得超过企业自有资产的一定比例，等等。企业债券的发行方式有企业自行发售、金融机构代理发售或承购包销等几种。企业债券可以进入二级市场流通转让，但须经有关部门进行严格的上市审查，其内容包括对发行者的资本规模、已发行债券的总量及未偿还的数量等。不符合规定要求的，不准上市转让流通。

企业债券的种类很多，常见的有：(1）按记名与否，分为记名债券和不记名债券；(2）按有无抵押品，分为抵押债券、质押债券、担保债券和信用债券；(3）按收益方式，分为固定利率企业债券、浮动利率企业债券和分红企业债券等；(4）按本金偿还方式，分为分期偿还债券、一次性偿还债券、可赎债券（企业有权在债券未到期时提前赎回)、可转换债券（可转换为股票)；(5）按发行目的，分为购价债券（用于购置固定资产)、合并债券（以一种新债券换回以前发行的各次债券)、偿债债券等。

作为长期资金市场的重要工具，企业债券与股票不同，二者的主要区别在于：企业债券到期必须偿还，而股票无须偿还本金；企业债券必须按期如数还本付息而不论企业是否获利，普通股票的收益则取决于企业盈利状况；购买股票可以成为企业的所有者，购买企业债券仅是企业的债权者，等等。企业债券与上面所介绍的商业票据也有差异，主要表现在期限、偿还方法、有否担保、转让方式、与商品交易是否相联系等方面。

2. 政府债券

政府债券是国家根据信用原则举借债务的借款凭证。政府债券按偿还期的不同，可分为短期债券、中期债券、长期债券。1年以内的短期政府债券通常称作国库券；1年以上的中、长期政府债券就称为公债券，是长期资金市场中的重要金融工具。由中央政府发行的称为国家公债券或国库券，由地方政府发行的称为地方公债券。发行公债筹到的资金主要用于特殊项目的建设或弥补财政赤字。公债券由政府承担还款责任，因而风险较小，利率稍低于同等期限的企业债券。公债券按其还本付息的方法可分为：(1）分次付息债券，即在债券上附有息票，持有人凭此按期领取利息；(2）一次性取息公债券，到期按票面金额一次还本付息；(3）永久债券，只按期付息而不确定还本期限。

3. 金融债券

金融债券是银行或其他金融机构作为债务人发行的借债凭证，目的是筹措中长期贷款的资金来源。其发行额度须经中央银行批准，发行方式一般为在金融机构的营业点公开出售。期限为1—5年不等，利率略高于同等期限的定期存款。金融债券到期还本付息，债权人不能提前收回本金，但允许其进入二级市场转让流通。

（三）股票

股票是股份公司发给出资者作为投资入股的证书和索取股息红利的凭证。谁持有某公司的股票，谁就是该公司的股东并享有相应的权利和义务。普通股东享有以下权利：盈利分享权、出席股东大会权、表决权、选举权、优先认股权、股份转让权、对董事的诉讼权和破产清算后的财产分配权。其义务是：当股份公司破产时，股份有限公司的股东对公司债务所负的清偿责任，以所持股份的金额为限；股份无限公司的股东对公司债务负无限清偿责任，不受其股份金额的限制，当公司本身的财产不足以清偿债务时，股东的私人财产也将用于清偿债务。股票没有偿还期，股金一般不能抽回，只有当公司停业清理或解散时才能退回股金。股东若需用资金时，可在二级市场上将股票转让出售以取得现款。

股票有多种分类方法。按是否记名，分为记名股票和不记名股票，前者须经一定的手续才能转让其所有权，后者则可自由转让。按是否载明票面金额，分为面额股票和无面额股票。按股东享有的权利不同，分为优先股票和普通股票，优先股票根据事先确定的股息率优先取得股息，与公司的盈利状况无关，公司解散时可优先得到分配给股东的剩余资产；而普通股票的股息则随公司盈利多少而增减，还可以在公司盈利较多时分享红利。按公众对股票的评价，可以分为蓝筹股票、周期性股票、成长性股票、防守性股票、投机性股票。按照不同的划分方法，股票还有许多分类和名称，同一类股票中也可以衍生出内容各异的几种股票，每一张股票可以兼容多种分类或有多个名称。例如，某一张公司股票可以既是记名股票，又是面额股票，还是优先股票。

随着股份制度的发展和金融工具的创新，一些新的股票种类也在不断出现。尽管如此，我们介绍的这些股票种类仍然是最基本的，它们反映了到目前为止，世界各国股票的基本类型和特点。

我国目前的股票种类，按上述分类法主要有普通股票、优先股票、面额股票和记名股票。除上述分类外，还有 A 股、B 股、H 股、N 股之分。A 股是以人民币标明面值、以人民币认购和进行交易、供国内投资者买卖的股票。B 股又称人民币特种股票，是指以人民币标明面值、以外币认购和进行交易、专供外国和我国香港、澳门、台湾地区的投资者买卖的股票。H 股是指由我国境内注册的公司发行、直接在我国香港地区上市的股票。N 股是指由我国境内注册的公司发行、直接在美国纽约上市的股票。

（四）金融衍生工具

1. 金融衍生工具的概念

金融衍生工具又称金融衍生产品、派生金融工具，是相对于原生金融工具而言的，是指一种根据事先约定的事项进行支付的双边合约，其合约价值取决于或派生于原生金融工具的价格及其变化。一般的能够产生衍生物的传统金融工具，又称为基础资产，主要有三大类：一是外汇汇率；二是债务或利率；三是股票和股票指数等。虽然基础资产种类不多，但是借助各种技术在此基础上设计出来的金融衍生工具却品种繁多。

2. 金融衍生工具的基本特征

（1）杠杆性

金融理论中的杠杆性是指能以较少的资金投入控制较多的投资，俗称“以小博大”。衍生工具在运作时多采用财务杠杆方式，即采用交纳保证金的方式进入交易，参与者只需投入少量资金，即可进行资金量巨大的交易。例如，金融期货和期权的杠杆比率可以达到50%以上。

（2）虚拟性

虚拟性是指在信用制度下，金融活动与实体经济偏离或完全独立的一部分经济形态。

金融衍生工具的虚拟性，是指人们进行交易的对象是虚拟化的产权、信用和风险，而不是真正的交易合约标的物本身的交换。这种虚拟性导致金融衍生工具价格的波动脱离现实的资产运动，即投资于衍生工具的损失与基础资产价格的波动没有直接的关系。

（3）高风险性

金融衍生工具的高杠杆性与虚拟性决定了衍生工具的高风险性和投机性。体现在：第一，金融衍生工具是远期交易，在契约签订后，双方的权利和义务便已确定，而交易却要在将来某一时刻才能履行和完成；第二，金融衍生工具的交易属于表外交易，由于不在资产负债表上体现交易盈亏，损失具有隐蔽性，一旦风险变为现实，可能给投资者带来灾难性的影响。

3. 金融衍生工具的分类

金融衍生工具的分类方法很多，按照不同的标准，主要有以下几种：

（1）金融期货

金融期货也称金融期货合约，是指买卖双方在有组织的交易所内以公开竞价的形式达成的，在将来某一特定时间交割标准数量特定金融工具的协议。

金融期货有以下几点特征：

① 金融期货交易的对象是标准化的金融工具凭证，如外汇、股票、利率等；

② 金融期货的交易过程是在现在完成的，但却在未来某个规定的时间进行交割；

③ 金融期货的价格是通过公开竞价形成的，并不随金融工具价格的变化而变化；

④ 金融期货的交易合约在规定的交割日期到来之前，可以在市场上任意转让。

（2）金融期权

金融期权是指在未来特定的期限内，按照特定的协议价格买卖商品的选择权。期权是一种选择权交易，作为期权的买方在向期权的卖方支付一定数量的保证金后，就取得在规定的时期内按协定价格向期权卖方购买或出售一定数量的某种商品合约的权利。对于买方来讲，期权是一种权利，他可以在到期前的任何时候行使、放弃、转卖这种权利，其最大损失是期权费；对于卖方来讲，期权是一种义务，卖方必须承担到期或到期前交割履约的义务。

（3）可转换证券

可转换证券是指其持有者可以在一定时期内按一定比例的价格将之转换成一定数量的另一种证券。可转换证券通常是转换成普通股票。按发行时证券的性质，可转换证券主要分为可转换债券和可转换优先股票两种。

（4）互换

互换也称调期或掉期，是指交易双方约定在合约有效期内，以事先确定的名义本金额为依据，按约定的支付率（利率、股票指数收益等）相互交换支付的约定。互换主要有两种类型：一种是货币互换，另一种是利率互换。

（5）远期协议

远期协议是指合约双方约定在未来某一日期按约定的价格买卖约定数量的相关资产的合约。远期协议主要有远期利率协议和远期货币协议两种。

第六节　金融市场效率

金融市场效率对金融市场功能的有效发挥从而对实际经济活动具有重要影响。市场有效的程度对于投资决策有着非常重要的影响。如果市场是完全有效的，则意味着市场上证券的价格同其价值没有任何偏离，也就是说，不存在价格被高估或低估的现象。投资的收益是唯一受系统性风险决定的正常收益率。因此，在一个完全有效的市场中，技术分析法是徒劳无益的。但是，即使是当今世界上最发达的金融市场，也难以保证符合完全有效的假设。正是因为实际市场并非完全有效，才可能借助各种证券分析技术识别价格被高估或低估的证券，从而为投资者赢得超常的收益率。

一、市场效率的含义与分类

尤金·F. 法玛（Eugeue F. Fama）首先区分了同证券市场效率相关的两个概念，即运行效率（内部有效）和定价效率（外部效率）。

（一）运行效率

运行效率是指在运行有效率的市场中，给定交易成本，投资者可以获得尽可能便宜的服务。提高市场运行效率的关键在于减少金融市场上可能存在的各种“摩擦”（使得市场不完全竞争的所有交易成本和障碍），尤其是降低交易成本。因此，从某种意义上讲，市场运行效率的改进依赖于制度的不断完善。

（二）定价效率

定价效率是指市场价格在任何时候都充分反映了与证券定价相关的所有可获得的信息，即证券市场的有关信息充分体现在证券价格中。围绕定价效率，法玛在1970年提出了著名的有效市场假说。他指出，要验证市场定价效率，必须澄清两个定义：一是阐释价格“充分反映”信息的含义；二是界定被认为是“充分反映”于价格中的“相关”的信息。法玛等人依据持有证券的预期收益来定义“充分反映”，持有期的预期收益等于预期现金分配加上预期价格变动之和除以初期价格。他们定义的价格形成过程为：现在开始的一段时间内的预期收益是一个随机变量，它已经把“相关”信息考虑进去了。根据可反映于证券价格中的“相关”信息群的不同，法玛把市场定价效率划分为三个层次，即弱式有效、半强式有效和强式有效。

1. 弱式有效

弱式有效是指证券价格反映了证券过去的价格和信息。当弱式有效市场假设成立时，以往价格的所有信息都已经全部反映在当前价格中了，同一证券当前的价格变化同既往的价格变化是不相关的，换句话说，投资者无法根据证券的历史价格数据预测未来价格走势。因此，流行的K线图等分析手段在弱式有效市场中是没有帮助的。

2. 半强式有效

半强式有效是指证券价格充分反映了所有的公开信息，例如，上市公司的年度和季度报告、配股方案等，如果半强式有效市场假设成立，则所有历史价格与公开披露信息已经完全反映在当前证券价格之中，不存在因为信息不充分而带来的价格高估或低估，投资者也就无法根据任何可公开获得的信息来获取超常收益率。因此，通过研究企业财务报表等公开信息进行的基础分析在这种情况下将失去意义。

3．强式有效

强式有效是指证券价格反映了所有公开和不公开的市场信息。当一个市场符合强式有效假设时，上述所有可能的信息都已经充分反映在当前价格中了，因此，即便是掌握所谓的内幕信息，仍然无法获取任何因信息不对称而带来的非正常收益。

要确定一个现实的市场的有效程度，需要大量的实证检验。人们之所以热衷于界定市场效率，最直接的原因在于有效定价的市场会对投资者希望采取的投资策略产生重大影响。投资者可能采取多种积极策略，即利用他们认为的某个或某些证券的不合理定价来获取（短期）利益；但是在一个有效定价的市场中，如果考虑到交易成本，考虑到积极策略的风险大于简单的购买并持有的策略，则采取积极策略就不会持续获利。因而，在某些经验论据证明是有效的市场中，投资者会在较长一段时间内持有该证券，减少交易以降低交易成本，期待正常收益率或仅仅与某些金融指数的业绩相匹配。

二、影响市场效率的因素

金融市场效率主要受到市场发育程度、交易成本和信息不充分的影响。

（一）市场发育程度

市场的运行是建立在一定的市场组织、规模和结构的基础上的，市场发育程度决定了市场的组织、规模和结构的完善程度，市场的深度和广度，从而影响金融市场的运行效率和定价效率。在未充分发育的市场上，市场规模较小，市场结构不完善，市场组织不合理，市场信息不充分，市场行为不规范，都会导致市场效率低下。随着市场发育程度的逐步提高，市场效率通常也会相应提高。因此，推动市场的发展，是提高市场效率的基本途径。

金融市场的组织结构通过影响交易成本或市场信息而影响市场效率。金融中介机构和市场在处理不同种类的信息上，各有优劣势。通常，市场在收集和加总多样化信息上较中介机构有效；中介机构则能够从集中处理标准化信息中获得规模效应，降低搜寻成本，但它们在处理不确定性和创新的能力上不如市场有效。

（二）交易成本

所谓交易成本，即为达成金融交易而在交易价格之外所必须支付的时间与金钱，一般包括经纪人佣金、手续费、执行成本、机会成本和其他成本。交易成本的高低直接影响金融市场的运行效率，两者负相关。

（三）市场信息

信息是正确决策的依据，信息的充分性、对称性、即时性、真实性对金融市场的效率具有十分重要的影响，信息的不充分和非对称增大了金融市场的风险，导致逆向选择和道德风险行为的发生，降低金融市场的运行效率和定价效率。

从系统角度讲，效率问题涉及一个金融体系功能的整体发挥问题。金融体系中的其他基本因素，如金融机构、非金融企业和金融制度，可能起到弥补金融市场局限性的作用。金融机构通过跨期平滑能够消除投资者的直接市场风险，即提供了投资者避免以不利价格被迫变现资产的另一种选择；同时，金融市场和金融机构在不同类型的信息问题的处理上各有优势：金融市场更适合于收集和加总多样化的信息，而金融机构则能够从处理标准化信息中获取规模化收益。企业管理者与股东之间，以及金融机构与其客户之间的委托代理问题，由于带来激励不相容问题，也会影响金融市场的运行效率。

【案例阅读】

关于融资融券业务的基础知识

2011年11月25日，沪深交易所分别发布《融资融券交易实施细则》，这意味着亮相证券市场一年半的融资融券业务将由试点“转为”常规。

根据沪深交易所发布的上述交易细则，融资融券标的股票由此前的90只扩容至285只。其中，上证所由原来的50只股票，扩展为180只股票和4只ETF基金；深交所由此前的40只股票，扩展为98只股票和2只ETF基金及中小企业板交易型开放式指数基金。此外，沪深交易所还对试点实施细则中的部分条款进行了修订，主要涉及标的证券、优先还款、保证金比例与折算率、维持担保比例等方面。

首先，是可供融资买入或融券卖出的证券品种，即所谓融资融券的标的证券。所谓融资融券的标的证券，是指可以融资买入的证券，以及可以融券卖出的证券。并不是所有股票、债券和基金均可以作为融资融券买卖的对象，只有进入标的证券名单之中，投资者才可以对其进行融资买入或融券卖出。沪深证券交易所根据证券的股东人数、流通市值、换手率、涨跌幅、波动幅度等条件，调整和公布融资融券标的证券名单。证券公司可在交易所公布的融资融券标的证券范围内进一步选择，并随交易所名单变动而相应调整。

其次，是融资融券交易中的保证金可用余额以及保证金比例。保证金可用余额，是指投资者用于充抵保证金的现金、证券市值及融资融券交易所产生的浮盈，经折算后形成的保证金的总额，然后还要减去投资者未了结融资融券交易已用保证金，以及相关的利息、费用之后的余额。投资者以现金作为保证金时，可以全额计入保证金金额；而以证券充抵保证金时，将以证券市值或者其净值按交易所规定的折算率进行折算。

投资者融资买入或融券卖出时所使用的保证金不得超过其保证金可用余额。举个例子来说，如果某一个投资者信用账户内有100元现金和100元市值的证券A，没有融资融券负债，假设证券A的折算率为70%，那么，该投资者信用账户内的保证金可用余额为170元(100元现金×100%＋100元市值×70%)。保证金比例是指投资者交付的保证金与融资、融券交易金额的比例，计算公式为：保证金比例＝保证金/融资买入或融券卖出的证券市值。保证金比例用于控制投资者初始资金的放大倍数，每一笔融资、融券交易交付的保证金都要满足保证金比例的要求。在保证金金额一定的情况下，保证金比例越高，证券公司向投资者融资、融券的规模就越小，财务杠杆效应就越低。举个例子，某投资者信用账户中有100元保证金可用余额，如果保证金比例为50%，投资者可融资买入200元市值的证券；如果保证金比例为80%，则只可融资买入125元市值的证券。

最后，投资者需要关注的是信用账户维持担保比例的变化。维持担保比例是指客户担保物价值与其融资融券债务之间的比例。计算公式为：（现金＋信用证券账户内证券市值总和）／（融资买入金额＋融券卖出证券数量×当前市价＋利息及费用总和）。

资料来源：中国证券监督管理委员会网站。

【主要术语】

金融市场　货币市场　资本市场　金融工具　金融衍生工具　直接融资　间接融资　金融市场效率

【复习思考题】

1. 比较货币市场与资本市场的特点。

2. 简述金融市场的功能。

3. 某企业持有3个月后到期的1年期汇票，面额为2 000元，银行确定该票据的贴现率为5%，则贴现金额是多少？

4. 假设某票面价值为1 000元的债券，每年年底支付50元的定期利息，3年后到期，假定市场上同类债券的收益率为10%，请计算该债券的理论交易价格。

5. 一张面额为25元的股票，假设投资者预期该股票每年每股红利为0.8元，若此时市场利率为10%，该股票在二级市场的价格为12元，投资者应该购买公司的股票吗？为什么？

第九章　货币供求与均衡

学习目标：

- 理解和掌握货币需求的几种重要理论；
- 了解货币供给的基本概念和一般理论；
- 重点掌握基础货币和货币乘数的意义；
- 理解货币均衡的含义及其意义。

第一节　货币需求

货币需求理论是货币供求理论的基础，同时也是宏观调控的决策依据。货币需求理论主要研究货币需求的动机和货币需求量的决定因素，以及货币需求变动对经济的影响。

一、货币需求与货币需求量

经济学上的货币需求是指社会公众在既定的国民收入分配范围内，能够且愿意以货币形式持有其部分财富的那种需求，它不同于社会学或心理学意义上的主观的、一厢情愿的欲望。

在社会经济活动中，货币需求量表现为一定时期内各经济主体对货币形式持有量的总和，从宏观上则表现为一国经济正常运转要达到某些经济目标所需要的货币供给量。

所谓货币需求量，是指在特定的时间和空间范围内（如某国、某年），社会各个部门（企业、事业单位、政府和个人）对货币需要持有量的总和，或者说一定时期内商品生产和流通对货币的客观需求量。

我们考察货币需求量，通常都是由存量角度计量的。然而，货币存量的多少与流量的大小和速度密切相关，因此，在货币需求量的研究中，需要把存量与流量结合起来考虑，作静态与动态的全面分析。

在特定的时空范围内，人们为什么需要货币，需要多少货币，人们的货币需求受哪些因素影响等，是研究货币需求量必须解决的基本问题。决定这种货币需要量的因素有许多，在不同历史时期、不同时代背景下，对这个问题从不同角度和不同层面的研究，形成了不同的货币需求理论。

二、货币需求量理论

迄今为止，已形成相对完整的货币需求理论，并且随着社会经济和货币信用关系的发展，关于货币需求理论的研究仍在不断深化。由于这些货币需求量的表达式多是采用抽象的数学公式或函数关系式反映的，虽然在一定程度上揭示了货币需求的基本原理，但毕竟还不是直接的计量模型或应用模型，因此，我们把此类表达式称为分析货币需求量的理论模型。

（一）马克思的流通中货币量理论

在马克思的论著中，虽然没有专门研究货币需求的问题，但在论及劳动价值理论、商品流通与货币流通的关系以及对传统货币数量论的批判等有关章节中，却对货币需求理论有精辟的论述。

马克思从货币的功能及其对经济的作用入手展开论述。概括起来，主要有以下几点：

1. 商品流通决定货币流通。货币流通的前提是商品流通，货币流通从属于商品流通。货币流通对商品流通具有一定的反作用。它科学地揭示了流通中为什么需要货币，货币流通应遵循什么样的基础规律。

2. 一定时期内，社会对执行流通手段职能的货币需求量取决于三个基本因素，即商品可供量、商品的价格和货币流通速度，用公式可表示为：

$$M_d = \frac{PT}{V} \tag{9-1}$$

其中，P 代表商品价格；T 代表商品交易量；V 代表货币流通的平均速度；M_d 代表货币需求量。

公式的具体含义是：

（1）一定时期内待销售商品价格总额：货币是商品交换的媒介，因此，在一定时期内，流通界对货币的需要量首先取决于该时期待销售商品价格总额的多少。待销售商品数量多，价值大，则价格总额多，货币需要量也多，反之则少。所以，在一定时期内货币流通速度不变的条件下，待销售商品价格总额与货币需要量成正比。

（2）货币流通速度：一定时期内的货币流通次数。单位货币每充当一次商品交易媒介就实现一次价格总额，完成一次流通。同一单位货币充当商品交换媒介的次数越多，实现的价格总额越多，货币流通的次数就越多。因此，在一定时期内，待销售商品价格总额不变时，货币流通的次数越多，所需要的货币数量就越少；反之货币需要量就越多。所以，在商品价格总额不变的条件下，货币的客观需要量与货币流通速度成反比。

流通中不仅需要发挥流通手段职能的货币量，而且需要发挥支付手段职能的货币量。在这种情况下，影响流通中货币需要量的因素发生了如下变化：

（1）以赊销方式出售的商品，当时不需要货币量；

（2）到期应偿还的债务，构成了本期货币需要量；

（3）有些商品交易形成的债权、债务额可以相互冲销，不需要货币量。因此，一定时期内作为流通手段和支付手段的货币需要量 =（待销售商品价格总额 − 赊销商品价格总额 + 到期应支付的总额 − 相互抵消的总额）/同名货币流通次数。

马克思进而分析了纸币流通条件下的货币量与价格之间的关系。在金块和金汇兑本位制下，实际流通的都是银行券，而不是金币。马克思所揭示的纸币流通规律，实际上就是这两种货币制度下的银行券流通规律。在这两种货币制度下，银行券本身不具有内在价值，只能代表流通中必要的货币金属价值，即

流通中全部银行券所代表的货币金属价值 = 流通中必要的货币金属价值

因此，

单位银行券代表的货币金属价值 = 流通中必要的货币金属价值/银行券流通总量

可见，在金块与金汇兑本位货币制度下，银行券的流通既受足值金本位货币流通规律的制约，即银行券的发行量应该严格控制在足值金属本位币必要量的范围之内，又受其自身特殊规律所支配，即银行券的发行量一旦超过足值金属本位币客观必要量，单位银行券就会贬值，物价就会上涨。所以，马克思说，国家固然可以把印有任意的铸币名称的任意数量的纸票投入流通，可是它的控制同这个机械动作一起结束。价值符号或纸币一经为流通所掌握，就受流通规律的支配。

需要说明的是，马克思揭示的货币必要量规律，是建立在劳动价值论基础之上的，并且有许多前提条件：

(1) 金属货币是商品。马克思在《资本论》中指出，在这本书各处都假定黄金是货币商品。所以，这个公式的前提是金币（或金属货币）流通，并且，在经济中存在着一个数量足够大的黄金储藏：流通中需要较多黄金时，黄金就从储藏中流出；流通中一些黄金不需要时，多余的黄金则退出流通，转化为储藏。但在实际经济生活中，并不一定必然存在这样的假设。

(2) 此公式是右方决定左方，而不能相反。商品价格总额是既定的。在金属货币流通的条件下，商品价格取决于商品价值与货币价值的对比关系，因此，商品价格并非取决于流通过程，而是取决于生产过程，商品是带着价格进入流通的。

(3) 这里考察的只是执行流通手段职能的货币量（即交易需求），而与整个再生产过程相联系的储蓄、投资、资本运动等引起的货币需求不属于这个范围，甚至就连同商品交易有关的信用交易、转账结算也排除在外。

我们指出马克思货币流通规律的前提条件，目的在于说明条件同结论是并存的，条件的限制也就是结论的限制，在货币形式、信用制度等发生了巨大变化的今天，一定要分析货币数量同商品数量及价格的关系，分析货币数量同货币需求量及经济增长的关系等，决不能简单地套用既定的结论。

（二）费雪方程式与剑桥方程式

费雪方程式与剑桥方程式是古典货币数量理论中的两个经典学说。

1. 费雪方程式——现金交易说

美国经济学家、耶鲁大学教授欧文·费雪（Irving Fisher）在其1911年出版的《货币的购买力》一书中提出货币流通与商品流通关系的交易方程式，被称为费雪方程式，即

$$MV = PT \tag{9-2}$$

在这个方程式中，费雪假设 M 为一定时期内流通中的货币平均数，V 为货币流通速度，

P 为各类商品价格加权平均数，T 为交易量。故形成一定时期上述商品交易与货币流通的规律性平衡关系。

根据上述方程式，费雪又推导出如下公式：

$$M = PT/V \tag{9-3}$$

在该公式中，费雪认为货币流通速度 V 是由制度因素决定的，短期内基本不变，可视为常数，而作为交易量的 T 一般对产出水平保持固定比例关系，也是相对稳定的，因而在上述公式中，就只剩下 P 与 M 的关系是可变的，而且得出物价 P 的水平随着货币量 M 的变化而变化的结论。

根据上述方程式，可以推导出在一定物价水平和其他因素不变的条件下，名义货币的需求量 M。

从形式上看，费雪方程式与马克思的货币需要量公式没有太大的区别，但是二者的含义是截然不同的。前者强调货币数量发生变化对商品价格的影响，而后者强调商品价格取决于生产过程，商品是带着价格进入流通的。

2. 剑桥方程式——现金余额说

费雪方程式没有考虑到微观经济主体动机对货币需求的影响，被一些经济学家认为是个缺陷。以艾尔福雷德·马歇尔（Alfred Marshall）为代表的剑桥学派在研究货币需求问题上，则更重视微观经济主体行为对货币需求的影响。他们认为：处于经济体系中的个人对货币的需求，实质上是以怎样的方式持有自己的资产的问题。他们认为，决定人们持有货币多少的因素有：个人财富水平、利息率的变化以及持有货币可能拥有的便利等。而且，在其他条件不变的情况下，名义货币需求和名义收入水平保持较稳定的比例关系。

根据上述观点，剑桥学派提出如下方程式：

$$M_d = KPY \tag{9-4}$$

其中，M_d 为名义货币总需求；Y 代表总收入，实际是生产总量；P 代表价格水平；K 为以货币形式保存的财富占名义总收入的比例，即名义所得与货币量的比例。

3. 剑桥方程式与费雪方程式之间的关系

剑桥方程式与交易方程式实质上是对货币数量论的两种表述。在表述中，两者还是有一定的不同的，主要表现在：第一，费雪方程式强调的是流通中的货币数量；而剑桥方程式作为一个货币需求方程，强调的恰恰是暂时退出流通的货币。第二，在费雪方程式中，货币数量居主导地位，是决定物价水平的外生变量；而剑桥方程式中的 M 首先是由收入所决定的内生变量，依存于收入变动。第三，费雪方程式中物价水平与货币供应量成正比例关系；但剑桥方程式中，由于货币需求依存于收入变动，故当名义收入随货币供应量变动之后，人们会调整名义货币需求量，进而引起名义收入向相反方向变动，部分抵消货币供给对名义收入的直接影响。

4. 传统货币数量论的缺陷

传统货币数量论以充分就业为前提的假设是非现实的，在非充分就业的前提下，物价水平并不一定随货币数量的变动而变动；传统货币数量论是一种静态的理论，如经常假设某些因素不变，但实际上，方程式中的每一个因素都处于不断的变动之中。同时，传统货币数量论在研究中还忽视了方程式中各因素之间的相互关系。

（三）凯恩斯主义的货币需求理论——流动偏好说

传统理论即萨伊定理认为供给创造自己的需求，供求是均衡的。然而，20 世纪 30 年代的经济大危机宣告了古典经济理论的破产。长期大规模的失业成为西方经济的中心问题，正是在这种背景下，约翰·梅纳德·凯恩斯（John Maynard Keynes）提出了新的理论，其 1936 年出版的《就业、利息和货币通论》标志着他的货币需求理论的形成。

1. 凯恩斯对货币需求动机的分析

凯恩斯货币需求理论的突出贡献是关于货币需求动机的分析。凯恩斯认为，人们之所以保持一部分不生息的货币，是因为货币具有流动性，而且人们普遍存在流动偏好的这种心理倾向；而决定流动偏好的因素主要是交易动机、预防动机和投机动机。

（1）交易动机：由于收入与支出的时间不一致，人们必须保持一定的货币以应付日常交易的需要，又可分为所得动机和营业动机。

（2）预防动机：人们为应付不测之需，而持有部分货币的需求。凯恩斯假定预防需求与收入成正比关系。在这一点上，凯恩斯的理论超出了传统的货币数量论。

（3）投机动机：由于未来利率的不确定性，人们根据对利率变动的预测，以获取投机利益的货币需求。

2. 凯恩斯货币需求函数

凯恩斯认为由交易动机和预防动机产生的货币需求可统称为货币的交易性需求，用 M_1 表示。交易性需求主要取决于货币收入的大小并且与货币收入同方向变动，即 $M_1 = L_1(Y)$；由投机动机所产生的货币需求主要与金融资产的投机和保值有关，因此可将其称为货币的资产性需求，用 M_2 表示。投机性货币需求与利息率有关，是利率（r）的函数，即 $M_2 = L_2(r)$。

因此，货币的总需求就等于货币交易性需求与货币资产性需求之和，用公式表示为：

$$M = M_1 + M_2 = L_1(Y) + L_2(r) \tag{9-5}$$

这个函数式与古典货币数量论的函数式的关键区别在于：如果古典货币数量论的函数式可以概括地表示为 $M = f(Y)$，则凯恩斯的货币需求函数式可表示为 $M = f(Y, r)$。虽然剑桥学派看到了 r 对货币需求的影响，但是，把 r 确定为货币需求函数中与 Y 相等意义的自变量，则始于凯恩斯的货币需求函数。

3. 凯恩斯的货币需求理论的特点

分析凯恩斯的货币需求函数，它具有以下特点：

（1）凯恩斯货币需求理论的一个显著特点是把货币的投机性需求（也叫资产需求）列入了货币需求范围，即将 $L_2(r)$ 列入了货币需求函数。因此，不仅商品交易规模与其价格水平影响货币需求，而且利率的变动也是影响货币需求的重要因素。所以，对货币需求的调节，不仅可以通过调节物价来实现，而且可以通过调节利率水平来实现。

（2）凯恩斯主义把货币需求量与名义国民收入和市场利率联系在一起，这就否定了传统货币数量论关于货币数量直接决定商品价格的说法，使货币成为促进宏观经济发展的重要因素，对通过收入政策和利率调控货币供应量、促进经济增长有重要的借鉴意义。

根据上述思想，凯恩斯提出了一个重大的政策性理论：政府可以在国内有效需求不足的情况下，降低利率，扩大货币供应，促进企业家扩大投资，增加就业和产出，实现政府货币政策目标。

(四) 弗里德曼的货币需求理论——现代货币数量论

现代货币数量理论的主要代表人物米尔顿·弗里德曼（Milton Friedman）1956 年发表《货币数量论：一种重新表述》一文，奠定了现代货币数量论的基础。

1. 弗里德曼的货币需求理论

弗里德曼强调货币作为价值储存手段或具有高度流动性的资产形式的作用时指出，作为一种资产持有形式，货币需求量首先取决于个人持有的财产总量；其次取决于货币与其他金融及非金融资产的组合选择关系，而这种关系又取决于一系列其他因素。为了说明上述关系，弗里德曼建立起多元的货币需求函数：

$$M/P = f(y, w, r_m, r_b, r_e, 1/P \cdot dp/dt, u) \tag{9-6}$$

函数式的左边是人们要求持有的货币数量。但弗里德曼所说的货币需求不是名义货币需求，而是对实际货币的需求，即货币的实际购买力，它是名义货币数量 M 与物价水平 P 之比。函数式的右边是决定货币实际需求的各种因素：

(1) 总财富水平（y）

既然货币只是财产的一种持有形式或总财产的一部分，故总财富是决定货币需求量最重要的因素。由于总财富无法从统计中得到，所以弗里德曼把总财富改用收入来代表，原因在于财富可视为收入的资本化价值。但弗里德曼所说的收入并不是现期收入，而是持久性收入。所谓持久性收入，是指一个人在比较长的一个时期内的过去、现在和今后预期会得到的收入的平均数。货币需求与持久性收入成正比关系，由总财富决定的持久性收入水平越高，货币需求也越大。

(2) 非人力财富在总财富中所占比重（w）

弗里德曼把财产划分为人力财富和物质财富，它们都能带来收入。但是人力财富缺乏流动性，很难转化为非人力财富；而非人力财富则有较强的流动性，能比较容易地转化为人力财富。因而，如果持久性收入主要来自工薪等人力财富，人们就需要持有更多具有高度流动性的货币，以备不时之需；反之，如果持久性收入主要来自股息、利息、租金等非人力财富，总财富中货币的比重就会低些。非人力财富收入在总收入中所占比重与货币需求成反比关系。

(3) 各种金融资产的预期报酬率（r_m，r_b，r_e）

r_m、r_b 和 r_e 分别表示预期的货币隐含报酬率、固定价值债券名义利率和股票股息率，即上述个人可以持有的三种金融资产的收益率，它们互为持有另一种资产形式的机会成本。货币不能带来收益，但它的高度灵活性能避免不便及意外支出时可能形成的损失，所避免的这些损失也可看作它的收益。如果持有货币所能避免的损失是确定的，那么利率或股息率越高，持有货币的机会成本越高，人们将减少货币在财富中所占的比重，增加债券及股票持有量；反之，利率或股息率下降，人们则趋于减少债券及股票持有量，提高货币在财富中所占的比重。因此，利率或股息率与货币在收入中所占的比重成反比关系。但利率不过是一系列影响货币需求量的因素之一，根据弗里德曼对美国 1867—1961 年的经验分析，利率对货币需求的影响是微弱的，货币的利率弹性仅为 0.15。

(4) 通货膨胀预期（$1/P \cdot dp/dt$）

如果预期有更高的通货膨胀率，持有货币则会降低财产的实际价值，人们趋于减少货币需求，将收入中一个更大的比例转向非货币财产以求保值，故通货膨胀预期与货币在实际收入中所占的比重成反比。

除上述因素外，对政治、经济形势及政府政策的预期、偏好、社会风尚、技术及制度等多种因素都会影响到货币在收入中所占的比重，这些非收入综合变量用 u 表示。

在弗里德曼看来，决定货币需求的上述大部分因素都有长期稳定性，故货币需求趋于长期稳定。由于货币需求具有长期稳定性，故弗里得曼认为应从货币供给方面研究对名义收入的影响。当货币供给增加时，以货币形式持有的实际购买力增加，提高了货币与其他资产形式持有量的比例。为维持货币与收入，或货币与其他资产的意愿比例，人们将会以多余的货币购买包括实物资产在内的其他资产。这样，一方面直接扩大了总支出，增加了名义收入；另一方面导致其他资产价格上涨，利率下跌，进一步刺激了投资和总支出。总支出增加，势必导致物价水平上涨，货币所代表的实际购买力下降，同时也由于其他资产持有量增加，货币同其他资产重新达到组合均衡。反之，如果货币供应量减少，同样会引起资产的重新组合，名义收入下降，货币与其他资产将在更高的利率或更低的名义收入水平上实现组合均衡。

2. 弗里德曼货币需求理论的特点

与凯恩斯的货币需求理论对比，弗里德曼的货币需求理论有几个特点：一是货币需求不仅是利率的函数，而且是所有资产收益率的函数；二是不仅把物价水平及物价变动率看成是影响货币需求的重要因素，而且通过预期物价变动率的引入，确定了预期因素在货币需求理论中的重要地位；三是货币需求不仅受收入、利率等因素的影响，而且还受其他主客观因素的影响，如函数式中笼统反映其他因素的 u；四是通过恒久收入的引入，强调货币需求以及货币流通速度的相对稳定性。

第二节 货币供给

货币供给是相对于货币需求而言的。从广义上讲，货币供给理论是研究货币供给的决定机制、信用机制和调控机制。从狭义上讲，货币供给理论是研究货币供给量决定机制的理论。直到 20 世纪 60 年代，才形成现代意义上的货币供给理论。

一、货币供给的概念和口径

（一）货币供给的概念

相对货币需求来说，货币供给是经济活动中货币投入、创造和扩张（收缩）的过程，由此形成货币供应量，也叫货币流通量、流通中货币量、货币存量。在现代经济中，货币形态已由金属货币“进化”为完全的信用货币，大量表现为银行的债务凭证，如现金、存款等。因此，所谓货币供给量，指的是某一时点上由各经济主体持有的由银行提供的债务总量。因此，既不能把货币供应量理解为货币发行量，也不能将其理解为货币投放量，货币发行量通常只是指现钞的发生额，货币投放包括了现金投放和信贷投放。货币供应量应理解为包括存款等在内的广义货币的投放发生额减去回笼后的结存额，是一个存量的概念。

（二）货币供给的口径

货币不仅包括现金货币，还包括存款货币和形形色色的准货币。按照货币层次的划分，每一个货币层次就是一个货币供应口径。

国际货币基金组织和我国都把货币划分为 M0、M1、M2 等层次，相应的货币供应也有 M0、M1、M2 等不同的口径。具体内容已在前面的章节介绍过。对不同口径货币供应量的测算和研究，可为货币管理部门提供制定货币政策、调节货币流通的数据资料，也为其他部门和社会经济各方面提供参考数据。

二、货币供给理论

（一）货币供给的一般理论模型

虽然中央银行垄断货币发行权，但中央银行并不具有绝对控制货币供给的能力，公众所持有的通货、银行存款等因素也是货币供给的决定因素，这些因素并不都是独立于经济运行的外生变量，因而货币供给不是中央银行能够完全控制的外生变量。

在现代银行制度下，普遍将货币供应量的决定表示为：

$$M = m \cdot B \tag{9-7}$$

式中，M 为货币供给量，m 为货币乘数，B 为基础货币或货币基数。现代货币供给量决定因素的分析，主要也就是货币乘数的分析，所以，现代货币供给模型一般就是货币乘数模型。公式的基本含义是，基础货币按照一定的乘数扩张，形成货币供应量。

一般的货币供给理论模型可进一步描述为：

$$M_1 = (1+k) \cdot B/(r_d + r_t \cdot t + e + k) \tag{9-8}$$

式中：

r_d 代表法定活期存款准备率；

r_t 代表法定定期存款准备率；

t 代表定期存款比率，即定期存款占活期存款的比率；

e 代表商业银行超额准备率，即商业银行持有的超额准备占其活期存款的比率；

k 代表通货比率，即 C/D，现金占活期存款的比率。

公式的具体推导过程如下：

设 C 代表流通中现金，D 代表活期存款，T 代表定期存款，R 代表准备金总额，E 代表超额准备金，C、T、E 分别与 D 维持稳定的比例关系，其系数分别为 k、t、e，即：

$$K = C/D,\ t = T/D,\ e = E/D$$

由于

$$B = C + R$$

$R = r_d \cdot D + r_t \cdot T + E$（即准备金总额等于法定准备金与超额准备金之和）

则

$$\begin{aligned} B &= C + r_d \cdot D + r_t \cdot T + e \cdot D \\ &= kD + r_d \cdot D + r_t \cdot t \cdot D + e \cdot D \\ &= (r_d + r_t \cdot t + e + k)\ D \end{aligned}$$

货币供应量为：

$$M_1 = C + D$$
$$= kD + D$$
$$= (1+k)\ D$$

由此，有

$$M_1 = (1+k) \cdot B / (r_d + r_t \cdot t + e + k) \tag{9-9}$$

上式即为当代货币供给理论的一般模型。如果用 m 代表货币乘数，则货币供给的一般模型可以概括为：

$$M = m \cdot B$$

（二）基础货币

基础货币是指具有使货币供给总量倍数扩张或收缩的能力的货币。从来源看，它是金融当局供给的货币，是金融当局的负债；从用途看，由流通中现金和商业银行存款准备金构成。基础货币也被称为强力货币或高能货币。根据基础货币的本质特征，可以分析其决定因素。

基础货币取决于中央银行的资产负债结构及规模。基础货币这一术语指出了这一货币是整个货币供给量中最基本的本质特征。现代货币都是信用货币，因此，本质上都是负债，这些负债包括两部分：一是中央银行的负债，二是商业银行的负债。其中，中央银行的负债是商业银行负债的基础，是一种最基本的负债。又由于基础货币是中央银行的负债，因此，可以从中央银行资产负债表（如表 9-1 所示）中观察基础货币，并依次考察决定基础货币变动大小及其变动趋势的因素。

表 9-1　中央银行的资产负债表

资产(A)	负债(L)
黄金及外汇储备(A1)	流通中货币(L1)
政府债券(A2)	商业银行存款(L2)
对商业银行再贷款(A3)	财政部存款(L3)
其他资产(A4)	外国存款(L4)
	净值及其他负债(L5)
合计	合计

$$A1 + A2 + A3 + A4 = L1 + L2 + L3 + L4 + L5$$
$$L1 + L2 = B = (A1 + A2 + A3 + A4) - (L3 + L4 + L5) \tag{9-10}$$
$$= (A1 - L4) + (A2 - L3) + (A4 - L5) + A3$$

式中：

（A1 – L4）代表外国资产净额；

（A2 – L3）代表对政府债权净额；

（A4 – L5）代表其他资产净额；

A3 代表对商业银行再贷款。

式（9-10）即为基础货币方程式，它表明：在任何时点上，基础货币量都取决于上述四种资产净额之和。因此，在任何时候，基础货币的变动都等于这四项增减相抵后的净额变动。具体来讲，决定基础货币的因素如下：第一是财政状况。若财政收支出现赤字，就必然引起财政存款下降，中央银行持有政府债券量增加，结果必然扩大基础货币供应量；反之，若财政收支出现盈余，就必然引起财政存款上升，中央银行持有的政府债券量下降，结果引起基础货币供应量收缩。第二是黄金及外汇储备状况。由于中央银行收购黄金、外汇会使基础货币扩大，中央银行抛售黄金、外汇会使基础货币收缩，因此，在一定时期内，黄金、外汇储备状况的变动对基础货币的影响取决于黄金、外汇的收支净额。第三是中央银行的货币政策。中央银行可以通过采取扩张性的货币政策，扩大对商业银行再贷款的规模；通过公开市场的购买活动，增加政府债券的持有；通过降低法定准备金率，增加商业银行的超额准备。这些都意味着基础货币的扩大；反之，则意味着基础货币的缩小。

通过以上分析可知：一方面，由于基础货币是中央银行的负债，它的唯一的增量来源是中央银行，因此，中央银行对基础货币似乎有绝对的控制权。也就是说，基础货币是绝对可以控制的。另一方面，由于财政收入和外汇储备状况都直接影响着基础货币的增减，而财政收入和外汇收支是由多方面因素决定的，并不是中央银行完全能控制的，因此，准确地讲，基础货币主要是中央银行操纵的变量，但其增减变化又受到财政收支、黄金和外汇储备等外在性因素的影响。

（三）货币乘数

货币供给量的决定因素中，除基础货币外，另一基本因素就是货币乘数。从货币供给模型中可知，货币乘数主要取决于通货比率、法定存款准备金率、定期存款比率和超额准备率这四个因素。可见，货币乘数的决定因素远较基础货币的决定因素复杂，且不完全直接取决于中央银行的政策行为。也正是因为货币乘数的决定因素的复杂性及易变性，所以，经济学家在货币乘数的研究中所投入的精力，远超过对基础货币的研究。最近的研究趋势表明，随着人们越来越深刻认识到货币变动对经济的巨大影响，对货币乘数的研究也越来越面向货币政策操作的实际需要。由于中央银行控制货币供给的能力，主要取决于能否准确预测货币乘数及其运动变化，所以，经济学家们当前在货币乘数研究上已不局限于货币乘数的决定因素，而是转向货币乘数是否稳定，是否可以预测。在基础货币一定的条件下，货币供应的扩张是由货币乘数决定的，而货币乘数向何方变动则取决于影响货币乘数各因素的变动。

以下我们分别介绍这些影响因素。

1. 通货比率(k)

通货比率是大众保有的现金对活期存款的比率。通货比率发生变动，即社会大众保有通货的比重发生了变化，这将影响银行创造存款货币的数量。货币作为一种交易手段和支付手段，是所有金融资产形式中流动性最高、最便利的一种。因此，人们都有保有现金的偏好。通货比率在很大程度上也取决于这种偏好。偏好程度如果提高，现金即通货比率也会提高。货币作为一种储藏手段，影响保存现金的机会成本。若银行存款利率提高，通货比率由于人们保有现金成本的提高就会降低。通货比率既然是现金与活期存款的相对比例关系，显然，活期存款若发生变化，也会影响通货比率。物价的预期变动率也对通货比率有影响。当人们预期物价上涨时，一般都要采取购物保值的办法。人们持有现金增多，通货比率在短期内也会提高。社会的支付习惯、银行业的发达程度、社会和政局的稳定性，都是影响通货比率的变动因素。

2. 定期存款比率(t)

定期存款比率即公众持有的定期存款及储蓄存款与支票活期存款的比率。影响因素主要有：

(1) 定期存款的利率。它与定期存款比率呈同方向变化。

(2) 金融资产的收益率。它与定期存款比率呈反方向变化。因为定期存款与活期存款相比，是其他金融资产更好的替代品，因此，当定期存款以外的金融资产利率上升时，人们愿意持有的存款无论是定期还是活期都会减少，但他们愿意持有的定期存款的下降幅度比他们愿意持有的活期存款的下降幅度更大。之所以说定期存款是其他金融资产的替代品，是因为人们持有活期存款是出于交易需求，而保有定期存款是为了获得收益。

(3) 公众的收入水平。公众收入水平的变动也是影响定期存款比率的一个重要因素，两者成正比关系，即收入提高，定期存款比率也提高。因为定期存款相对活期存款而言，是较长期的持有财富的一种形式，随着收入和财富的增加，定期存款在存款总额中所占比重也会增加。

3. 法定存款准备率(r)

法定存款准备率是全体金融机构依据中央银行的法令规定缴存的准备金与其存款负债总额的比率。这一比率为活期存款法定准备率与定期存款法定准备率以存款余额为权数的加权准备率，即 $r=(r_d+r_t)/(1+t)$，式中，r_d 为活期存款法定准备率，r_t 为定期存款法定准备率，t 为定期存款比率。定期存款比率上升，法定存款准备率将降低；反之，定期存款比率降低，法定存款准备率将提高。因为定期存款比率与定期存款利率是正相关关系，所以，一般情况下，当定期存款利率提高或其他金融资产收益率相对降低时，法定存款准备率将随之降低。在全部金融机构吸收准备率各异的存款，而且对业务不同的银行实施差别准备率的金融体制下，存款种类的不同、各类存款余额比率的变动以及各类金融机构吸收存款余额的变化，都将导致法定存款准备率的变动。

4. 超额准备率

超额准备率是商业银行保有的超额准备金占其负债总额的比率。超额准备金就是各商业银行实际保有的库存现金与存放在中央银行的超过法定存款准备金的存款部分。影响超额准备率的主要因素有：

(1) 市场利率。超额准备金是银行的不生利资产，市场利率即是超额准备金的机会成本，因此，市场利率上升，银行贷款或投资的利率也要相应上升，保有超额准备金的相对损失就会增大，银行就要降低超额准备金，所以，超额准备率与市场利率是负相关关系。

(2) 再贴现率。在银行贷款或投资收益水平不变的情况下，如果中央银行降低再贴现率，商业银行向中央银行融通资金的成本降低，其生利资产的收益相对提高，这将促使商业银行降低超额准备水平去扩张信用；反之，如果中央银行提高再贴现率，商业银行由于向中央银行融通资金的成本提高，一般情况下，就会保留较多的超额准备金，超额准备率就有相对提高的倾向。因此，超额准备率与再贴现率有正相关关系。

(3) 公众对现金和定期存款的偏好程度。当公众纷纷提取现金时，通货比率提高，银行的库存现金或存放中央银行的存款将减少，银行为了应付公众进一步地提取现金，就要保有较多的超额准备金，超额准备率就要相对提高；如果公众偏好定期存款，将保有的现金和活期存款转为定期存款，则定期存款比重上升，由于定期存款法定准备率相对活期存款要低一些，定期存款的大量提取风险远小于活期存款，银行保有的超额准备金自然会减少，超额准备率将随之降低。

（4）经营风险。利率和存款的变动越大，存款机构对存款变动的预期越高，存款机构所保有的超额准备金就越高。也就是说，未来的不确定性越大，商业银行被迫保有的超额准备金就越多。此外，中央银行的货币政策和商业银行的经营态度等因素都会通过影响银行的超额准备而使超额准备率降低或升高。

三、影响货币供给的因素

在现代信用制度下，决定一国货币供给的基本因素是国家财政收支与银行信贷收支。银行信贷收支是货币流通的总闸门和调节器，因此，在一定时期内，货币供应量的多少，直接取决于银行信贷收支。同时，财政收支对银行信贷收支也具有重要影响。

（一）银行信贷收支与货币供应量的关系

银行信贷包括中央银行信贷和商业银行信贷，两者与货币供给的关系既相联系，又有区别。

1. 商业银行信贷收支与货币供应量的关系

（1）商业银行信贷收支是货币流通的总闸门和调节器。商业银行是现代货币供给的主体。在现代银行信用制度和信用货币流通条件下，流通中的所有货币，无论是现金货币还是存款货币，无论是M0、M1，还是M2、M3等，都是通过银行信用渠道，即通过银行信贷的收支，进入流通和退出流通的。

商业银行的信贷收支直接涉及各口径货币供应量的增减，所以一国货币管理部门通过对商业银行信贷收支的控制和调节，可以起到调节与控制货币供应量的作用。

（2）商业银行具有创造信用（货币）的职能。信用创造是商业银行的基本职能之一。在现代信用制度下，所谓创造信用也就是创造包括M0、M1、M2等在内的货币供应量。

随着经济发展对信用的需要，商业银行扩张了信贷规模——主要是通过发放贷款，同时也就创造出了存款货币。在创造出存款货币的基础上，通过存款人提取现金，一部分存款货币又可转化为现金货币或构成货币供应量的其他准货币。

在现代信用货币流通制度下，流通中的货币供应量随着商业银行的信贷规模而消长，因此适当的商业银行信贷规模是合理货币供应量的前提。

2. 中央银行信贷收支与货币供应量的关系

中央银行并不直接向社会提供货币供应量，它与货币供应量的关系主要体现在中央银行信贷收支与商业银行信贷收支的关系上，即主要是通过中央银行信贷收支影响商业银行信贷能力来影响货币供应量的。中央银行对商业银行信贷能力的影响，主要表现在如下三个方面：

（1）中央银行调整商业银行法定存款准备金率对商业银行信贷能力的影响。中央银行作为国家金融行政管理机关，有权制定和调节商业银行法定存款准备金率，通过提高或降低商业银行法定存款准备金率，控制和调节商业银行超额准备金，从而提高或降低商业银行的贷款能力。当中央银行提高法定存款准备金率时，商业银行法定准备金存款增加，超额准备金存款减少。由于法定准备金存款商业银行不能动用，而超额准备金是商业银行可以自由运用的信贷资金，因此，当中央银行提高法定准备金率时，商业银行的贷款与投资能力降低，因而货币供应量减少。反之，当中央银行降低法定存款准备金率时，商业银行的超额准备金增加，可用于贷款和投资的资金增加，信贷能力提高，因而货币供应量增加。

（2）中央银行对商业银行发放和收回贷款（包括再贴现）对商业银行信贷能力的影响。中央银行作为“银行的银行”，负有在必要时对商业银行发放贷款和票据再贴现融资的职责。当中央银行对商业银行发放贷款或再贴现票据时，商业银行在中央银行的超额准备金存款增加，可用资金头寸增加，信贷能力增强，对工商企业与个人提供贷款的能力提高，货币供应能力提高。当中央银行从商业银行收回贷款时，商业银行在中央银行的超额准备金存款减少；而当中央银行再贴现的票据到期时，票据付款人用其在商业银行的存款兑付，这时商业银行的客户存款减少，同时商业银行在中央银行的超额准备金也减少。所以，无论中央银行从商业银行收回贷款还是再贴现票据到期兑付，都会使商业银行在中央银行随时可用的超额准备金存款减少，从而使其对工商企业和个人的贷款能力降低，货币供应能力降低。

（3）中央银行调整、控制其黄金、外汇储备对商业银行信贷能力的影响。中央银行增加黄金、外汇储备时，无论黄金与外汇来自商业银行还是企业，都会增加商业银行的超额准备金，因为当中央银行直接从商业银行买进黄金、外汇时，中央银行对商业银行支付的价款直接进入商业银行在中央银行的准备金存款账户，超额准备金存款增加。而当中央银行直接从企业——无论是黄金生产企业、外贸企业还是其他企业——买进黄金、外汇时，企业在商业银行的存款增加，同时商业银行在中央银行的超额准备金存款增加，因而信贷能力提高，货币供应能力提高。反之，当中央银行减少黄金、外汇储备时，无论购买者是企业、单位还是商业银行，也都会减少商业银行的超额准备金。即当商业银行从中央银行买入黄金、外汇时，要用其超额准备金存款支付，从而其超额准备金减少，信贷能力降低，货币供应能力降低；而当企业单位从中央银行买进黄金、外汇时，要用其在商业银行的存款支付，因而商业银行存款来源减少，同时，在中央银行的超额准备金存款减少，同样，使其信贷能力降低，货币供应能力降低。

（4）中央银行在公开市场买卖有价证券对商业银行信贷能力的影响。当中央银行从商业银行买进证券时，中央银行直接将证券价款转入商业银行在中央银行的准备金存款账户，直接影响商业银行的超额准备金存款，提高商业银行信贷能力和货币供应能力；反之，如果商业银行从中央银行买进证券，则情况相反。

（二）国家财政收支与货币供应量的关系

国家财政收支与货币供应量具有密切的关系。国家财政收支会引起相应的银行信贷收支的变化，进而可能影响到货币的供应。不同的财政收支状况，也会对货币供应量的变化造成不同的影响。

1．国家财政收支引起银行信贷相应收支

在现代信用货币制度下，中央银行代理或经营国库业务，国家财政的收入都要通过商业银行经收，最后划转中央银行，形成中央银行的信贷收入和资金来源。另外，国家财政的一切支出，都要通过中央银行的财政金库存款拨付，划转到在商业银行开户的各单位去。一方面是财政支出，中央银行财政金库存款减少，构成中央银行信贷支出和信贷资金来源的减少，另一方面，接受财政拨款的单位在商业银行的存款增加，因而构成商业银行信贷资金收入和资金来源的增加。

2. 不同的财政收支状况，对货币供应量的影响各不相同

财政收支必然引起相应的银行信贷收支，但并非一切财政收支都会引起货币供应量的变化。财政收支能否引起货币供应量的变化，关键在于财政收支的具体状况。

所谓财政收支状况，可概括为财政收支平衡、结余和赤字三种状况。不同的财政收支状况，对货币供应量的影响各不相同。

(1) 财政收支平衡与货币供应的关系

财政收支表面上是以财政为中心的货币收支，而实际上代表着以财政为中心的相应价值的商品收支。

财政收入是企业从其销售产品的货币收入中，以利税形式上缴财政后形成的，所以，财政收入的形成，意味着社会生产部门新创造的一部分进入流通的产品支配权向国家财政金库集中；财政支出代表着国家以各种拨款的方式将这部分流通中物资的支配权分配给有关方面，所以财政支出意味着形成财政收入的那部分价值以货币形式发生的支出和购买力的形成。如果国家财政收入与财政支出平衡，意味着财政支出形成的货币购买力与形成财政收入的那部分已进入流通领域的商品可供量也平衡。只要进入流通的那部分商品构成与财政支出形成的货币购买力构成基本平衡，货币购买力就能够正常实现，意味着货币流通正常，对货币供应量无影响。

(2) 财政结余对货币供应量的影响

财政结余即财政收入大于财政支出，它意味着财政支出形成的货币购买力小于财政收入代表的那部分已经进入流通的商品供给，其差额表现为一部分形成财政收入的已进入流通的商品滞留于商业部门，形成商品库存积压。可见，在财政结余的情况下，如果银行信贷规模不变，必然导致市场购买力不足。市场购买力不足会造成商业库存积压、市场疲软，进而导致生产部门产品积压，资金周转困难，被迫缩减生产，导致生产滑坡，经济出现不景气现象。

为了减缓和避免上述现象，在扩大财政支出尚无确定项目的情况下，就必须借助金融政策，调整银行信贷收支，扩大信贷规模，增加货币供应量。

(3) 财政赤字对货币供应的影响

财政支出大于财政收入为财政赤字，它意味着财政支出形成的货币购买力超过了财政收入所代表的那部分已进入流通的可供商品的价值，从而有可能导致货币供应量大于流通中可供商品量，表现为流通中货币供应量过多。当然这只是一种可能性，这种可能性能否成为现实，关键在于财政赤字的弥补方法。财政赤字的弥补方法不同，对货币供应量的影响也不同。

财政赤字可以采取财政方法或信用方法进行弥补。

所谓财政方法，主要是加强税收征管，增加财政收入，借以弥补财政赤字。加强税收征管，包括增加新税种、提高原税率和打击偷漏税，把一切应收税款尽可能地征收入库。这样可以有效地增加财政收入，弥补财政赤字。但除了减少偷漏税的办法外，新增税种和提高税率的措施必须慎用。利用财政方法弥补财政赤字，只是一部分原有货币供应量的等量转移，不会引起货币供应量的增加或增少。

所谓信用方法，主要是财政通过如下两种方法举债弥补财政赤字：一是向银行借款或透支银行信贷资金，弥补财政赤字。二是发行国债筹集资金，弥补财政赤字。

向银行借款或国库透支银行信贷资金弥补财政赤字，也就是用扩张银行信用的方法弥补财政赤字。根据银行信贷是货币流通总闸门和调节器的原理，只要银行信贷资金规模扩大，货币供应量必然相应增加。财政从银行借款，即银行信贷投放增加；财政金库透支银行信贷资金，是从中央银行借款的另一种形式。所以，无论财政从银行借款，还是从中央银行财政金库账户透支，都是银行信贷投放，都会导致货币供应量增加，成为通货膨胀的重要诱因。

当发行国债弥补财政赤字时，国债的购买人不同，对货币供应量的影响也不同。如果城乡居民购买国债，只是一部分原有货币供应量的转移，既不会引起货币供应量增加，也不会导致货币供应量减少。如果企业单位用暂时不用的闲置资金购买国债，与个人购买国债相同，只是企业单位将其持有的一部分货币供应量转移为国家财政持有，也并不引起货币供应量的增减。如果是银行用信贷资金购买国债，或者是企业单位购买国债挤占了银行信贷资金，则相当于用银行信贷资金弥补了财政赤字，与上述“向银行借款或国库透支银行信贷资金”的结果相同，必然导致货币供应量的增加。可见，只有当弥补财政赤字的结果导致银行信用投放增加时，才会导致货币供应量增加。

第三节　货币供求均衡

一、货币供求与社会总供求

在货币经济中，所有的供给（商品和劳务）的目的，均为获得等值的货币，以作进一步的购买，并进行连续的生产与消费过程，表现为商品与劳务的供给和货币需求的联系；而货币供给又会在一定程度上形成对商品和劳务的需求。具体来说，货币供给、货币需求、总供给、总需求之间的关系如下：(1) 总供给决定货币需求，但同等的总供给可有偏大或偏小的货币需求。(2) 货币需求引起货币供给，但也绝非是等量的。(3) 货币供给成为总需求的载体，同样，同等的货币供给可有偏大或偏小的总需求。(4) 总需求的偏大、偏小将会对总供给产生巨大的影响：总需求不足时，则总供给不能实现；反之，总需求过多时，在一定条件下能推动总供给增加，但不可能由此消除差额。(5) 总需求的偏大或偏小也可以通过紧缩或扩张的政策予以调节，但单纯控制需求也难以保证实现均衡的目标。

上述四种关系可以简单地总结如下：总供给决定货币需求，货币需求引出货币供给，货币供给是总需求的载体，总需求又反过来影响总供给。它们之间是一环扣一环、相互影响的。其关系如图 9-1 所示：其中，S、D 分别表示市场上的社会总供给和总需求；M_s、M_d 分别表示货币的供给和需求。

上述关系中，货币供给是由货币需求引出的，若不考虑其他因素，仅从名义量上看，货币供给与货币需求在数量上总是相等的。这是因为实质货币需求量在现实中并不直接表现出来，现实生活中可以直接统计的货币需求量是名义货币需求量，它等于同时存在的货币供应量。货币需求是指人们愿意持有的货币量，可称之为实质货币需求。计划的货币需求并不一定等于实质货币需求，因此，关于货币供求是否均衡，实际上是指货币供给与实

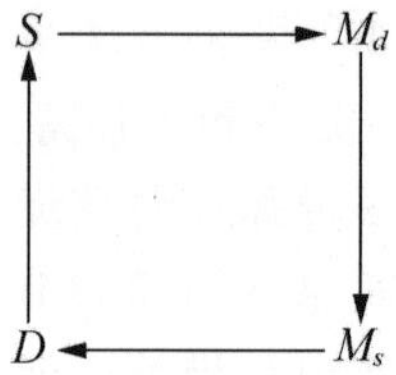

图 9-1　货币供求与社会总供求

质货币需求是否均衡。货币供给与实质货币需求之间存在三种对比状态：(1) 货币供给等于实质货币需求，此时表现为经济长期稳定增长及物价的相对稳定；(2) 货币供给大于实质货币需求，此时表现为经济增长速度减缓，物价上涨超出人们在经济上和心理上的承受程度；(3) 货币供给小于实质货币需求，此时表现为经济增长停滞甚至负增长，商品严重滞销，失业率上升。

二、货币供求的均衡

(一) 货币供求均衡的标志

货币均衡是指在某一时期内，货币供应量（M_s）与货币需求量（M_d）动态地保持一致。表现为市场繁荣，物价稳定，社会总供求均衡。衡量货币供求是否均衡的标准应与衡量经济均衡的标准一样，为两个指标：物价相对稳定和经济持续增长。

货币均衡不能机械地理解为 M_s 与 M_d 绝对相等。货币供应量对于货币需求量具有一定的弹性，理论上称为货币容纳量弹性。货币容纳量弹性是利用了货币资产、金融资产、实物资产之间的相互替代效应和货币流通速度的自动调节功能，使货币供应量可以在一定幅度内偏离货币需求量，而不至于引起货币贬值、物价上涨的性质。例如，货币供给大于货币需求时，首先会引起社会成员的持币量增加，消费倾向上升。但是由于商品供应量有限，不可能满足消费愿望，于是，必然造成部分人持币待购，或者形成存款，或者拿这部分货币购买股票、债券等金融资产。这样，引起货币流通速度减慢，或使购买力分流，从而使名义货币供应量同实际货币需求量基本相适应。

物价变动率是衡量货币是否均衡的主要标志。在市场经济条件下，综合物价水平取决于社会总供给与社会总需求的对比关系，而货币均衡又是总供求均衡的重要前提条件。因此，我们可以利用综合物价水平的变动来判断货币是否均衡。如果物价基本稳定，即物价指数在3%以内，说明货币均衡；如果物价指数超过3%，说明货币失衡。

(二) 货币供求均衡的条件

货币供求均衡实质上就是货币与经济的均衡，总供求与货币供求之间的密切联系说明总供求的均衡必然影响货币供求的均衡。基本的货币需求公式是：

$$\frac{M_d}{P}=f(Y/P,\ r) \tag{9-11}$$

式中，P 代表一般物价水平，r 代表收入。这一公式表明，对货币余额的实际需求 M_d/P，是实际收入 Y/P 和利率 r 的函数。而如果实现货币均衡，要求 $M_d = M_s$，那么，用 M_s 代替 M_d，得到：

$$\frac{M_s}{P}=f(Y/P,\ r) \tag{9-12}$$

上式中，如果我们假定 M_s 和 P 是已知的，那么，货币均衡就取决于国民收入 Y 和利率 r 这两个重要条件。

第一，从收入方面分析，应保持国民收支的相对均衡，国民收入没有超分配现象。国民收入经过企业初次分配、财政和银行的再分配过程后，形成的积累基金和消费基金不超过同期的国民收入，货币供求就会处于均衡状况；否则，如果出现较大的财政赤字和出现信用膨胀问题，就会破坏货币均衡。

第二，从市场利率方面分析，应保持相对均衡的利率水平。在均衡利率的约束下，货币需求有比较明显的利率弹性，因此，利率变动可以调节和改变货币的需求量。同时，货币供给的变动，也可以在一定程度上引起利率水平的变动。均衡的利率水平的形成是由货币供求的条件决定的。货币供不应求，利率上升；货币供过于求，利率下降。同样，适当调节利率水平，就可以有效调节货币供求，使其处于均衡状态。

三、中国的货币供求理论与实践

（一）20 世纪 60 年代的“1∶8”的经验比例

改革之前的 30 年，中国实行以集中统一为特色的计划经济，生产资料的计划调拨方式使人们在相当长一段时期内将中国的货币流通理解为只与生活资料即社会零售商品相对应的现金流通。在这种环境下，中国的金融理论和实务工作者探讨了中国特定条件下的货币必要量问题，并提出了“1∶8”的经验比例。

所谓“1∶8”的经验比例，其具体含义是，每 8 元零售商品供应需要 1 元人民币实现其流通。其算术式是：社会商品零售总额 ÷ 流通中的货币量（现金），如果按这个算式计算的值为 8，则表明货币发行量适度、商品流通正常。因此，“1∶8”便成为衡量流通中货币是多是少，或者说货币的供应量是否等于货币需求量的一个简明又实用的尺度。如果比值低于 8∶1，则可以认为货币流通量多于货币需求量；反之，则可以认为货币量不足。

“1∶8”实际上是货币流通速度的一个经验数字，是用简明的语言揭示计划经济体制下现金供应的合理界限，这在当时世界上所有计划经济国家中是绝无仅有的。这个经验性比例作为一种简洁的分析方法一直沿用了几十年。事实上，在该比例下的货币供应量较好地适应了在特定经济环境下的货币需求量。这个特定的经济环境是指计划经济体制，即生产、分配等各种重要比例关系的格局稳定，整个经济货币化的水平稳定，通过计划价格保证价格水平稳定，通过现金管理制度保证现金使用范围稳定，如此等等，才决定了社会商品零售总额与流通中现金存量应该并且可以有一个稳定的对应比例。而 20 世纪 70 年代末改革之前的 30 年间，中国恰恰具备这样的条件。但是随着 80 年代以后经济体制改革的深化，“1∶8”的经验数字已不再能够成为衡量货币流通量正常与否的尺度。并且，由于商品流通的范围扩大、渠道增加，货币的外延也发生了变化，继续运用马克思货币需求量公式的原理，寻找简便易行的经验数字作为衡量货币供应量正常与否的尺度，已经不是一件容易的事了。

（二）20 世纪 80 年代的“$M'Y'P'$”

20 世纪 80 年代以来，对我国货币政策有较大影响力的货币需求公式是 $M' = Y' + P'$，即货币供给增长率 M' 等于经济增长率 Y' 加预期物价上涨率 P'。这个公式与“1∶8”的经验比例一样，旨在解决如何确定年度计划货币供应增长率的问题，但在许多方面与“1∶8”的经验比例有明显的差异：一是在这个公式中，经济增长率用国民生产总值增长速度表示，其所涵盖的内容远远大于商品零售总额，可以更好地反映商品与劳务交换对货币需求的影响。二是货币的定义也不仅仅指现金，而是可以灵活地使用不同层次的货币，如 M1、M2。三是将预期物价上涨率列入模型，实际上是承认了物价上涨对名义货币需求的作用。因此，此公式比“1∶8”的经验比例更适合于经济体制改革后的中国现实。

但人们对此公式依然存在争议。一种观点认为将预期物价上涨率写入货币需求的公式中，并且依此确定货币供应增长速度，无异于将货币政策当成助长通货膨胀的工具。另一种观点认为，随着中国经济体制的变化及市场化进程的加快，将 Y' 与 P' 作为决定 M' 的变量是不够的，不能忽视利率对货币需求的影响。

【案例阅读】

2014 年中国货币供应与宏观经济运行情况

货币总量增长平稳适度，基础货币供给渠道出现变化

2014 年年末，广义货币供应量 M2 余额为 122.8 万亿元，按可比口径同比增长 12.2%，增速比上年年末低 1.4 个百分点。狭义货币供应量 M1 余额为 34.8 万亿元，同比增长 3.2%，增速比上年年末低 6.1 个百分点。流通中货币 M0 余额为 6.0 万亿元，同比增长 2.9%，增速比上年年末低 4.3 个百分点。全年现金净投放 1 688 亿元，同比少投放 2 227 亿元。2014 年下半年以来，货币增速有所放缓，主要与经济结构调整步伐加快、表外融资收缩、监管措施强化以及国际收支变化有关。当前 M2 增速仍高出名义 GDP 增速 3 个百分点左右，可以满足实体经济的有效需求。

年末基础货币余额为 29.4 万亿元，同比增长 8.5%，增速比上年年末高 1.1 个百分点，比年初增加 2.3 万亿元。货币乘数为 4.18，比上年年末高 0.10。金融机构超额准备金率为 2.7%。其中，农村信用社为 8.5%。2014 年基础货币供给渠道发生了变化，中央银行货币政策工具（包括公开市场操作、再贷款、再贴现和其他流动性支持工具）取代外汇占款成为基础货币供给的主渠道。全年央行货币政策工具供给基础货币约 2 万亿元，同比多增 2.1 万亿元；外汇占款供给基础货币约 6 400 亿元，同比少增 2.1 万亿元。此外，财政存款同比少增超过 5 000 亿元，也相应同比减少了基础货币。

宏观经济运行情况

2014 年，中国经济在合理区间平稳运行，结构调整呈现积极变化。消费平稳增长，进出口缓中趋稳，投资增速有所放缓，最终消费对 GDP 增长的贡献率达到 51.2%，比上年提高了 3 个百分点。就业基本稳定，消费价格温和上涨。初步核算，全年实现 GDP 63.6 万亿元，比上年增长 7.4%。分季度看，四个季度同比分别增长 7.4%、7.5%、7.3%和 7.3%；

环比分别增长 1.6%、1.9%、1.9%和 1.5%。全年居民消费价格指数（CPI）比上年上涨 2.0%，贸易顺差为 3 825 亿美元。

资料来源：中国人民银行货币政策分析小组，2014 年第四季度中国货币政策执行报告。

【主要术语】

货币需求　货币需求量　现金交易方程式　剑桥学派　现金余额说　流动性偏好　现代货币数量学说　弗里德曼的货币需求理论　货币供给　基础货币　货币乘数　通货比率　存款准备金率　定期存款比率　超额准备率

【复习思考题】

1. 什么是货币需求？请分析区别微观的货币需求、宏观的货币需求、名义货币需求以及实际货币需求。

2. 什么是基础货币和货币乘数？影响货币乘数的因素主要有哪些？

3. 凯恩斯认为人们的货币需求动机是什么？这些货币需求如何决定？

4. 试比较凯恩斯主义和货币主义货币需求理论的区别。

5. 货币需求与货币需求量有什么联系和区别？

6. 决定货币供给的因素有哪些？

7. 简要说明不同的财政状况对货币供应量的影响。

第十章　通货膨胀与通货紧缩

学习目标：

- 了解通货膨胀与通货紧缩的相关理论知识；
- 学会用相关理论分析经济生活中出现的相关问题；
- 理解解决通货膨胀或通货紧缩问题的政策。

第一节　通货膨胀的一般理论

通货膨胀是现代货币理论中涉及的一个与实际生活最密切的问题，是世界各国曾经普遍存在的经济现象。

一、通货膨胀的含义

通货膨胀一般指因纸币发行量超过商品流通中实际需要的货币量而引起的纸币贬值、物价上涨现象。其实质是社会总需求大于社会总供给。

纸币流通规律表明，纸币发行量不能超过它代表的金银货币量，一旦超过了这个量，纸币就要贬值，物价就要上涨，从而出现通货膨胀。通货膨胀只有在纸币流通的条件下才会出现，在金银货币流通的条件下不会出现此种现象。因为金银货币本身具有价值，作为贮藏手段的职能，可以自发地调节流通中的货币量，使它同商品流通所需要的货币量相适应。而在纸币流通的条件下，因为纸币本身不具有价值，它只是代表金银货币的符号，不能作为贮藏手段，因此，纸币的发行量如果超过了商品流通所需要的数量，就会贬值。

例如：商品流通中所需要的金银货币量不变，而纸币发行量超过了金银货币量的 1 倍，单位纸币就只能代表单位金银货币价值量的 1/2，在这种情况下，如果用纸币来计量物价，物价就上涨了 1 倍，这就是通常所说的货币贬值。此时，流通中的纸币量比流通中所需要的金银货币量增加了 1 倍，这就是通货膨胀。在宏观经济学中，通货膨胀主要是指价格和工资的普遍上涨。

对于通货膨胀的理解应该注意以下几点：

（1）通货膨胀所指的不同形式的物价上涨并非个别商品或劳务价格的上涨，而是指一般物价水平即全部物品及劳务的加权平均价格的上涨，不同形式则包括公开的和隐蔽的形式。公开的物价上涨，政府不采取物价管制和物价津贴等措施，因此，物价上涨很明显。

但在某些非市场经济或由于种种原因采取物价管制政策的国家，过多的货币供应并非都通过物价上涨表现出来，有时通货膨胀也会表现为商品短缺、凭票供应、持币待购以及强制储蓄等形式，即物价水平隐蔽地上升。

（2）在通货膨胀中，一般物价水平的上涨是在一定时间内的持续上涨，而不是一次性的、暂时的上涨。在通货膨胀过程中，个别物价虽有升降，但一般物价则呈长期上升的趋势。因此，季节性、暂时性或偶然性的物价上涨，不能被视为通货膨胀。例如，在台风期间，副食品价格不可避免地因供不应求而上涨，但不久之后价格就会恢复到原来的水平；经济萧条后的恢复时期，商品价格的上涨也属于正常现象。

（3）通货膨胀是一种经济现象，它与货币经济本身相联系。通货膨胀是因为货币供应量过多，超过了经济生活中的客观需要，从而导致货币贬值、物价上涨。这些现象都与货币有关，因此，可以说通货膨胀是一种货币现象。但是，通货膨胀更是一种经济现象。货币供给量的多少是相对于商品供给而言的，商品供给又与商品的生产和流通密切相关。

（4）通货膨胀所指的物价上涨必须超过一定的幅度，但这个幅度该如何界定，各国又有不同的标准。一般说来，通货膨胀中的价格变动应体现为一个过程，常常以年度为期间来考察，年物价上涨的幅度在2%—3%以内都不被当作通货膨胀，有些观点则认为只有年物价上涨幅度超过5%才叫做通货膨胀。

二、通货膨胀的度量

通货膨胀的程度多以物价上涨的幅度表示，各种测度方法都是围绕“价格变动”这一核心来设计的。目前，世界上大多数国家都采用以下几种指标来测量通货膨胀的程度。

1．物价指数

物价指数是最常用来测度通货膨胀的一种指标，是指本期物价水平对基期物价水平的比率，用以反映物价涨跌的幅度。通常人们将基期物价水平定为100%，在此基础上计算本期物价涨跌的幅度。如果本期物价指数为107%（大于100%），则表示本期物价水平相对于基期物价水平上涨了7个百分点，即物价上涨率（或通货膨胀率）为7%。

物价指数由于计算时采用的商品或价格等的不同而有各种不同的称谓。通常用来测度通货膨胀的物价指数主要有批发物价指数、零售物价指数、消费者价格指数和生活费用价格指数等。

2．货币购买力指数

货币购买力是指一定时期内单位货币实际能买到的商品和服务的数量。如果物价下跌，单位货币所能购买到的商品与服务就增多，货币购买力提高，货币升值；反之，如果物价上升，单位货币所能购买的商品与服务就减少，货币购买力下降，货币贬值。在这里，物价起着决定性的作用。因此，货币购买力的变化可以反映通货膨胀的情况。货币购买力指数小于1，说明货币购买力下降，货币贬值，通货膨胀发生。货币购买力指数越小，通货膨胀越严重。

3．国民生产总值平减指数

国民生产总值平减指数也称国民生产总值缩减指数，或国民生产总值价格指数，或国民生产总值调整数，简称折算数。它是指按现行价格计算的国民生产总值与按不变价格计算的国民生产总值的比率。

比如，某一国家2003年的国民生产总值按当年价格计算为8 648亿元，而按1993年的固定价格计算为5 678亿元，则2003年的国民生产总值平减指数是152%（即8 648/5 678×100%）。换言之，2003年与1993年相比，物价上涨了52%。

用国民生产总值平减指数来度量通货膨胀，优点是它所包括的范围广，除消费品和劳务外，还包括资本以及进口商品等，能够全面反映社会总体物价水平的趋势。也正因为如此，近年来，许多西方经济学家都把它视为衡量通货膨胀的最佳尺度。但是编制这一指数需要收集大量的资料，且一般只能一年公布一次，所以不能迅速地反映物价变化的幅度及其动向，受产品价格结构的影响而不能准确反映消费品价格的变化情况，因此不能及时反映通货膨胀的程度和动向，也不是十分适合作为制定政策的依据。比如，虽然消费品价格的上涨幅度已经很高，但其他产品价格的变动幅度却不大，这时就会出现国民生产总值平减指数虽然不高，但居民的消费品支出已经明显增加的状况。

由于以上三种指标各有利弊，因此，目前世界上大多数国家在测量通货膨胀的程度时，往往同时采用多种指标综合分析。

三、通货膨胀的类型

依据不同的标准，可以将通货膨胀划分为若干类型。

（一）按市场机制的作用来划分

按市场机制的作用，通货膨胀可分为公开型通货膨胀和隐蔽型通货膨胀。

公开型通货膨胀又称开放型通货膨胀，是指市场机制充分运行和政府对物价上升不加控制的情况下所表现出来的通货膨胀，或者政府虽然施以控制，但因通货膨胀的压力太大而未能生效，价格上涨非常明显。

隐蔽型通货膨胀又称抑制型通货膨胀，是指国家实行物价管制，主要消费品价格基本保持人为平衡，但却表现为市场商品短缺严重、供应紧张、凭证限量供应商品、变相涨价、黑市活跃、商品走后门等隐蔽性的一般物价水平普遍上涨的经济现象。这种通货膨胀没有以物价上升的形式表现出来，因此也称为潜在型通货膨胀。

（二）按通货膨胀的程度和物价水平上涨的速度来划分

按通货膨胀的程度和物价水平上涨的速度，通货膨胀可分为爬行的通货膨胀、温和的通货膨胀与恶性的通货膨胀。

爬行的通货膨胀也称潜在的通货膨胀，一般指物价水平按照不太大的幅度持续上涨的通货膨胀。这种通货膨胀发展缓慢，短期内不易察觉，但持续时间很长。对于物价上涨率达到多少，或到什么界限才能称为爬行的通货膨胀，经济学界并无统一的标准。通常认为年通货膨胀率（即物价上涨率）在1%左右时，一般是统计误差，不能视为通货膨胀。在没有通货膨胀预期的前提下，年通货膨胀率应该为2%—4%，且低于经济增长率。20世纪50年代和60年代资本主义国家发生的通货膨胀都属于这种类型。

温和的通货膨胀，一般是指在没有通货膨胀预期的前提下，年通货膨胀率在10%以下，即在4%—9%之间，且低于经济增长率的通货膨胀。

恶性的通货膨胀，是指物价水平以相当大的幅度持续上涨，一般年通货膨胀率在10%以上，达到两位数的水平，且高于经济增长率的通货膨胀。当恶性的通货膨胀发生以后，由于物价上涨率较高，人们对通货膨胀有明显的感觉，公众预期物价水平还将进一步上涨，不愿保存货币，纷纷抢购商品用以保值，货币流通速度加快，货币购买力下降，这会使通货膨胀加剧。如果不采取有力的反通货膨胀措施，将有可能发展失控。

历史上曾经由于战争、政变、金融危机或经济危机等所引发的，物价连续暴涨且已失去控制，月平均物价上涨率超过 50%，通货膨胀率往往在 100% 以上，最严重时甚至达到天文数字的野马脱缰式的通货膨胀，也称为恶性的通货膨胀，或奔驰的、极度的通货膨胀。例如，第一次世界大战后的德国和国民党政府垮台前的中国都发生过恶性的通货膨胀；1965—1975 年西方发达国家发生的恶性通货膨胀中，美国、法国、日本、英国的零售物价上涨率依次为 58.2%、88.6%、120% 和 130%。但是，在知识经济迅猛发展的今天，各国都采取了有效的措施预防和治理通货膨胀，可以说，两位数的年通货膨胀率就应该算是恶性的通货膨胀了。

需要说明的是，在经济学界，这种按物价上涨速度来划分通货膨胀的方法所采用的划分标准并未完全统一。在不同的历史时期、不同的国家、不同的经济体制和经济发展水平下，对这些标准的确定也不是一成不变的。21 世纪初，美国消费物价上涨率在 1.5% 和 3% 之间，美联储主席格林斯潘认为 3% 以下是“合适的”，一旦超过 3%，他就需要考虑提高利率，抑制通货膨胀了。

（三）按通货膨胀能否预期来划分

按通货膨胀能否预期，通货膨胀可分为预期型通货膨胀和非预期型通货膨胀。将通货膨胀区分为预期型和非预期型，是当代通货膨胀理论与传统通货膨胀理论的分水岭。

预期型通货膨胀，是指在经济生活中，人们预计将要发生通货膨胀，为避免经济损失，在各种交易、合同、投资中将未来的通货膨胀率预先计算进去。对通货膨胀的预期是因为物价上涨而产生的。无论预期准确与否，这种心理恐慌都会导致市场恐慌，对物价发展起推波助澜的作用，引起物价的进一步上涨，加大通货膨胀的压力。这种类型的通货膨胀不是现实经济运行的结果，而是心理作用的产物。

非预期型通货膨胀，是指在没有心理预期的作用下，现实经济运行中所产生的通货膨胀。只有这种类型的通货膨胀才会影响到就业、产量等，它对经济具有真实的效应。

（四）按通货膨胀产生的原因来划分

按通货膨胀产生的原因，通货膨胀可分为需求拉上型通货膨胀、成本推进型通货膨胀、混合型通货膨胀、结构型通货膨胀、预期型通货膨胀、财政赤字型通货膨胀、信用扩张型通货膨胀和国际传播型通货膨胀等。

这种按照产生原因对通货膨胀的分类，是最常见的对通货膨胀的划分方法，由此也产生了相关类型的通货膨胀理论，即需求拉上说、成本推进说和结构说等。

四、通货膨胀对经济发展的影响

通货膨胀对经济发展是起促进作用还是促退作用，这一问题在西方以及我国经济学界一直被争论不休。综合各种意见，目前大致可以分为三种观点：“促进论”“促退论”和“中性论”。

（一）“促进论”的观点

“促进论”认为，通货膨胀对经济增长起促进作用。这种理论认为，一国经济长期处在有效需求不足、生产要素尚未充分有效利用、劳动者没有充分就业的情况下，由于其实际经济增长率低于潜在的经济增长率，因此该国政府可以采用通货膨胀政策，实行财政赤字，扩大货币发行，增加政府投资，以扩大社会总需求，带动总供给的增加，从而促进经济增长。这样，由于投资乘数的作用，在通货膨胀的同时，实际产量也增加了。这种主张主要以凯恩斯主义为代表。

（二）“促退论”的观点

“促退论”认为，通货膨胀与经济增长负相关，不仅不会促进经济增长，而且还会损害经济发展。这种理论的依据主要有：

（1）较长时间的通货膨胀会增加生产性投资的风险经营成本，使生产性投资下降。

（2）通货膨胀会造成对资金的过度需求，迫使金融机构加强信贷配额，降低金融体系的效率。

（3）通货膨胀会打乱正常的资金分配流向，使资金流向非生产部门，不利于经济长期增长。

（4）在社会公众对通货膨胀产生预期之后，政府可能会加强全国的价格管制，从而使经济运行更加缺乏竞争性和活力。“促退论”在20世纪60年代西方经济学家对这一问题的激烈争论中占上风。

（三）“中性论”的观点

“中性论”认为，人们对通货膨胀的预期最终会中和它对经济的各种效应，因此通货膨胀对经济增长既无正效应，也无负效应，它是“中性”的。这种理论的根据比较模糊和牵强，得到的赞同也不多。

许多经济学家就通货膨胀对经济发展的作用进行了实证分析。20世纪80年代以来，由于拉美国家和当时率先改革的几个社会主义国家的通货膨胀日趋严重而经济增长减慢，而一些市场经济国家却通货稳定、经济稳步发展，因此经济学界得出了基本理论：通货膨胀不利于经济的增长，即使对经济发展有某些刺激作用也是短时期的，并以积累更大矛盾为代价。

就中国而言，自1979年以来通货膨胀和经济发展的关系经历了几个阶段性的转变，即由1979—1984年的低高型（低的通货膨胀率、高的经济发展速度）转向1985—1988年直至20世纪90年代中期还在继续的双高型（高的通货膨胀率、高的经济发展速度）；1998—2006年又经历了长达9年的低高型经济增长；2007年之后，通货膨胀率和经济增长率则逐年下降。详见表10-1。

表10-1　中国1980—2014年通货膨胀率与经济增长率的关系

项目 / 年度	通货膨胀率（%）	经济增长率（%）	关系
1980	6.0	7.8	低高型： 通货膨胀率年均为2.73% 经济增长率年均为7.95%
1981	2.4	5.2	
1982	1.9	9.1	
1983	1.5	10.9	
1984	2.8	15.2	

续表

年度＼项目	通货膨胀率（%）	经济增长率（%）	关系
1985	9.3	13.5	双高型： 通货膨胀率年均为 10.15% 经济增长率年均为 10.10%
1986	6.5	8.8	
1987	7.3	11.6	
1988	18.8	11.3	
1989	18.0	4.1	高低型
1990	3.1	3.8	双低型
1991	3.4	9.2	低高型
1992	6.4	14.2	
1993	14.7	14.0	双高型： 通货膨胀率年均为 18.63% 经济增长率年均为 12.67%
1994	24.1	13.1	
1995	17.1	10.9	
1996	8.3	10.0	经济软着陆：通货膨胀率下降，经济增长率保持在较高水平
1997	2.8	9.3	
1998	-0.8	7.8	低高型： 通货膨胀率年均为 0.72% 经济增长率年均为 9.20%
1999	-1.4	7.6	
2000	0.4	8.4	
2001	0.7	8.3	
2002	-0.8	9.1	
2003	1.2	10.0	
2004	3.9	10.1	
2005	1.8	11.3	
2006	1.5	12.7	
2007	4.8	14.2	受 2008 年全球金融危机影响，中国的通货膨胀率和经济增长率逐年下降： 通货膨胀率年均为 3.41% 经济增长率年均为 9.45% 2012 年开始经济增长率（2000 年以来）首次跌破 8%
2008	5.9	9.6	
2009	-0.7	9.2	
2010	3.3	10.4	
2011	5.4	9.3	
2012	2.6	7.8	
2013	4.0	7.7	
2014	2.0	7.4	

注：经济增长率为国内生产总值增长率，通货膨胀率用消费物价指数上升幅度近似值代替。

资料来源：根据国家发改委、国家统计局、国家信息中心、中经网数据中心数据整理。

第二节　通货膨胀的成因与治理

一、通货膨胀的成因

通货膨胀的成因和机理比较复杂，对此各国经济学家从不同的角度进行了分析，主要提出了需求拉上说、成本推进说、供求混合推进说、部门结构说和预期说等不同的理论解释。

（一）需求拉上说

早期的西方经济学家主要从需求方面分析通货膨胀的成因，认为当经济中总需求扩张、超出总供给增长时所出现的过度需求是拉动价格总水平上升、产生通货膨胀的主要原因。通俗的说法就是“太多的货币追逐太少的商品”，使得对商品和劳务的需求超出了在现行价格条件下可得到的供给，从而导致一般物价水平的上涨。

那么，总需求超过总供给又怎么会引起物价上涨呢？

为了说明这一理论，现假定总供给与总需求相等，即国民经济达到均衡状态，物价稳定。但是如果经济体系中出现了某种变动，例如出现一次货币供应量的增加、投资活动的一次冲击或扩大一笔国防开支等，总需求就会上升。然而，在价格水平不变的情况下，市场上不会有足够的商品来满足增加了的需求，因此只有提高价格，才能使总供给与总需求达到新的均衡，如图 10-1 所示。

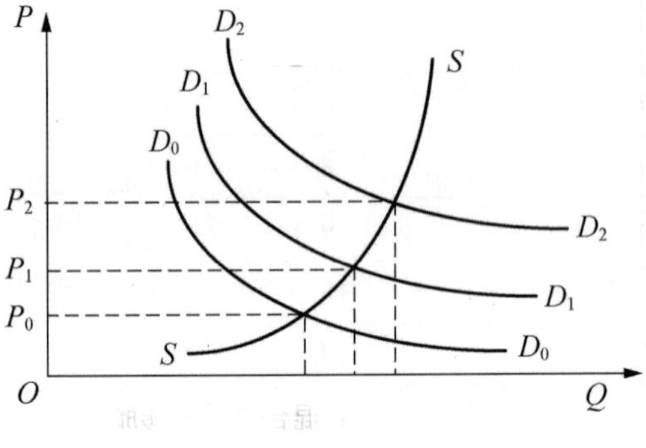

图 10-1　需求拉上型通货膨胀

图 10-1 的横轴代表国民收入或产量，以 Q 表示；纵轴代表物价水平，以 P 表示；SS 是总供给曲线；D_0D_0、D_1D_1 和 D_2D_2 分别表示总需求曲线。假设总需求与总供给处于均衡状态时的价格水平是 P_0，则由于总需求的增加，价格水平分别上涨至 P_1 和 P_2。

（二）成本推进说

该理论主要从总供给或成本方面分析通货膨胀的生成机理。该理论认为，通货膨胀的根源并非是总需求过度，而是由于总供给方面的生产成本上升所引起的。因为在通常情况下，商品的价格是以生产成本为基础，加上一定的利润而构成的。因此，生产成本的上升必然导致物价水平的上升。成本推进说的理论分析可用图 10-2 加以说明。

图 10-2 的横轴为国民收入或实际产量（Q），纵轴为价格水平（P），S_0、S_1、S_2 为总供给曲线，D 为总需求曲线，Q_f 为充分就业时的实际产量。随着生产成本的提高，总供给

曲线 S_0 向左上方移至 S_1，再由 S_1 移至 S_2。当总需求不变时，价格水平 P_0 上升至 P_1，再由 P_1 上升至 P_2，而产出则由 Q_f 减至 Q_1，再由 Q_1 减至 Q_2。由此可见，生产成本提高将会导致企业生产压缩、失业增加和总供给减少，从而成为通货膨胀和失业增加的根源。

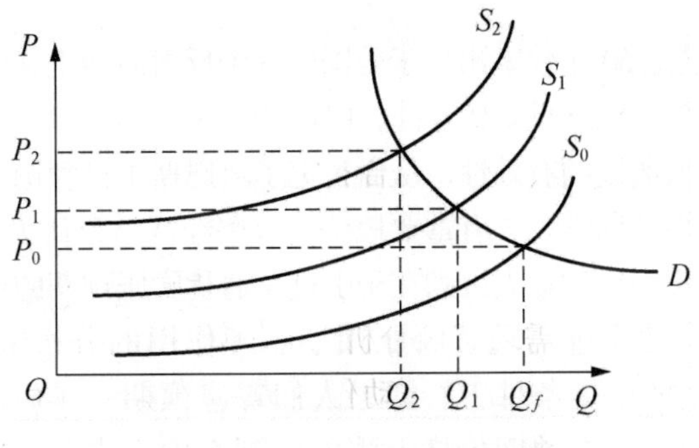

图 10-2　成本推进型通货膨胀

（三）供求混合推进说

现实生活中，需求拉动的作用与成本推进的作用常常是混在一起的。需求拉上说撇开供给来分析通货膨胀的成因，成本推进说则以总需求给定为前提条件来解释通货膨胀，二者都具有一定的片面性和局限性，因此应当同时从需求和供给两个方面以及两者的相互影响来说明通货膨胀的成因。供求混合推进说的理论分析如图 10-3 所示。

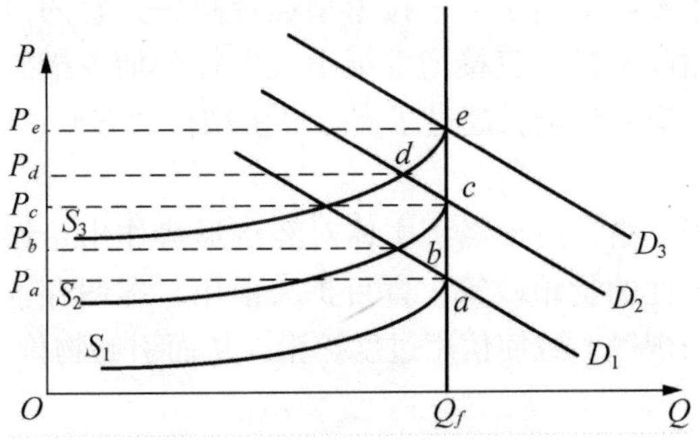

图 10-3　供求混合型通货膨胀

图 10-3 的垂直线 Q_f 为经济体系处于充分就业时的实际产量，由于成本推进的通货膨胀，使供给曲线由 S_1 移至 S_2，这时的物价水平由 P_a 涨至 P_b；如果政府采取刺激总需求的措施，使总需求曲线由 D_1 移到 D_2，则物价水平涨至 P_c，这时的物价和产量均处于充分就业状态；成本推进的通货膨胀又使供给曲线移到 S_3，物价水平涨至 P_d；依次循环，物价循均衡点的移动轨迹 $a \to b \to c \to d \to e$ 由 P_a 到 P_b，P_c，P_d，P_e，呈螺旋式上升。

总之，混合型通货膨胀是在成本推进和需求拉上共同发生作用的情况下爆发的。但在一次通货膨胀过程中，两者所起的作用不是前后交替，而是交织在一起的，有时是两者中的某一种因素起着更重要的作用。一般来讲，需求拉上的影响较为明显。

（四）部门结构说

一些经济学家从经济部门的结构方面来分析通货膨胀的成因，发现即使整个经济中在总需求和总供给处于平衡状态时，由于经济结构、部门结构的因素发生变化，也可能引起物价水平的上涨。这种通货膨胀被称为结构型通货膨胀。其基本观点是，由于不同国家的经济部门结构的某些特点，当一些产业和部门在需求方面或成本方面发生变动时，往往会通过部门之间的互相看齐的过程而影响到其他部门，从而导致一般物价水平的上升。

（五）预期说

理性预期学派是20世纪60年代末出现于美国的一个反凯恩斯主义的经济学派。在对失业和通货膨胀问题的看法上，该学派继承萨伊定律，吸收货币主义的自然失业率理论，强调通货膨胀预期的作用，否定菲利普斯曲线的有效性，从而否定了凯恩斯主义理论和经济政策的有效性。在当代通货膨胀理论中，理性预期学说具有重要地位，有些经济学家认为，20世纪70年代后的通货膨胀理论与传统通货膨胀理论的最大区别在于引进了通货膨胀预期的作用。

通货膨胀预期说主要是通过对通货膨胀预期心理作用的分析来解释通货膨胀的发生。该理论认为，在完全竞争的市场条件下，如果人们普遍预期一年后的价格将高于现在的价格，就会在出售和购买商品时将预期价格上涨的因素考虑进去，从而引起现行价格水平的提高，甚至达到预期价格以上。预期心理引致或加快通货膨胀的作用主要表现为加快货币流通速度、提高名义利率、提高对工资的要求。

（六）其他学说

对于通货膨胀发生原因的解释，除上述五种学说外，还有财政赤字说、信用扩张说和国际传播说等其他不同学说，对其简要分析如下。

1. 财政赤字说

这种类型的通货膨胀本质上属于需求拉上型通货膨胀，它的侧重点在于：当财政出现巨额赤字而政府在采取增收节支、直接增发纸币或发行公债等措施弥补时，如果增发纸币或发行公债引起的货币供应量的增长超过了实际经济增长的需要，就会导致通货膨胀。

2. 信用扩张说

这种类型的通货膨胀是指，由于经济主体对经济形势作出错误的判断，中央银行宏观控制不力，政府实行扩张性的货币政策，盲目扩大信用，虚假存款增加，货币流通速度加快，新的融资工具不断涌现等，致使信用过度扩张，从而引起物价上涨。

3. 国际传播说

这种类型的通货膨胀是指，由于进口商品的物价上涨、费用增加而使物价上涨所引起的通货膨胀。

二、通货膨胀的治理

根据各国经济发展的历史过程分析，可以发现通货膨胀对经济发展是弊多利少。由于通货膨胀对一国经济、社会、政治、生活都有影响，因此，世界各国政府和经济学家都力图通过各种途径稳定通货，预防和避免通货膨胀的发生。但由于对通货膨胀产生原因的认识不同，所采取的对策也各不相同，总结来看大致有如下措施。

（一）宏观紧缩政策

这是各国对付通货膨胀的传统政策调节手段，也是迄今为止在抑制和治理通货膨胀中运用最多、最为有效的政策措施，其主要内容包括紧缩性货币政策和紧缩性财政政策。

1. 紧缩性货币政策

紧缩性货币政策又称为抽紧银根，即中央银行通过减少流通中货币量的办法，提高货币的购买力，减轻货币膨胀的压力。它是一种调节总需求的宏观间接控制措施，目的在于影响总需求，并促使总需求更接近于维持充分就业和物价比较稳定所要求的水平。其主要方法包括：

（1）中央银行提高存款准备率。中央银行提高存款准备率以后，商业银行的法定准备金增加，贷款能力缩减，从而达到紧缩货币、减少投资、压缩货币供应量的目的。

（2）提高利率。中央银行一方面提高再贴现率，以促使商业银行提高贴现率，导致企业利息负担加重，利润减少，从而抑制企业贷款需求，以达到减少投资、减少货币供应量的目的；另一方面提高存款利率，鼓励居民增加储蓄，把消费基金转化为生产基金，减少通货膨胀的压力。

（3）公开市场业务。中央银行向商业银行或市场出售手中持有的有价证券，以减少商业银行的超额准备金和居民、企业手中的现金及商业银行的存款，从而达到减少市场货币供应量的目的。

（4）中央银行规定基础货币指标。它可以使中央银行通过控制基础货币达到控制货币供应量的目的。

2. 紧缩性财政政策

紧缩性财政政策是指当总支出过多、价格水平持续上涨时，通过减少政府支出、增加政府收入，来抑制总支出。其手段有：

（1）削减政府预算，限制公共事业投资。这一措施的目的在于减少政府支出，减少财政赤字。

（2）降低政府转移支付水平，减少社会福利费用。

（3）增加税收。增加税收以后，企业与个人的收入减少，从而投资减少，政府赤字也随之减少，最终控制总需求的膨胀。

（4）发行公债。国家向企业和个人发行公债，既可以减少财政赤字，又可以减轻市场压力。

总的来看，宏观紧缩政策主要用来对付非预期通货膨胀和需求拉上型通货膨胀。货币政策是通过影响信贷和投资来影响市场货币供应量，以压缩总需求，财政政策则是直接影响政府和个人的消费支出，以压缩总需求。但由于人们对紧缩性货币政策和财政政策导致的总需求下降常常缺乏准确的预期，或者即使对此有准确的预期，由于政策的滞后效应，宏观紧缩政策也并不会立即产生预期的效果，而且，紧缩性政策通常伴随着短期内的失业上升和产出下降，会导致经济衰退。

（二）收入紧缩政策

收入政策就是为了降低一般物价水平的上涨幅度而采取的强制性或非强制性的限制货币工资与价格的政策，其目的在于：一方面降低通货膨胀率，另一方面又不至于造成大规模的失业。收入政策的理论基础主要是成本推进型通货膨胀理论。其主要手段有：

1. 工资管制

工资管制就是强制推行对全社会职工货币工资增长总额和幅度进行控制的措施。其中包括在通货膨胀非常严重的时期，采取冻结工资的办法，即政府强制规定职工工资在若干时期内不再增加。管制工资被认为能降低商品成本，从而缓解通货膨胀的压力。

2. 确定工资—物价指导线

这种指导线是政府确定的、在一定年份内允许货币收入增加的一个目标数值线，即根据估计的平均生产率的增长，政府估算出货币收入的最大增长限度，每个部门的工资增长率应等于全社会劳动生产率增长率，不允许超过。只有这样，才能维持整个社会经济中每单位产量劳动成本的稳定，从而预定的货币收入增长就会使物价总水平保持不变。但是，这种指导线原则上不能直接干预，只能说服，因而效果并不理想。

3. 物价管制

物价管制是指政府通过立法程序，规定物价上涨率的限度，或将物价冻结在一个既定的水平上，如果超过，即对违反者施以法律制裁。但是，冻结物价会导致囤积居奇，市场商品供应不足，产品质量下降；加上冻结工资的结果，居民又会因为长期通货膨胀，预期物价将继续上涨，虽然当期名义收入未增加，但仍会提取存款、抢购商品，从而进一步扩大市场供求缺口，加剧通货膨胀。

西方国家曾使用收入紧缩政策治理过通货膨胀，但是其效果却很不理想。例如，美国政府于 1971 年 8 月 15 日宣布实行“新经济政策”，其对应措施之一就是冻结工资、房租和物价 90 天；在“新经济政策”国内措施的第二阶段，决定在上述工资、物价冻结期满后，于 1971 年 11 月 13 日起，实行对工资和物价的管制，规定工资的增长率不得超过 5.5%，物价上涨率不得超过 2.5%。但在美国实行“新经济政策”的四个阶段中，消费物价指数继续加速上涨，将其上涨率折合为年率，第一阶段为 2%，第二阶段为 3.6%，第三阶段为 8.3%，第四阶段则增至 12%。

（三）指数联动政策

指数联动政策又称收入指数政策或收入指数化方案，是货币学派代表人物弗里德曼提出的，是指将工资、储蓄和债券利息、租金、养老金、保险金和各种社会福利津贴等名义收入与消费物价指数紧密联系起来，名义收入随物价指数的变化而变化。也就是说，对各种不同的收入实行指数化，使其按照物价指数的变动而得到调整。弗里德曼认为，指数联动政策能抵消物价波动对收入的影响，消除通货膨胀所带来的收入不平等现象，剥夺各级政府从通货膨胀中捞取的非法利益，从而杜绝人为制造通货膨胀的动机。

指数联动政策对面临世界性通货膨胀的开放经济小国来说尤其具有积极意义，是这类国家对付输入型通货膨胀的有效手段，比利时、芬兰和巴西等国曾广为采用，就连美国也曾在 20 世纪 60 年代初期实施过这种措施。但由于全面实行指数联动政策在技术上难度很大，会增加一些金融机构经营上的困难，而且有可能造成工资、物价的螺旋上升，反而加剧成本推进型的通货膨胀，因此该政策通常仅被当作一种适应性的反通货膨胀措施，不能从根本上对通货膨胀起到抑制作用。

（四）供给政策

供给政策同宏观紧缩政策一样，都是立足于消除总需求与总供给之间缺口的政策，其不同之处在于：宏观紧缩政策是试图通过减少总需求来消除缺口，而供给政策则是试图通过增加总供给来达到目的。20 世纪 70 年代以后，许多发达国家出现了“滞胀”现象，供给政策也因此受到重视。供给方面的经济政策是既压缩总需求，又运用刺激生产增长的方法来增加供给。主要的措施有：（1）削减政府开支，降低总需求；（2）降低所得税税率，并提高机器设备折旧率，促进投资，增加供给量；（3）限制货币供应量增长率，压缩总需求。

（五）货币规则

货币学派代表人物弗里德曼认为，由于货币需求是相对稳定的，因此要保持通货的稳定，即保证货币需求与货币供给的稳定性。他主张采用“单一规则”的货币政策来实现通货的稳定，即公开宣布并长期采用一个固定不变的货币供应增长率，使其与经济增长率大体相适应。他根据对美国近百年历史资料的实证研究提出，美国的年平均经济增长率为3%，就业年平均增长率为1%—2%，因此美国的货币供应量若每年以4%—5%的速度稳定增长，就可避免物价和经济的剧烈波动。20世纪90年代以来，弗里德曼的这种观点为越来越多的西方经济学家所接受，他们称“单一规则”的货币政策为货币规则。

货币规则对付通货膨胀确实比较有效，这是被20世纪80年代以来美国和其他一些发达国家的实践所证明了的。但对于一些以经济增长为首要政策目标的国家来说，尤其对那些经济严重衰退、失业率居高不下的国家来说，这一政策有很大的局限性，不顾一切推行这一政策，甚至会导致社会经济的动乱。

（六）币制改革

如果一国物价上涨已发展到不可遏制的状态，而政府却还在不断发行纸币，该国的整个货币制度就会处于或接近于崩溃边缘，即已属于恶性的通货膨胀，这时唯一可采取的有效对策就是实行币制改革。币制改革一般的做法是废除旧货币，发行新货币，并制定一些保证新货币币值稳定的措施。发行新币的目的在于增强居民对货币的信任，增加居民储蓄存款，使货币恢复执行其原有职能。但是，币制改革必须辅之以其他措施，如停止军事行动、维护社会安定、恢复和增加生产等，否则通货膨胀仍难以得到遏制，新发行货币的信誉会迅速下降，最终导致新货币的出台以失败告终。实践证明，发行新货币这一措施本身往往是治标不治本。

以上从不同的角度论述了实现通货稳定、治理通货膨胀的对策，但是，治理通货膨胀是一个十分复杂的问题，不仅由于造成通货膨胀的原因及其影响是多方面的，而且由于其治理的过程也必然会牵扯到社会的方方面面，影响到各个产业部门、各个企业、社会各阶层和个人的既得利益，因此不可能有十全十美的治理对策，必须具体问题具体分析，多种措施协调使用。

第三节 通货紧缩

20世纪90年代以后，世界经济发展出现了新的变化，开始面对通货紧缩的挑战。与对通货膨胀的研究相比，通货紧缩是一种较新的经济现象，如何确切定义、测量和治理通货紧缩，是目前理论界所面临的新课题。

一、通货紧缩的含义

通货紧缩是与通货膨胀相对立的一个概念。关于通货紧缩的含义，与通货膨胀的含义一样，迄今为止学术界也没有统一的观点。在一些西方经济学教科书中，通货紧缩一般被定义为一段时期内“价格总水平的下降”或“价格总水平的持续下降”。如萨缪尔森（Samuelson）与诺德豪斯（Nordhaus）合著的《经济学》一书中对通货紧缩的简单定义是：

“用通货紧缩来表示价格和成本正在普遍下降。”美国经济学家斯蒂格利茨（Stiglitz）在其编写的《经济学》中指出：“通货紧缩表示价格水平的稳定下降。”曾任美联储主席的格林斯潘对通货紧缩的解释是：“正如通货膨胀是由一种货币状况的变化——人们不愿持有货币，而宁愿持有实物——而产生的，通货紧缩的发生则是由于人们更愿意把持有的实物换成货币。”巴塞尔国际清算银行提出的通货紧缩的标准则是：一国的消费品价格连续两年下降可被视为通货紧缩。

中国自1996年实现“软着陆”以来，经济逐渐显示出通货紧缩状态，因而国内学者对通货紧缩的研究也开始逐渐深入，主要的观点有如下四种：

（1）通货紧缩是与通货膨胀相对应的经济过程，如果说通货膨胀是普遍的、持续的物价上涨，而非局部的、短暂的物价上涨，则通货紧缩就不应是短暂的、局部的物价下降，而应是普遍的、持续的物价下降（持续时间在半年以上）。此外，通货紧缩是一种货币现象，在实体经济中的根源是总需求对总供给的偏离，或现实经济增长对潜在经济增长的偏离。

（2）通货紧缩从根本上说是一种货币现象，其根本含义是由于货币供应量相对于经济增长和劳动生产率增长等要素的持续减少而引致的有效需求严重不足、物价持续下跌和经济衰退。

（3）对通货紧缩的判断不是以物价水平为标准，而是基于以下三点，即市场能力有效利用率是否过低、失业人数是否大量增加、社会产品是否长时间出现供大于求的局面。并且，持续的通货紧缩会使国民经济出现萎缩，危害不比通货膨胀小。

（4）通货紧缩就是总物价水平的持续下降，并具有两个特征：一是价格总水平持续下降，表现为消费者价格指数和全国零售物价上涨率连续负增长；二是物价水平持续下降时间在6个月以上。此外，通货紧缩除了表现为价格水平的持续下降外，还表现为银行信用紧缩，货币供给量增长速度持续下降，信贷增长乏力，消费和投资需求不足程度持续提高，企业普遍开工不足，非自愿失业增加，收入增长速度持续放慢。综合来看，通货紧缩表现为市场普遍低迷。

中外学者对通货紧缩的观点虽不尽相同，但综合后可以认为，通货紧缩一般是指：由于货币供应量相对于经济增长和劳动生产率增长等要素减少而引致的有效需求严重不足、一般物价水平持续下跌、货币供应量持续下降和经济衰退等现象。对于通货紧缩含义的理解应该注意以下几点：

（1）通货紧缩本质上是一种货币现象，其在实体经济中的根源是总需求对总供给的偏离，或现实经济增长率对潜在经济增长率的偏离。实体经济发展中，当总需求持续小于总供给，或现实经济增长率持续低于潜在经济增长率时，就会出现通货紧缩。

（2）通货紧缩表现为物价水平的持续、普遍下跌。物价水平严格来说是指包括资产价格（如股票、债券和房地产）及商品、服务在内的广义的一般的物价水平。其持续、普遍下跌是指物价水平持续下降超过了一定的时限（半年或一年）和幅度，才可断定发生了通货紧缩。

（3）通货紧缩是一种实体经济现象，通常与经济衰退相伴随。通货紧缩不仅仅是一种货币现象，更是一种经济现象，具体表现为投资机会相对减少和投资边际收益下降，从而致使银行信用紧缩，货币供应量增长速度持续下降，信贷增长乏力，消费和投资需求减少，企业普遍开工不足，非自愿失业增加，收入增长速度持续放慢，市场普遍低迷，整体经济出现衰退。

二、通货紧缩的测量

通货紧缩是通货膨胀的对立面，因此，人们在测量通货紧缩时，往往采用与测量通货膨胀类似的指标，即第一节所介绍的各种物价指数。目前，各国测量通货紧缩主要采用消费物价指数、批发物价指数、国民生产总值平减指数，但由于消费价格指数具有资料容易收集、对一般物价水平反应敏感等优点，因此在测量通货紧缩时被广泛使用。

用消费物价指数测量通货紧缩程度的方法与测量通货膨胀的方法基本相似。一般是将基期的消费物价指数定为100%，在此基础上计算报告期的消费物价指数，如果报告期的消费物价指数持续（至少6个月）低于100%，即为通货紧缩。比如，某国2001年的消费物价指数为100%，而2002年的消费物价指数却为95%，那么，该国的通货紧缩率就是5%，但由于习惯上不采用“通货紧缩率”这一名称，因此可将其具体表述为，该国的物价水平下跌了5%。

此外，由于对通货紧缩含义的不同表达和便于对通货紧缩进行准确判断，通货紧缩测量指标除了各种物价指数指标外，还可以同时使用货币供应量持续下降、经济增长率持续下降两项辅助指标来测量。

1. 货币供应量持续下降

在一定时期内，物价总水平的持续下跌可能与货币供应量（M2）适度增长并存，这就需要进一步深入分析。要把货币供应量的增长率与经济增长率对比，看二者的增长幅度是否相适应，如果货币供应量增长率长期滞后于经济增长率，也是通货紧缩的标志。要观察货币供应量的层次结构，分析货币的流动性（M1/M2）是否在下降。如果货币的流动性持续下降，这属于一种结构性的通货紧缩。要研究货币流通速度的变化，分析货币流量的变化情况。如果现金和存款货币的流通速度持续下降，进而引起货币流量逐年萎缩，同样也是一种通货紧缩的表现形式。

2. 经济增长率持续下降

通货紧缩虽然不是经济衰退的唯一原因，但是通货紧缩对经济增长的威胁是显而易见的。通货紧缩使商品和劳务价格变得越来越便宜，但由于这种价格下降并非源于生产效率的提高和生产成本的降低，因此势必减少企业和经营单位的收入，企业单位就会被迫压缩生产规模，这又会导致职工下岗或失业，而社会成员的收入下降必然影响社会消费，消费减少又将加剧通货紧缩，并且，人们由于通货紧缩对经济前景看淡，这反过来又会影响投资，投资和消费的缩减最终将使社会经济陷入困境。据统计，在1980—1989年、1997—1999年，美国、英国、日本、欧盟等15国和经合组织等经济增长率分别从2.5%、2.4%、4.0%、2%、2.6%下降到2.1%、1.5%、2.3%、1.9%、2.1%。尤其是1997年以来，世界各国经济增长速度下降的趋势更加明显。

三、通货紧缩的类型

对于通货紧缩，一般可以按照其持续时间、紧缩程度、与货币政策的关系及产生原因等不同标准划分成不同类型。

（一）按持续时间长短划分

按持续时间长短，通货紧缩可分为短期通货紧缩、中期通货紧缩与长期通货紧缩。

一般而言，5 年以下的通货紧缩为短期通货紧缩，5—10 年的通货紧缩为中期通货紧缩，10 年以上的为长期通货紧缩。历史上，一些国家曾经发生历时达几十年的长期通货紧缩（尽管其中包含个别年份价格水平的上升）。如英美两国 1813—1849 年长达 36 年的通货紧缩、美国 1866—1896 年长达 30 年的通货紧缩、英国 1873—1896 年长达 23 年的通货紧缩等，都属于长期通货紧缩。

（二）按紧缩程度划分

按紧缩程度，通货紧缩可分为相对通货紧缩和绝对通货紧缩。

1. 相对通货紧缩

相对通货紧缩是指物价上涨率在零值以上，同时处于适合一国经济发展和充分就业的物价区间以下。例如，若把物价水平年增长 3%—9% 看成是适合经济发展的，则 0—3% 的物价年上涨率所对应的通货状态，就是通货紧缩的状态。在这种状态下，物价水平虽然还有一些正增长，但它已经低于适合一国经济发展和充分就业的物价水平，因而已经使一国经济失去正常发展所必需的动态平衡，通货处于不足的状态。

2. 绝对通货紧缩

绝对通货紧缩是指物价水平在零值以下，即物价负增长。这种状态说明一国通货处于绝对不足的状态，在这种状态下，极易出现一国经济的萧条乃至衰退，因而绝对通货紧缩又分为两个方面：衰退式通货紧缩和萧条式通货紧缩。

（1）衰退式通货紧缩是指物价出现较长时间的负增长，但负增长的幅度不大，已经或足以给一国经济造成一定的影响，使之处于衰退的绝对通货紧缩状态。

（2）萧条式通货紧缩是指物价出现较长时间和较大幅度的负增长，已经或足以给一国经济造成一定的影响，使之步入萧条的绝对通货紧缩状态。

（三）按其与货币政策的关系划分

按与货币政策的关系，通货紧缩可分为货币紧缩政策下的通货紧缩、货币扩张政策下的通货紧缩和中性货币政策下的通货紧缩三种类型。

通货紧缩和货币政策是两个不同的概念，尤其不能把紧缩政策和通货紧缩混为一谈。通货紧缩是指普遍、持续的价格下降，如果货币当局采取的紧缩政策是为了治理通货膨胀，就不一定会出现通货紧缩现象。同时，紧缩政策虽然有可能导致通货紧缩，但绝非所有的通货紧缩都来自紧缩政策，可能造成通货紧缩的原因有许多方面。

（四）按成因进行分类

按成因，通货紧缩可分为政策紧缩型、经济周期型、成本压低型、需求拉下型、外部冲击型、体制转轨型和结构型通货紧缩。由这些原因形成的通货紧缩将在下面进行具体分析。

四、通货紧缩的形成原因

与通货膨胀类似，单一原因造成通货紧缩的可能性不大，通货紧缩的形成是比较复杂的，往往是多方面因素综合作用的结果。导致通货紧缩发生的原因一般有如下七种：

（一）紧缩性的货币财政政策

一国当局采取紧缩性的货币政策或财政政策，大量减少货币发行或削减政府开支以减少赤字，会直接导致货币的供应不足，或加剧该商品和劳务市场的供求失衡，使“太多的商品追逐太少的货币”，从而引起物价下跌，出现政策紧缩型的通货紧缩。例如20世纪30年代经济大危机时期，美国联邦储备委员会在应该采取扩张性货币政策的时候采用紧缩性的货币政策，结果造成货币供给量的大幅度下降，信贷总量急剧萎缩，使美国的经济危机大大加剧，1929—1933年美国的一般物价水平下降了22.58%。

（二）经济周期的变化

在经济周期达到繁荣的高峰阶段，生产力大量过剩，无论是绝对过剩还是相对过剩，其必然结果都是产品面临市场需求不足。只要这个市场是竞争性的市场，产品的价格就会下降，有些企业就会被迫减产或裁减员工，这必然导致企业投资和居民消费减少，反过来又加剧了市场需求不足，加大了物价下跌的压力；当一个经济中的大多数产业部门都出现生产能力过剩时，在竞争条件下，一般物价水平的下降是不可避免的，最终就会导致出现经济周期型通货紧缩。

（三）生产力水平的提高与生产成本的降低

技术进步提高了生产力水平，放松管制和改进管理降低了生产成本，因而会导致产品价格下降，出现成本压低型通货紧缩。

（四）投资和消费的有效需求不足，国内金融体系的效率低

当预期实际利率进一步降低和经济走势不佳时，消费和投资会出现有效需求不足，导致物价下跌，形成需求拉下型通货紧缩。国内金融体系的效率低，表现为银行业的不良资产增加以及金融机构不能满足企业贷款的需要。金融体系的效率降低或信贷扩张过快导致出现大量不良资产和坏账时，金融机构“惜贷”或“慎贷”引起信用紧缩，也会减少社会总需求，导致出现通货紧缩。

（五）本币汇率高估和其他外部因素的冲击

一国实行钉住强币的汇率制度时，本币汇率高估，会减少出口，扩大进口，加剧国内企业经营困难，促使消费需求趋减，导致物价持续下跌，出现外部冲击型的通货紧缩。国际市场的动荡也会引起国际收支逆差或资本外流，形成外部冲击性的通货紧缩压力。

（六）体制和制度因素

体制和制度方面的因素也会引发通货紧缩，如企业制度由国有制向市场机制转轨时，精简下来的大量工人现期和预期的收入减少，导致有效需求下降；住房、养老、医疗、保险、教育等方面的制度变迁和转型，都可能会影响到个人和家庭的收支及消费行为，引起有效需求不足，导致物价下降，形成体制转轨型的通货紧缩。

（七）供给结构不合理

由于前期经济中的盲目扩张和投资，造成了不合理的供给结构和过多的无效供给，这些问题积累到一定程度时必然会加剧供求之间的矛盾。（1）许多商品无法实现其价值，迫使价格下跌。（2）大量货币收入不能转变为消费和投资，减少了有效需求，最终将会导致结构型通货紧缩。

五、通货紧缩的治理

根据世界各国经济发展的历史过程分析，通货紧缩的发生次数要比通货膨胀的发生次

数少得多，因此各国政府都比较重视对通货膨胀的治理，对于通货膨胀的相关理论研究也远比对通货紧缩的研究深入得多。然而，在当代世界经济发展过程中，通货紧缩的发生已日益频繁，它对经济的破坏力与通货膨胀是一样的，甚至有过之而无不及。

首先，通货紧缩会加剧经济衰退。物价的持续下跌，必然会导致人们对经济前景的悲观预期，持币观望，使消费或投资进一步萎缩。

其次，物价的下跌还会提高实际利率，加重债务人的负担，即使名义利率下降，资金成本仍然会比较高，致使企业不敢贷款投资或难以偿债，银行则会出现大量坏账，并难以找到盈利的项目提供贷款，经济效益不断滑坡，甚至因“金融恐慌”和存款人挤兑而被迫破产，使金融系统濒临崩溃。个人因担心银行倒闭而更倾向于持有现金，从而导致“流动性陷阱”的产生，并因而造成经济持续衰退，失业率进一步提高，工人工资收入下降，陷入痛苦的困境。

最后，通货紧缩还会由于需求的持续下降使进口萎缩而输出到国外，引起全球性的通货紧缩，反过来又会影响到本国的出口，造成国际收支逆差扩大和资本外流，使国家外汇储备减少，偿债能力削弱，甚至发生债务危机。

总之，通货紧缩会提高货币的购买力和实际利率水平，抑制消费和投资，导致商业萎缩和失业率上升，最终造成经济衰退。因此，要保障经济的健康运行，不仅要抑制通货膨胀，也要治理通货紧缩。

通货紧缩成因的多样性决定了通货紧缩治理手段的多样性。必须根据不同国家不同时期的具体情况进行细致的分析，才能采取有针对性的措施加以治理。一般来说，治理通货紧缩主要可以采取如下三种措施：

（一）宏观扩张政策

无论通货紧缩形成的具体原因如何，它的基本特征就是有效需求不足。因此治理通货紧缩，关键是如何扩大需求，包括消费需求和投资需求，对此可采用宏观扩张政策，具体则包括扩张性的货币政策和扩张性的财政政策。

1. 扩张性的货币政策

扩张性货币政策的主要内容是，中央银行采取有效措施扩大商业银行和非银行金融机构的信贷规模，增加货币供应量，以刺激经济发展。中央银行在实施扩张性货币政策时主要采用的政策工具包括：在金融市场上购进政府债券，降低再贴现率、再贷款率、法定存款准备金比率。

2. 扩张性的财政政策

扩张性财政政策的主要内容有两方面：

（1）减少税收。减少税收虽然减少了财政收入，但可以直接增加社会总需求。例如，降低个人所得税的税率，可以增加消费需求；降低企业所得税的税率，可以增加企业的投资需求。减税涉及税法和税收制度的改变，不能作为一种经常性的调控手段，但在对付较为严重的通货紧缩时也会被采用。

（2）扩大政府支出。扩大政府支出可以增加政府需求。在财政收入既定或减少的条件下，扩大政府支出的资金主要来源于发行国债和财政赤字。

（二）生产结构调整

无论是扩张性的财政政策还是扩张性的货币政策，其作用都是有限的。对于因经济周期变化而导致的生产能力过剩等长期因素造成的通货紧缩，要从根本上解决问题，就必须进行生产结构的调整，以推动产业结构和产业组织结构的调整。

产业结构的调整，主要是推动产业结构的升级，培育新的经济增长点，同时形成新的消费热点。产业组织结构的调整也是在中长期内治理通货紧缩的有效手段。在生产能力过剩时，很多行业会出现恶性市场竞争，为了争夺市场，价格战会不断出现，行业利润率不断下降，如果价格战能够在较短的时间里使一些企业退出市场，或者在行业内部出现较大范围的兼并与重组，即产业组织结构调整，则在调整后的产业组织结构中，恶性市场竞争会被有效制止，因恶性竞争带来的物价水平大幅度下降的情况可能被避免。

（三）金融制度建设

通货紧缩的根本原因在于实体经济方面。随着现代社会经济的货币化程度不断加深，对居于现代经济核心地位的金融部门来说，如果其运行出现问题，就可能在出现通货紧缩苗头时不仅不能有效遏止其发展势头，甚至可能加速其发展。一般说来，如果金融制度运行出了问题，导致全社会的信用危机甚至信用崩溃，则通货紧缩就会伴随着全面的经济衰退。为了防患于未然，金融部门要建立健全金融风险的防范制度，以避免大规模的系统性风险的出现。大致说来，旨在治理和防范通货紧缩的金融制度建设包括：建立银行内部风险防范机制，建立存款保险制度，促进信贷供给结构和信贷需求结构相吻合。

除了上述主要措施外，对工资和物价的管制、对股票市场的干预也是治理通货紧缩的手段之一。例如，可以在通货紧缩时期制订工资增长计划或限制价格下降，这与通货膨胀时期的工资—物价指导线的作用方向相反，但作用的原理相同；如果股票市场呈现出牛市走势，对股市的干预则有利于形成乐观的未来预期，同时股票价格的上升使居民金融资产的账面价值上升，产生财富增加效应，有利于提高居民的边际消费倾向。

【案例阅读】

我国货币供应、通货膨胀及经济增长的实证研究

货币供应与经济增长之间是否存在相关关系，如果存在，是一种怎样的关系，这是很多学者关心的问题。进入21世纪后，我国积极融入经济全球化的大潮，不断发展中国特色的社会主义市场经济。但是，2008年美国次贷危机的爆发，对全球金融界以及世界经济造成了巨大的影响。我国作为经济大国，同样深受金融危机的影响，经济增长速度大为降低，大量企业倒闭，失业人数骤增。这对我国经济也造成了很大的损害，为此央行采取了宽松的货币政策，大幅提升货币供应量，投资于基础设施建设，拉动经济增长，取得了举世瞩目的成就。但是，在经济复苏的过程中，截至2013年11月末，我国M2已达到1 079 257.06亿元，同比增长14.2%，位居世界第一。同时，我国国内生产总值（GDP）在2013年第三季度为386 761.7亿元，同比增长7.7%。并且，据统计，M2曾经达到同期GDP的数倍之多，这在全球经济和金融学界引起了广泛讨论，到底M2与GDP之间存在着怎样的关系，而M2的不断增长是否对经济增长有促进作用，本文将对此展开研究。

一、变量选取与数据说明

本文选取1996—2013年的年度数据为样本，选取GDP为我国经济增长的指标，GDP

是指一定时期内（一个季度或一年），一个国家（或地区）的经济活动中所生产出的全部最终成果（产品和劳务）的市场价值，它是衡量一个国家或地区经济状况和发展水平的重要指标。选取M2为我国货币供应量的指标，它是指一切现实和潜在的购买力的货币形式，反映社会总需求变化和未来通货膨胀的压力，它的变化反映着中央银行货币政策的变化，是宏观调控的重要手段。选取CPI指数为我国通货膨胀的指标，它反映了居民家庭一般所购买的消费商品和服务价格水平的变动情况，一般来讲，物价的全面、持续上涨就被认为是通货膨胀。

二、实证分析（略）

考虑到篇幅限制，此处省略了实证分析和检验的过程。

三、实证结论

首先，基于以上ADF检验、协整分析、VEC模型分析我们可以看出，M2、GDP、CPI之间存在长期稳定的关系，且M2对GDP有正方向的推动作用，CPI对GDP有反方向的抑制作用。说明货币供给对经济有影响，是经济增长的格兰杰原因。理论上，政府只要按照M2与GDP之间的相关关系发行货币，就能使广大消费者对政府的货币政策保持信心，国家的宏观调控会更有效果，也有利于控制通货膨胀，促进经济发展。

其次，基于实践来看，M2的数量很难为央行所控制，所以政府需要提升对M2的监管水平，深入调查研究，全面分析M2的现状，并结合我国宏观经济，不断修正货币政策的传导机制，客观考虑政策的滞后性影响，更好地加强宏观调控水平，促进经济发展。

四、政策建议

从GDP、M2和CPI之间的长期关系来说，三者之间存在长期稳定的均衡关系；从三者的短期关系来讲，三者之间存在动态调整机理，所以长期稳定的均衡关系可以通过误差修正项得以形成。从CPI和GDP增长之间的关系来看，短期内GDP增长与CPI无关，CPI对GDP增长具有正效应；长期来看，GDP增长对CPI还是具有正效应，CPI对GDP增长具有负效应。

目前我国货币投放量增速仍超过GDP增速，这会加剧国内原本就较为严峻的通货膨胀形势，所以应当采取措施限制货币的供应，但是也要最大限度地消除紧缩的货币政策对于经济增长的负面效应。面对这一“两难”的问题，我国政府在调控宏观经济时，应当谨慎作为，尽量平衡各方面的关系，努力实现经济绿色稳定增长和物价稳定。

资料来源：摘选自李晋蓉、侯志坚、王增忠，《我国货币供应、通货膨胀及经济增长的实证研究》，《中国商论》，2015年第2期。

【主要术语】

通货膨胀　物价指数　货币购买力指数　国民生产总值平减指数　需求拉上说　成本推进说　供求混合推进说　部门结构说　预期说　宏观紧缩政策　收入紧缩政策　指数联动政策　供给政策　货币规则　币制改革　通货紧缩　宏观扩张政策　生产结构调整　金融制度建设

【复习思考题】

1. 如何度量通货膨胀？

2. 通货膨胀可划分为哪些类型？
3. 通货膨胀对经济发展有何影响？
4. 通货紧缩可划分为哪些类型？
5. 试述通货膨胀的形成原因和治理措施。
6. 试述通货紧缩的形成原因和治理措施。

第十一章 货币政策

学习目标：

- 了解货币政策及货币政策工具的含义；
- 掌握货币政策目标体系的构成内容；
- 理解货币政策中间目标、中介指标及最终目标的关系；
- 掌握货币政策工具及其选择标准；
- 理解货币政策的传导机制理论；
- 理解与掌握影响货币政策效果的主要因素。

货币政策是指中央银行为实现一定的经济目标，运用各种工具调节和控制货币供给量，进而影响宏观经济的方针和措施的总和。货币政策同财政政策一起构成国家调节经济的两大宏观政策。货币政策是中央银行进行宏观调控的重要工具。货币政策的主要内容包括货币政策目标、货币政策工具、货币政策传导机制及货币政策效应等。

第一节 货币政策目标体系

一、货币政策目标的构成与分类

（一）货币政策目标的构成

货币政策目标是中央银行通过货币政策的操作而达到的最终宏观经济目标。按照中央银行对货币政策的影响力、影响速度及施加影响的方式，货币政策目标又可划分为两个层次：最终目标和中介目标。其中，最终目标是中央银行通过货币政策操作所最终要想实现的宏观经济目标。

一般而言，货币政策有三大构成要素：货币政策工具、货币政策中介指标和货币政策目标。三者之间的关系是：货币政策工具作用于货币政策中介指标，通过货币政策中介指标去实现货币政策目标（见图 11-1）。

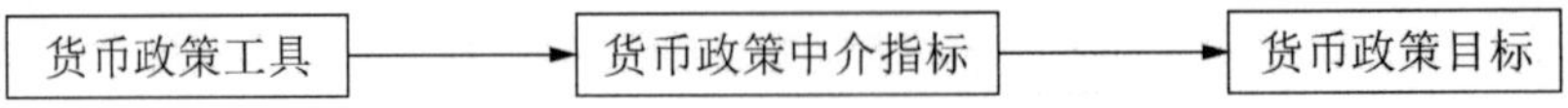

图 11-1 货币政策三要素及其关系

由于货币政策中介指标的确定在很大程度上取决于货币政策目标，货币政策工具的取舍在很大程度上依存于货币政策中介指标，因而货币政策的三要素之间存在一种逆向制约关系。所以，我们的分析从货币政策目标开始，再过渡到货币政策工具以及货币政策传导机制等内容，重点是分析货币政策目标。

（二）货币政策目标的类型

货币政策目标的具体内容因国家不同而有所区别，但基本上不外乎下列四种类型：

（1）单一目标型。如德国的货币政策目标就是“保卫马克”。

（2）双重目标型。如中国长期奉行的货币政策目标就是稳定币值、发展经济。

（3）三重目标型。如日本的货币政策目标就是国内物价的稳定、国际收支的平衡、与资本设备相适应的总需求水平。

（4）四重目标型。如美国的货币政策目标就是强调国民经济的稳定和增长、就业水平的提高、美元购买力的稳定、对外贸易收支的合理平衡。此即人们通常所说的经济增长、充分就业、稳定货币和国际收支平衡四重目标。

上述目标的确立是随着社会经济的不断发展而完善的。

从中央银行成立初期到1930年以前，西方各国普遍实行金本位制度，这时各国中央银行货币政策的主要目标是稳定币值和汇率。自20世纪30年代世界性经济大危机以后，国家开始直接干预经济。特别是凯恩斯主义的国家干预经济主张的盛行，为国家加强经济干预、摆脱危机和失业困境提供了理论依据。因此，这时中央银行的货币政策以实现充分就业为目标。

第二次世界大战以后，由于战争的影响，凯恩斯主义的廉价货币政策和赤字财政政策使货币供应量急剧增加，从而导致了战后严重的通货膨胀，在这样的情况下，许多国家为了稳定物价，克服通货膨胀，都采取了一定程度的紧缩政策。但与此同时，失业率开始上升，因此，当时各国政府都以稳定币值与实现充分就业作为主要的经济目标。这样，货币政策目标就由原来的单一目标转化为稳定币值和实现充分就业。

自20世纪50年代起，整个世界的经济都得到了恢复和发展。由于各国经济发展的不平衡性，许多国家为了保持自身的经济实力和经济政治地位，把发展经济、促进经济增长作为当时的主要目标。因此，这时各国中央银行的货币政策目标就发展成为稳定币值、实现充分就业、促进经济增长三大目标。

20世纪60年代开始，一些国家在长期推行凯恩斯主义的宏观经济政策以后，出现了不同程度的通货膨胀，国际收支状况也日益恶化。特别是美国经济实力削弱，国际收支逆差，使以美元为中心的国际货币制度受到严重威胁，美元出现了两次大危机，使许多国家都密切注意这种态势的发展，提出了平衡国际收支的经济目标。因此，作为中央银行的货币政策目标，也相应地发展成为四个：稳定币值、实现充分就业、促进经济增长与平衡国际收支。但自1972年美元与黄金脱钩以后，黄金失去作为货币价值实体的功能，与货币本身没有直接的联系。因此，许多国家的中央银行都把稳定币值的目标改为稳定物价。

总的来说，货币政策目标是因国家不同而有所差别、因时期不同而不一致、因经济形势变化而变化的。美国、英国等西方七国的货币政策目标的变化情况见表11-1。而我国货币政策的目标在《中华人民共和国银行法》中明确定为“保持货币币值稳定，并以此促进经济增长”。

表 11-1 西方七国货币政策目标变化一览表（第二次世界大战以后）

<table>
<tr><th></th><th>20 世纪 50 年代</th><th>20 世纪 70 年代</th><th>20 世纪 80 年代</th><th>20 世纪 90 年代</th></tr>
<tr><td>美国</td><td>充分就业</td><td>稳定货币</td><td>稳定货币</td><td>稳定货币、经济增长</td></tr>
<tr><td rowspan="2">英国</td><td>充分就业</td><td rowspan="2">稳定货币</td><td rowspan="2">稳定货币</td><td rowspan="2">稳定货币</td></tr>
<tr><td>兼顾国际收支平衡</td></tr>
<tr><td rowspan="2">加拿大</td><td>充分就业</td><td>稳定货币</td><td>稳定货币</td><td>稳定货币</td></tr>
<tr><td>兼顾国际收支平衡</td><td>兼顾国际收支平衡</td><td>兼顾国际收支平衡</td><td>兼顾国际收支平衡</td></tr>
<tr><td>法国</td><td>经济增长、充分就业</td><td>稳定货币</td><td>经济增长、充分就业</td><td>经济增长、充分就业</td></tr>
<tr><td rowspan="2">意大利</td><td rowspan="2">经济增长、充分就业</td><td>稳定货币</td><td>稳定货币</td><td>稳定货币、经济增长、</td></tr>
<tr><td>兼顾国际收支平衡</td><td>兼顾国际收支平衡</td><td>充分就业</td></tr>
<tr><td>日本</td><td>稳定货币</td><td>稳定货币</td><td>稳定货币</td><td>稳定货币</td></tr>
<tr><td>德国</td><td>兼顾国际收支平衡</td><td>兼顾国际收支平衡</td><td>兼顾国际收支平衡</td><td>兼顾国际收支平衡</td></tr>
</table>

二、货币政策最终目标

货币政策最终目标，是指货币政策在一段较长的时期内所要达到的目标，目标相对固定，基本上与一国的宏观经济目标一致，因此，最终目标也被称为货币政策的战略目标或长期目标。

概括地讲，世界货币当局货币政策所追求的最终目标主要有四个：稳定币值、经济增长、充分就业和国际收支平衡。

1．稳定币值

从字面上理解，稳定币值就是指稳定货币的价值，但在纸币流通条件下，流通中的货币本身并没有价值，这样稳定币值就成了稳定货币购买力的简称。货币购买力是用单位货币所能购买到的商品（或劳务）来衡量的，稳定货币购买力即指单位商品所能换到的货币数量保持不变。因为单位商品所能换得的货币数量就是物价，所以稳定币值也就等于稳定物价。这也就是人们之所以用物价的变化动态来表示币值的稳定程度与升降幅度的原因所在。当然，实际上物价也只能是相对稳定而已，并非是通货膨胀率越低越好，因为负的通货膨胀率往往会带来通货紧缩，同样会对经济发展产生不良影响。

币值稳定是币值的相对稳定，包含一定程度的物价变动，但这个变动的上下限究竟是多少，即多大幅度以内的物价变动可以视为币值稳定，超过多大幅度的物价变动视为币值不稳定，则是一个因时、因地、因人不同而观点不一的问题。

2．经济增长

货币政策目标所追求的经济增长是指发展速度加快、结构优化与效率提高三者之间的统一。经济增长的速度通常用国民生产总值（GNP）或国内生产总值（GDP）表示。我国在 20 世纪 80 年代前用工农业生产总值表示，20 世纪 80 年代初期用社会总产值（GSP）表示，1986 年以后用国民生产总值表示。

发展是硬道理。一国的经济增长既是提高人民生活水平的物质保障，也是一国具有经济实力和国际市场竞争力的重要因素，又是保护国家安全的必要条件。当然，这种增长绝不是过度的增长，而是保持国民经济长期持续稳定的增长，否则会导致经济比例严重失调、经济剧烈波动。

3. 充分就业

严格意义上的充分就业是指就所有资源而言，它不仅包括劳动力的充分就业，还包括其他生产要素的“充分就业”即充分利用。但人们通常所说的充分就业仅是就劳动力而言的，指任何愿意工作并有能力工作的人都可以找到一个有报酬的工作。对充分就业的衡量是通过失业率来进行的。所谓失业率，是指失业人数（愿意就业而未能找到工作的人数）与愿意就业的劳动力的百分比。美国劳动统计局对失业的定义是：凡年满16周岁、在一星期里没有活干因而没有工资或利润收入而又积极寻找工作的人，就应列为失业。失业率的大小表示与充分就业的差距。失业率越高，距离充分就业就越远；反之，就越接近。同时，劳动力的就业状况还与土地、资本等其他生产要素的“就业”状况保持着基本一致的关系，即劳动力越是接近充分就业，其他生产要素的利用程度就越高；反之，则越低。

4. 平衡国际收支

保持国际收支平衡是保证国民经济持续稳定增长和国家安全稳定的重要条件。巨额的国际收支逆差可能导致外汇市场波动，资本大量外流，外汇储备急剧下降，本币大幅贬值，并导致严重的货币金融危机。而长期巨额国际收支顺差，往往使大量外汇储备闲置，不得不购买大量外汇而增发本国货币，可能导致或加剧国内通货膨胀。一般来说，逆差的危害比顺差大。运用货币政策调节国际收支，主要目标是通过利率和汇率的变动来实现本外币政策的协调及国际收支平衡。

三、货币政策中介指标

（一）中介指标的含义及其标准

货币政策中介指标是指中央银行为实现特定的货币政策目标而选取的操作对象。

通常，合适的货币政策中介指标应该具有如下四个特征：

（1）可测性，即中央银行能够迅速和准确地获得它所选定的中介指标的各种资料，并且能被社会各方面理解、判断与预测。

（2）可控性，即中央银行应该能够有效地控制，并且不会遇到太多的麻烦和障碍。

（3）相关性，即中介指标应与货币政策目标之间具有高度的相关关系。

（4）抗干扰性，即作为操作指标和中介指标的金融指标应能较正确地反映政策效果，并且较少受外来因素的干扰。

目前，中央银行实际操作的和理论界所推崇的中介指标主要有利率、货币供给量、银行信用规模、基础货币、超额准备金、股票价值等。但由于中央银行本身不能左右股票价值，超额准备金和基础货币又都属于货币供给量的范畴，而控制了货币供给量，也就基本上控制了银行信用规模。因此，货币政策中介指标实质上只有两个候选对象，即利率和货币供给量。

（二）利率作为中介指标的优缺点

由于金融市场上的利率种类多种多样，而且利率作为一个经济内生变量，它的变化是随经济发展而变化的，即在经济繁荣兴旺时期，利率会由于信贷需求的增加而上升；反之，在经济萧条时期，利率会因金融市场的萎缩、信贷资金需求的减少而下降。但是，作为一个政策变量，利率与社会总供需之间总是沿着相反方向运动的。在经济繁荣时期，由于社会各经济单位的投资增加，对信贷资金的需求非常旺盛，中央银行为防止通货膨胀，就需要压缩社会总需求，这就需要调高利率；反之，在经济萧条时期，为刺激需求、增加就业，中央银行就要降低利率。可见，作为经济内生变量的利率与作为政策变量的利率，在变化方向上是一致的。这样，如果把利率作为货币政策中介指标，就会使利率的政策效果与非政策效果互相混淆，使中央银行无法确定其政策是否奏效，或者在政策尚未奏效时就误认为已经达到了目的，从而中止政策的执行。

（三）货币供给量作为中介指标的优缺点

货币供给量作为货币政策中介指标，有明显的优点：

(1) 货币供给量的变动能直接影响经济活动，即货币供给量与经济的运动方向是一致的：经济繁荣时会自动增加，经济萧条时会自动收缩。

(2) 中央银行对货币供给量的控制力较强：经济繁荣时，中央银行为防止通货膨胀而压缩货币供给量；经济萧条时，中央银行会扩张货币供给以复兴经济。这两者之间的界线非常明显，不可能误导中央银行的宏观决策。

(3) 货币供给量与货币政策意图联系紧密。货币供给量增加，表示货币政策扩张；货币供给量减少，表示货币政策紧缩。

(4) 可以明确地区分政策性效果和非政策性效果。

当然，以货币供给量为中介指标也并非是十全十美的，其不足表现为：首先，中央银行对货币供给量的控制能力不是绝对的。影响货币供给量的诸因素中，还有公众和商业银行的行为；其次，中央银行通过运用货币政策工具来控制货币供给量存在一定的时滞。

由上述比较可知，作为货币政策中介指标，货币供给量优于利率。实际上，现在世界上大多数中央银行都以货币供给量作为直接操作对象，都试图通过对货币供给量的调节去实现其政策目标。

由于货币供给量有层次的划分，所以作为货币政策中介指标，以哪一层次的货币供给量为准，需要具体分析。一般来说，在金融市场发育程度低、可用的信用工具少的情况下，现金应作为中央银行控制的重点。中国自 1949 年至 20 世纪 90 年代以前就是如此。而在发达的金融市场条件下，由于 M2 与国民收入的联系比 M1 更为紧密，且 M2 比 M1 更便于中央银行控制，所以这些国家逐步将货币控制的重点从 M1 转向 M2。随着市场化进程和金融业的逐步发展，中国在 20 世纪 90 年代初期和中期是以 M1 作为货币控制的重点，而从 20 世纪 90 年代末期开始逐步将控制重点转向 M2。但目前来看，中国的现金使用还占相当比重，又难以控制，故仍有必要将其列入控制指标之内。

四、货币政策各目标之间的矛盾与统一

尽管货币政策要实现的目标有四个，但就任何一个国家的中央银行而言，对上述目标往往不能兼顾，各个目标之间存在矛盾与统一。

1. 稳定币值与充分就业的矛盾及统一

两者的统一性表现在：币值稳定了，就可以为劳动者的充分就业与其他生产要素的充分利用提供一个良好的货币环境；同时，充分就业又可能为币值的稳定提供物质基础。但

是，稳定币值与充分就业之间更多地表现为矛盾性，即当币值比较稳定、物价上涨率比较低时，失业率往往很高，而要降低失业率，就得以牺牲一定程度的币值稳定为代价。这就是著名的菲利普斯曲线所说明的道理，它表明稳定币值和充分就业两者难以兼顾。

2. 稳定币值与经济增长的矛盾及统一

一般而论，这两个目标是可以相辅相成的。货币购买力稳定，可以为经济发展提供一个良好的金融环境和稳定的货币尺度，从而使经济能够稳定增长；经济增长了，稳定货币购买力也就有了雄厚的物质基础。因此，我们可以通过稳定币值来发展经济，也可以通过发展经济来稳定币值。但是，世界各国的经济发展史表明，在经济发展快时，总是伴随着物价较大幅度的上涨；而过分强调币值的稳定，经济的增长与发展又会受阻。因此，在很多情况下，国家政策和货币管理当局只能在两者之间作调和，即在可接受的物价上涨率内发展经济，在不妨碍经济最低增长需要的前提下稳定币值。

3. 稳定币值与平衡国际收支的矛盾及统一

稳定币值主要是指稳定货币的对内价值，平衡国际收支则是指稳定货币的对外价值。如果国内物价不稳，国际收支便很难平衡。因为当国内商品价格高于国外价格时，必然会引起出口下降、进口骤增，从而出现贸易赤字。但国内物价稳定时，国际收支却并非一定能平衡，因为国际收支能否平衡还要取决于国内的经济发展战略、资源结构、生产结构与消费结构的对称状况、国家的外贸政策、关税协定、利用外资策略等等，同时还要受其他国家政策与经济形势等诸多因素的影响。

4. 充分就业与经济增长的矛盾及统一

通常，就业人数越多，经济增长速度就越快；而经济增长越快，为劳动者提供的就业机会也就越多。但在这种统一的背后，还存在一个平衡劳动生产率的变化这一动态问题。如果就业增加带来的经济增长伴随着社会平均劳动生产率的下降，那就意味着经济增长是以投入产出的比例下降为前提的，它不仅意味着本期浪费了更多的资源，还会妨碍后期的经济增长，因而是不可取的。只有就业增加所带来的经济增长伴随着社会平均劳动生产率的提高，才是我们所期望得到的结果。

5. 充分就业与平衡国际收支的矛盾及统一

如果充分就业能够推动经济快速增长，那么一方面可以减少进口，另一方面还可以扩大出口，这当然有利于平衡国际收支。但为了追求充分就业，就需要更多的资金和生产资料，当国内满足不了需求时，就需要引进外资、进口设备与原材料等，这对平衡国际收支又是一大不利因素。

6. 经济增长与平衡国际收支的矛盾及统一

当经济增长较快时，国家经济实力也相应增长，这会在扩大出口的同时减少进口，这当然有利于国际收支的平衡。但经济的较快增长又总是对各种生产要素产生较大的需求，这往往又会增加进口，从而引起国际收支逆差的出现。当逆差很大时，国家就得限制进口，压缩国内投资，这又会妨碍国内的经济增长，甚至会引起经济衰退。

可见，货币政策的诸目标之间既矛盾又统一。只有因势利导，慎重选择，才能把握全局。

第二节　货币政策工具

货币政策目标是通过货币政策工具的运用来实现的。货币政策工具是中央银行为实现货币政策目标而使用的各种策略手段。货币政策工具可分为一般性政策工具、选择性政策工具、直接信用控制工具和间接信用控制工具四类。

一、一般性货币政策工具

一般性货币政策工具是指对货币供给总量或信用总量进行调节，且经常使用，具有传统性质的货币政策工具。一般性政策工具主要有以下三个，也称货币政策的“三大法宝”。

（一）法定存款准备金政策

1. 法定存款准备金政策的含义

存款准备金是银行及某些金融机构为应付客户提取存款和资金清算而准备的货币资金，准备金占存款或负债总额的比例就是存款准备金率。存款准备金分为法定存款准备金和超额准备金两部分。法定存款准备金是指金融机构按中央银行规定的比例上交的部分；超额准备金是指准备金总额减去法定存款准备金的剩余部分。法定存款准备金政策是指由中央银行强制要求商业银行等存款货币机构按规定的比率上缴存款准备金，中央银行通过提高或降低法定存款比率达到收缩或扩张信用的目标。存款准备金是银行存款量与贷款量之间的一个固定差额部分。实行存款准备金制度的本意是，银行所吸收的存款不能都贷放出去，而要留下一部分以应对存款人的随时支取。现代银行实行法定比率的准备金制度，其主要目的已经不是应付支取和防范挤兑，而是作为控制银行体系总体信用创造能力和调整货币供给量的工具。

2. 法定存款准备金政策的效果和局限性

法定存款准备金政策的效果表现在：它对所有存款银行的影响是平等的，对货币供给量具有极强的影响力，通常称它是一帖“猛药”。正因为它力度大、反应快，所以也存在明显的局限性：首先，它对经济的震动太大，不宜轻易作为中央银行日常调控的工具加以采用；其次，存款准备金对各类银行和不同种类存款的影响不一致，如提高法定准备金，可能使超额准备率低的银行立即陷入流动性困境，从而迫使中央银行往往通过公开市场业务或贴现窗口向其提供流动性支持。

最早实行存款准备金制度的是美国。20 世纪初，美国就颁布法律，规定了商业银行向中央银行缴纳准备金的制度。目前，这一制度随着商品经济的发展与金融业在国民经济中的地位日趋重要而被广泛推行。中国实施这一制度是在中国人民银行行使中央银行职权后，于 1984 年规定各专业银行、城乡信用社及信托投资公司等向中央银行缴存准备金。刚开始时规定企业存款准备金为 20%，储蓄存款为 40%，农村存款为 25%。此后进行了多次调整。1985 年，为了增加专业银行的可用资金，将准备金率调整为这几项存款和其他存款总额的 10%；1987 年调至 12%，1988 年提高到 13%，1998 年又调低到 8%，1999 年调至 6%，2003 年提高到 7%；2004 年，中国人民银行决定从 2004 年 4 月 25 日起实行差别存款准备金率制度，再次将存款准备金率上调 0.5 个百分点至 7.5%。自 2003 年以来，我国持续面临流动性过剩的压力；2005 年人民币汇率形成机制改革之后，流动性过剩的矛盾愈加突出；2007 年，针对银行体系流动性偏多、货币信贷扩张压力较大、价格涨幅上升的形势，货币政策逐步从“稳健”转为“从紧”。中国人民银行按照党中央、国务院的统一部署，采取综合措施，维护总量平衡。从货币政策措施的出台频率和力度来看，2007 年金融调控的紧缩力度是空前的，尤其存款准备金率、存贷款基准利率的上调频率之高为历史罕见。2007 年，中国人民银行先后 10 次调高人民币存款准备金率，将人民币法定存款准备金率由 9%提高到 14.5%，2008 年 1 月、3 月、4 月分别将金融机构存款准备金率上调 1.5 个基点至 16%，达到了 1987 年以来的最高水平。

（二）再贴现政策

1. 再贴现政策的含义及其作用

再贴现政策是指中央银行通过正确制定和调整再贴现率来影响市场利率及投资成本，从而调节货币供给量的一种货币政策工具。

再贴现政策是国外中央银行最早使用的货币政策工具。早在 1873 年，英国就用其调节货币信用。美国的贴现率制度始于 20 世纪 30 年代，1946 年美国《就业法》确定了统一的官方贴现率（再贴现率），以便于谋求政策目标的实现。德国的再贴现起源于帝国银行的前身普鲁士银行时期，至今再贴现仍是德意志联邦银行重要的货币政策工具，再贴现贷款约占其中央银行总贷款的 1/3。20 世纪 70 年代初，日本银行就开始较频繁地调整官方贴现率，即再贴现率，以调节社会信贷总量。在第二次世界大战以后的经济重建过程中，日本银行的再贴现政策对日本经济的恢复和发展产生了积极的作用，它不仅为对办理贴现的银行提供了优惠的资金来源和流动性，而且对于出口导向型企业的发展、经济结构的重建都有十分重要的推动作用。此外，票据的推广使用有助于解决金融市场的资金不足，并改善商业银行对中央银行的资金依赖状况。1973 年 4 月，以石油危机为契机，日本银行更加频繁地调整官方贴现率并将其作为政策工具。韩国银行从 20 世纪 80 年代开始运用再贴现政策操作，20 世纪 90 年代以来，随着金融自由化与国际化的不断发展，其再贴现贷款逐渐限于向中小企业提供资金。

再贴现政策之所以在一些国家得到广泛运用，主要是因为它为那些难以按市场条件从金融市场获得所需资金的部门和地区融资提供了便利。再贴现作为货币政策的重要工具，具有双重效力，既能起到引导信贷注入特定领域以增加流动性总量的作用，又能在社会信用结构、利率水平、商业银行资产质量等方面发挥调节作用。

2. 再贴现政策的优缺点

再贴现政策的最大优点是中央银行可利用它来履行最后贷款人的职责，通过再贴现率的变动影响货币供给量、短期利率以及商业银行的资金成本和超额准备金，达到中央银行既调节货币总量又调节信贷结构的政策意向。

再贴现政策的缺点在于：

（1）中央银行固然能够调整再贴现率，但借款与否和借款多少的决定权在商业银行，所以这一政策难以真正反映中央银行的货币政策意向。

（2）当中央银行把再贴现率定在一个特定水平上时，市场利率与再贴现率之间的利差将随市场利率的变化而发生较大的波动，它可能导致再贴现贷款规模甚至货币供给量发生非政策意图的波动。

（3）相对于法定存款准备金政策来说，贴现率虽然比较易于调整，但调整频繁会引起市场利率的经常波动，从而影响商业银行的经营预期。

（三）公开市场业务

公开市场是指各类有价证券（包括政府债券、中央银行证券或私人票据等）自由议价，其交易量和交易价格都必须公开显示的市场。公开市场业务则是指中央银行利用在公开市场上买卖有价证券的方法，向金融系统投入或撤走准备金，用来调节信用规模、货币供给量和利率，以实现其金融控制和调节的活动。其传递机制是：当货币管理当局从任何有价证券持有者手中购进有价证券的时候，货币管理当局签发支票、支付价款，证券出卖人将支票拿到自己的开户银行，开户银行收到这张支票后将它送交货币管理当局请求支付，货币管理当局承兑这张支票，并在证券出卖人开户银行在货币管理当局的准备金账户上增记支票金额。这时，证券出卖人开户银行的准备金增加了，而其他账户的准备金并不减少，结果是准备金总额增加，表现为超额储备增加也即基础货币增加，从而货币供给量增加。当货币管理当局抛售有价证券的时候，情况则相反。

1. 公开市场业务的特点

（1）公开性。中央银行在公开市场上买卖政府债务、吞吐基础货币，是根据货币政策的要求，按照市场原则，通过众多交易对手竞价交易进行的。这使它具有较高的透明度，既为商业银行以平等身份在货币市场上竞争创造了条件，也有利于消除金融市场上的幕后交易弊端和不正之风。

（2）灵活性。中央银行在证券市场上进行证券交易，不仅在时间上（即什么时候买进或卖出）而且在数量上（即买多少）均很灵活，这有利于中央银行根据经济发展形势、货币市场利率走向、资金稀缺程度的观测以及货币政策的需要随时操作。由于经常性地对货币供给量进行微调，其效果平滑稳定，可以减少对经济和金融的震动。

（3）主动性。中央银行在公开市场上始终处于主动地位，即它可根据一定时期货币政策的要求和该时期银根的趋紧情况，主动招标和买卖政府债券，所以公开市场业务日益受到货币当局的青睐，成为最常用的调控手段。

（4）直接性。公开市场操作直接性强，中央银行的有价证券买卖可直接影响商业银行的准备金状况，从而直接影响市场货币供给量。

2. 公开市场业务的优缺点

同前两种货币政策工具相比，公开市场业务具有明显的优越性：

（1）运用公开市场业务操作的主动权在中央银行，可以经常性、连续性地操作，并具有较强的调控作用。

（2）公开市场业务的操作可灵活安排，可以用较小规模进行微调，不至于对经济产生过于猛烈的冲击。

（3）通过公开市场业务，促使货币政策和财政政策有效结合及配合使用。

当然，公开市场业务操作也有其局限性。首先，需要以发达的金融市场为背景，如果市场发育程度不够，交易工具太少，则会制约公开市场业务操作的效果；其次，必须有其他政策工具的配合，可以设想，如果没有存款准备金制度，这一工具是无法发挥作用的。

二、选择性货币政策工具

选择性货币政策工具是指中央银行针对某些特殊的经济领域或特殊用途的信贷而采用

的信用调节工具。其主要有以下几种：

1．消费者信用控制

消费者信用控制是指中央银行对不动产以外的各种耐用消费品的销售融资予以控制。例如，规定分期购买耐用消费品首期付款的最低限额，规定消费信贷的最长期限，规定可用消费信贷购买的耐用消费品的种类等。

2．证券市场信用控制

证券市场信用控制是指中央银行对有关有价证券交易的各种贷款进行限制，目的在于限制用借款购买有价证券的比重。例如，规定应支付的保证金限额，一方面是为了控制证券市场信贷资金的需求，稳定证券市场价格；另一方面是为了调节信贷供给结构，通过限制大量资金流入证券市场，将较多的资金转入生产和流通领域。

3．不动产信用控制

不动产信用控制是指中央银行对商业银行等金融机构在房地产方面放款的限制。其主要目的是抑制房地产投机。

4．优惠利率

优惠利率是指中央银行对按国家产业政策要求重点发展的经济部门或产业（如基础产业、高科技产业、出口创汇企业等），规定较低贴现利率或放款利率的一种管理措施。优惠利率大多在不发达国家被运用。

三、直接信用控制工具

直接信用控制工具是指中央银行从质和量两个方面以行政命令或其他方式对商业银行等金融机构的信用活动进行直接控制。主要方式有信用配额、直接干预、流动性比率、利率最高限额等。

1．信用配额

信用配额是指中央银行根据金融市场状况及客观经济需要，权衡轻重缓急，对商业银行的信用创造加以合理分配和限制等措施。在多数发展中国家，由于资金供给相对于需求来说极为不足，这种办法相当广泛地被采用。

2．直接干预

直接干预也称为直接行动，是指中央银行以“银行的银行”的身份，直接对商业银行的信贷业务施以合理的干预，如规定商业银行的业务范围、放款政策等。

中央银行直接干预的方式有：直接限制放款的额度；直接干涉商业银行对活期存款的吸收；对业务经营不当的商业银行可拒绝再贴现，或采取高于一般利率的惩罚性利率；明确规定各家银行的放款或投资的范围，以及放款的方针，等等。

3．流动性比率

流动性比率也称可变流动资产准备比率，是中央银行为了限制商业银行扩张信用，规定流动资产对存款的比重。一般来说，流动性比率与收益率成反比。为保持中央银行规定的流动比率，商业银行必须采取缩减长期放款、扩大短期放款和增加应付提现的资产等措施。

4．利率最高限额

利率最高限额是指规定商业银行的定期及储蓄存款所能支付的最高利率。如在 1980 年以前，美国有 Q 条例和 M 条例，条例规定，活期存款不准付息，对定期存款及储蓄存款则规定最高利率限额。其目的是防止银行用抬高利率的办法竞相吸收存款以及为谋取高利而进行风险投资和放款。

四、间接信用控制工具

间接信用控制是指中央银行通过道义劝告、窗口指导和金融检查等办法对商业银行和其他金融机构的信用变动方向与重点投向实施间接指导。其主要措施有道义劝告、窗口指导等。

1. 道义劝告

道义劝告是指中央银行利用其声望和地位，对商业银行和其他金融机构发出通告、指示或与各金融机构的负责人进行面谈，交流信息，解释政策意图，使商业银行和其他金融机构自动采取相应措施来贯彻中央银行的政策。

2. 窗口指导

窗口指导是指中央银行根据产业行情、物价趋势和金融市场动向，规定商业银行的贷款重点投向和贷款变动数量等。所谓金融检查，是政府赋予中央银行的监督职能，对商业银行等金融机构的业务活动进行合法、合规性的多方面检查，并针对检查情况采取必要的措施。

第三节　货币政策传导机制

中央银行实施货币政策的目的是通过货币政策工具的运用达到货币政策的目的，而从手段的实施到目标的实现还有一个过程，即货币政策的传导机制。由于货币政策工具的运用不可能直接作用于最终目标，而必须借助中间性的或传导性的金融变量，因此这个中间变量被称为中央银行的中介指标。中介指标是最终目标和货币政策工具之间的桥梁。中央银行通过货币政策工具的运用，调控中介指标，以实现货币政策的最终目标。

一、货币政策传导机制

货币政策传导机制是指货币管理当局确定货币政策之后，从选用一定的货币政策工具进行现实操作开始，到实现最终目标之间，所经过的各种中间环节相互之间的有机联系及因果关系的总和。

（一）货币政策传导机制理论的发展

1. 凯恩斯的货币政策传导理论

现代经济学家对货币政策传导机制的研究是从凯恩斯开始的。凯恩斯认为，货币政策主要通过两个途径发挥作用：一个是货币与利率之间的关系，即流动性偏好；另一个是利率与投资之间的关系，即投资利率弹性。他的具体思路是：货币供给相对于需求突然增加后，首先产生的影响是使利率下降，然后又促成投资增加；如果消费倾向为已知量，则通过乘数作用，又可促使国民所得增加。

但是，这种增加是随条件不同而发生变化的。凯恩斯认为增加货币数量既会影响物价，也会影响产量，但首先是促使产量的增长，在达到充分就业之后，货币供给的增加就会影响物价。

当然，问题还并非那么简单。凯恩斯认为，在作进一步的分析时，还应考虑一些复杂因素，包括：

（1）有效需求的改变并不与货币数量的改变恰好成同一比例；

（2）由于各种资源的性能不同，当就业量逐渐增加时，报酬会发生递减现象；

（3）有些资源是不可以互换的，故当一些商品已无供给弹性时，另一些商品则尚有失业资源可供生产之用；

（4）在尚未达到充分就业之前，工资单位即有上涨趋势；

（5）边际成本中各生产要素的报酬并不以同一比例改变。

凯恩斯的货币政策传导机制表述如下：

$$M_s\uparrow \Rightarrow i\uparrow \Rightarrow I\uparrow \Rightarrow y\uparrow \Rightarrow P\uparrow$$

其中，M_s 为货币供给量，i 为利率，I 为投资，P 为物价，y 为收入。

不过，凯恩斯认为，上述传导机制很可能因以下两个因素而被堵塞：一是“流动性陷阱”的出现，即当利率降低到不可再降低的地步时，任何货币量的增加都会被经济单位所吸收，因而对总体需求所得及物价均不产生任何影响。二是当投资的利率弹性非常小时，利率的下降就不会对投资量有显著的刺激作用。如果投资量增加不大，则投资乘数也不会大，从而使货币政策的传导机制中断。

2．货币学派的货币政策传导机制理论

弗里德曼及其货币学派认为，货币政策传导过程较为直接和迅速，并不像凯恩斯学派认为的那样间接和迂回。弗里德曼等人在研究后得出结论说：如果货币供给量增加到供过于求的状况，则货币资产的持有者即个人或企业等经济单位会发现他们所实际持有的货币资产比他们希望持有的数额要多，于是他们的反应是将多余的货币用于购买各种资产，既购买金融资产（如债券、股票等），也购买实物资产（如汽车、消费品等）。这种支出（即资产结构的调整过程）既会影响资产的价格（如有价证券利率会变动），也会影响商品供应的数额。而价格的变动又会影响货币库存余额的实际价值，从而通过货币需求函数再次发生反应。虽然货币学派认为这个作用过程是十分复杂的，但是他们把货币需要函数看作稳定的量，所以，即使不知道在这个过程中会发生什么变化，人们也可以预测货币供给量变动的结果。

简言之，货币学派的货币政策传导机制为：

$$M_s\uparrow \Rightarrow A\uparrow \Rightarrow C\uparrow \Rightarrow I\uparrow \Rightarrow P\uparrow \Rightarrow \cdots \Rightarrow y\uparrow$$

式中，A 为金融资产，C 为消费，P 为价格，…代表可能存在但还未被揭示的过程，其他符号含义同前。

此外，弗里德曼还认为，对于短期的经济变动来说，货币数量的变化是决定名义收入和实际收入的主要因素，或者说，货币数量的变化是决定经济变动的主要因素。而从长期来看，货币增长率的变化只会引起价格水平的变化，不会对实际产量发生影响。

由上可见，弗里德曼关于货币供给量增加对产出和价格的影响的主张几乎与凯恩斯的观点完全相同。如果说有“微妙的分歧”，则正如弗里德曼在1971年发表的《货币分析的理论结构》一文中阐述的，在分析货币政策传导过程时，凯恩斯学派将重点放在货币需求及投资支出的弹性上，而弗里德曼等人则侧重于强调传导机制是通过收支平衡表并通过利率的变动来进行的。所以，他们之间的差别，不是在货币传导机制的性质上，而是在所考察资产的范围上。

（二）货币政策传导机制的一般模式

从前面所介绍的不同学派不同学者的货币政策传导机制理论中，我们可以看到，尽管不同学者所分析的传导机制不完全相同，但如果我们撇开一些次要问题，则有些基本的东西可以被视为公认的：首先，货币数量增加后，对金融市场上的利率会产生影响，同时对股票价格或债券价格也会产生影响；其次，正是由于利率或股票价格、债券价格的变化，企业家的投资热情和个人的消费欲望及现实支出就会改变；最后，当投资和消费发生变化后，国内生产总值自然会发生相应的变化。

由此，我们可以得到货币政策传导机制的一般模式，如图 11-2 所示。

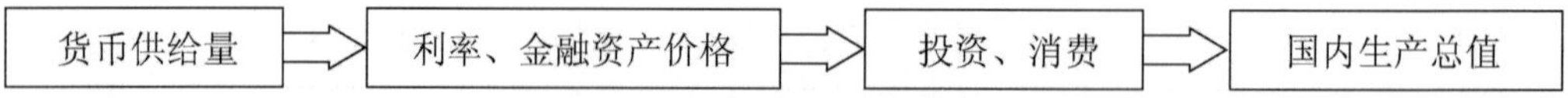

图 11-2　货币政策传导机制

（三）影响货币政策传导机制因素的新变化

传统的西方货币政策传导机制理论所描述的货币政策是通过利率的变化传导的，其具体过程是：货币供给量的增加会降低利率，从而降低借贷成本，借贷成本的下降则促使企业增加投资，消费者增加消费支出，最终导致总产量的增加。而减少货币供给量的效应则正好相反。

但实践证明，完整的货币政策传导机制，并非只注重作为资产价格的利率，还必须考虑其他若干种资产价格对货币政策传导机制的作用。例如：

（1）汇率的变化。当今世界，经济的全球化趋势和浮动汇率制度，使各国普遍通过特定的货币政策影响汇率的变动，从而达到调节本国进出口和总产量的目的。

（2）权益价格的变动。企业的权益价格是指企业的市场价格与企业的重置成本之比。企业的权益价格高，相对于企业的市场价格而言，购置新的厂房和设备比较便宜，这样企业就可以增加投资支出，最终导致总产量的上升。而通过货币政策的调节来增加货币供给量，有利于公众增加支出，进而增加对权益的需求，从而导致权益价格的提高。

（3）银行信贷的调节。扩张性的货币政策会使银行准备金和银行存款增加，从而使银行可用贷款量增加，刺激企业的投资。

（4）企业和家庭收支的调节。货币政策会直接或间接地影响企业和家庭的收支平衡状况，如扩大货币供给量会使企业的权益价格上升和家庭的财务状况得以改善，从而增加企业的投资支出以及居民对流动性较差的耐用消费品和住房的支出，这些最终都会引起总需求和总产量的增加。

第四节　货币政策效应

货币政策效应是指货币政策的实施对社会经济生活产生的影响。它包括：货币政策时滞、货币政策的数量效应、货币政策对个别部门的影响。与此同时，货币政策的效应也受到其他制度因素的影响。

一、货币政策时滞

货币政策时滞，亦称货币政策的作用时滞或称货币政策时差，是指货币政策从研究、制定到实施后发挥实际效果的全部时间过程。货币政策时滞对货币政策有效性的影响极大，决不能忽视。因为中央银行的货币政策要经过多长时间才能产生效果、这一时间可否进行预测，都关系到货币政策目标能否实现。

货币政策的时滞按发生源和性质分类，可以分为内部时滞和外部时滞两大类。

1. 内部时滞

内部时滞是指中央银行从制定政策到采取行动所需要的时间。内部时滞又可以细分为认识时滞和决策时滞两个阶段。

所谓认识时滞，是指从确实有实行某种政策的需要，到货币当局认识到存在这种需要所耗费的时间。这段时滞的存在，一是因为搜集各种信息资料需要耗费一定的时间；二是因为对各种复杂的经济现象进行综合分析，作出客观的、符合实际的判断需要耗费一定的时间。

所谓决策时滞，是指从认识到需要改变政策，到提出一种新的政策所需耗费的时间。这部分时滞的长短取决于中央银行占有各种信用资料和对经济形势发展的预见能力。

2. 外部时滞

外部时滞是指中央银行从采取行动到这一政策对经济过程发生作用所需要的时间。外部时滞可细分为操作时滞和市场时滞两个阶段。

所谓操作时滞，是指从调整政策工具到其对中介指标发生作用所需要的时间。这段时滞的存在，是因为在实施货币政策过程中，无论何种货币政策工具都要通过影响中介指标才能起作用。究竟能否生效，主要取决于商业银行及其他金融机构对中央银行政策的态度、对政策工具的反应能力和金融市场对央行政策的敏感程度。

所谓市场时滞，是指从中介指标发生反应到其对最终目标产生作用所需要的时间。这是因为企业部门对中介指标变动的反应有一个滞后过程，而且投资或消费的实现也有一个滞后过程。这一时滞的长短取决于调控对象对中介指标变动的反应，从而表现为对最终目标产生影响。

内部时滞可由中央银行掌握，而外部时滞的长短主要取决于政策的操作力度和金融部门、企业部门对政策工具的反应大小，它是一个由多种因素综合决定的复杂变量。因此，中央银行对外部时滞很难进行实质性的控制。外部时滞的长短，主要取决于投资者和消费者对市场变化及信息的反应、经济管理体制、经济发展水平、货币政策力度、社会公众的预期等。

货币政策的时滞使货币政策的有效性受到很大影响。如果货币政策的时滞有限，而且可以预测，那么货币政策便能发挥应有的作用。因为不论时间长度如何，只要有一个确定的范围，中央银行便能根据预期落后的时间差距，预先采取影响将来某一时期经济情况的货币政策。但若货币政策的时滞分布不均，有很大的变异性，则会因为时滞不能预测，货币政策将在错误的时间发生作用，而使经济和金融情况更加恶化。例如，若中央银行无法预测货币政策的时滞，则很可能在经济高涨时采取紧缩政策，但由于货币政策时滞的存在，紧缩政策到经济衰退时才产生降低收入的效果，这样，中央银行反经济周期的货币政策就会失去其有效性，不仅如此，还会扩大经济周期波动幅度，使国民经济更加不稳定。

二、货币政策的数量效应

货币政策的数量效应通常指货币政策效应的强度，即货币政策作用力的大小。对货币政策数量效应大小的判断，一般着眼于实施的货币政策所取得的效果与预期所要达到的目标之间的差距。以评估紧缩政策为例，如果通货膨胀是由社会总需求大于社会总供给造成的，而货币政策正是以纠正供求失衡为目标，那么这项紧缩性货币政策效应的大小甚至是否有效，就可以从以下几个方面来考察：首先，如果通过货币政策的实施，紧缩了货币供给，从而平抑了价格水平的上涨，或者促使价格水平回落，同时又不影响产出或供给的增长率，那么可以说这项紧缩性货币政策的有效性最大；其次，如果货币供应量的紧缩在平抑价格水平上涨或促使价格水平回落的同时，也抑制了产出数量的增长率，那么货币紧缩政策有效性的大小，则要视价格水平变动率与产出变动率的对比而定。若产出量的减少小于价格水平的降低，则货币紧缩政策的有效性较大；若产出数量的减少大于价格水平的降低，则其有效性就较小；最后，如果货币紧缩政策无力平抑价格上涨或促使价格回落，却抑制了产出的增长甚至使产出的增长为负，则可以说货币紧缩政策是无效的。衡量其他类型的货币政策效应，也可采用类似的思路。

但在现实经济生活中，宏观经济目标的实现往往依赖于多种政策如收入政策、价格政策等的配套进行。因此，要准确地检验货币政策的效果，必须对其与其他政策之间的相互作用及作用的大小进行分析，这是一个相当困难的问题。

三、货币政策对个别部门的影响

货币政策对多数经济部门都有相当的影响力，但各经济部门受影响的程度是不一样的。有的部门受影响较大，有的部门受影响较小。货币政策效应在各部门的分布是不均匀的。下面仅就消费支出、投资支出和政府支出加以分析。

就消费支出而言，消费支出是国民收入的函数，同时也受货币持有量和利率水平的影响。因此，货币政策对消费支出的影响主要表现为：

（1）由货币政策数量效应而带来国民收入水平的变化。货币政策的数量效应越大，国民收入的消费支出弹性也就越大。

（2）利率的变动。就整个消费支出来说，利率变动对消费支出的影响较小，但耐用消费品的消费支出受利率变动的影响较大。一般来说，两者呈反方向的变化，因此，消费利率弹性用负数表示。

就投资支出来讲，投资支出的增减与利率水平的高低也是呈反方向的：利率增长率越高，投资增长率就越低；反之，投资增长率就越高。尽管投资支出还要受到销售预期、预期利润率、同业竞争程度、现有设备利用率等因素的影响，但在金融市场日益发达的西方社会，利率对投资支出的影响力仍是非常大的。

就政府支出而言，一般来说，政府支出受货币政策的影响较小，尽管有时高利率会限制政府支出。

四、制度因素与货币政策效应

在经济生活中，除了经济因素起作用外，社会、政治、心理、文化等非经济因素也起着重要的作用。因此，要分析货币政策效应，还应结合制度因素加以分析。

制度因素对货币政策效应的影响主要体现在两方面：

1. 微观主体的预期

由于人们对未来经济行情的变化已有周密的考虑和充分的思想准备，当一项货币政策提出时，各种微观经济主体立即会根据可能获得的各种信息预测政策后果，并很快地制定对策，而且时滞通常较短，从而使货币政策的预期效果被合理预期的作用所抵消。例如，政府拟采取长期的扩张政策，人们通过各种信息预期社会总需求会增加，物价会上涨。在这种情况下，工人会通过工会与雇主谈判提高工资，企业预期工资成本的增大而不愿扩大经营，最后的结果是只有物价的上涨而没有产出的增长。考虑到微观主体的预期，似乎只有在货币政策的取向和力度没有或没有完全为公众知晓的情况下才能生效或达到预期效果。但是这样的可能性不大：中央银行不可能长期不让社会知道它所要采取的政策，即使采取非常规的货币政策，不久之后也会落在人们的预期之内。假如中央银行长期采取非常规的货币政策，则将导致微观经济主体作出错误判断，并会使经济陷入混乱之中。但实际的情况是，公众的预测即使是非常准确的，要实施对策也要有个过程。这就是说，货币政策仍能奏效，但公众的预期行为会使其效应大打折扣。

2. 社会政治团体的利益

政治性经济周期因素和其他一些政治性因素也会对货币政策的效果产生影响。

（1）政治性经济周期的影响。一般来讲，高经济增长和低失业会给执政党带来不少选票，所以，执政党在大选之前都力图刺激经济，而新政府一般在大选后便及时采取收缩政策，使国民经济平稳下来，这叫做“政治性经济周期”。但由于大多数西方国家中央银行理事会成员任期与政府首脑不一致，因此，在大选之前，往往出现货币政策与财政政策大相径庭的局面。总统力图刺激国民经济，降低失业率；中央银行力图稳定国民经济，抑制通货膨胀率。所以，政治性经济周期的存在也会在一定程度上影响货币政策的效果。

（2）其他政治因素的影响。由于任何一项货币政策方案的贯彻，都可能给不同阶层、集团、部门或地方的利益带来一定的影响，因此这些主体如果在自己利益受损时作出较强烈的反应，就会形成一定的政治压力。这些压力足够大时，就会迫使货币政策进行调整。

第五节　我国货币政策的实践

一、我国古代的宏观经济政策思想

论及货币政策，一般均以20世纪30年代形成的现代社会化大生产和中央银行开始作为国家货币管理当局为背景。中央银行真正运用货币政策调节国民经济，则应从20世纪60年代开始。在我国，较多提及有关货币政策是在改革开放政策实施及中央银行成立之后。然而，我国古代虽以古代小农经济为背景，但确实存在着宏观经济政策如何作用于经济运行的思想。

早在春秋战国时期，范蠡就有粮价过贱不利于农民、粮价过贵不利于商人的思想。后来的李悝，也有关于控制谷物价格的措施。古书上记载：丰年，谷价下跌，国家用货币收购谷物，收购掌握的尺度是“贾（价）平则止”，荒年则出售丰年收购的谷物，平抑上涨的谷价。可见，当时的宏观经济政策思想是从价格角度提出来的。

据史料记载，中国古代的统治者一般均有两个现实要求：一是要掌握货币，从铜的开采到货币的铸造都由君王垄断；二是国家要有实力。两者结合的观点是：国家必须依据自身的大小掌握足够的钱币和谷物。

关于古代货币政策思想，在《管子》一书中有最集中的反映。《管子》中强调：除货币操作外，还要辅之以财政措施和信用措施，即“令有缓急，故物有轻重”，意思是如下令征货币，则币重；如征谷，则谷重，等等。《管子》还从货币政策角度进行高度的理论概括，书中说：“先王以守财物，以御民事，以平天下也。”“五谷食米，民之司命也；黄金、刀布，民之通施也。故善者执其通施以御其司命。”说明了统治者掌握财和物并加以调节，对保天下太平的重要性。

二、计划经济体制下货币制度和货币政策的实践

从 1953 年起，我国开始进行有计划的经济建设，确立了计划经济体制并坚持实行到改革开放初期。二十多年的实践说明，实行计划经济体制，在特定时期能够发挥积极的作用，但此后就越来越显露出众多的弊端。

在计划经济体制下，我国的货币制度与货币政策服从于国民经济发展计划的需要；货币发行权集中于中央，银行的信贷计划和货币发行计划实行高度集中的管理。在货币政策执行过程中，贯彻始终的是指标管理。为了保证国民经济发展计划的完成，保证中央批准的当年货币发行量（指标）的实现，银行内部实行层层分配指标和控制指标。这种指令性行政管理办法，人为因素常常起主导作用。由于对指标的确定有时带有主观随意性，与经济运行的客观规律不相符合，因而在执行中往往会出现“一紧就死、一放就乱”的问题。

在计划经济体制下，我国的货币政策还要服从于国家财政计划的需要。为了保证财政收入计划的实现，许多企业往往挪用银行贷款上交税利，导致银行扩大借贷计划；由于财政资金和借贷资金实行“分口管理、分别使用”原则，若财政应拨补的企业亏损和各项基金不能及时拨补或者拨补数额不足，必然导致企业占用银行贷款，迫使银行扩大信用、增发货币；国家允许财政向银行透支、借支弥补财政赤字，也迫使银行扩大货币发行。所有这些，对货币政策的正确执行都极为不利。

“一五”计划时期，国家的各项经济指标比较切合实际，在执行中注意搞好综合平衡；财政坚持收支平衡，有了结余就增拨银行信贷基金或企业流动资金，为货币政策的正确执行创造了有利条件。“大跃进”时期，在急于求成的思想影响下，脱离实际的高指标盛行，国民经济重大比例严重失调，财政“假结余、真赤字”，银行信贷失控、大量增发货币。后经过三年调整，实现了经济的协调发展，财政收入增长，收支平衡，市场货币流通恢复正常。但是，1966—1976 年，国民经济再度陷入困境，金融工作遭到新的严重挫折，货币大量增发，商品供应奇缺，所谓的货币政策完全是依靠临时性的行政手段。“文化大革命”结束以后，经过拨乱反正和一系列的整顿，国民经济逐渐恢复生机，银行的地位和作用不断加强，货币政策的重要性又日益显现出来。

三、改革开放以来货币政策的实践

从 1979 年开始，我国进入了改革开放的历史新时期。遵循十一届三中全会以来的路线、方针、政策，按照邓小平同志关于银行要抓经济、要把银行真正办成商业银行的指示精神，通过一系列的改革，我国的金融体制和货币制度发生了深刻的变化，独立的货币政策在宏观经济调控中发挥了积极作用，我国货币制度和货币政策的历史掀开了新的一页。

我国三十多年来的金融体制改革，涉及金融领域的方方面面、各个角落。最令人瞩目的变化是：建立了中央银行体制，初步形成了中央银行的宏观调控和金融监管体系；建立了在中央银行调控监管下，政策性金融与商业性金融分离、以国有商业银行为主体、多种金融机构并存的金融组织体系；初步建立了包括货币市场和资本市场在内的、统一的、有管理的金融市场体系；形成了以市场供求为基础、有管理的浮动汇率制度，实现了人民币经常项目的可兑换。

与金融体制改革相适应，我国货币政策的目标、工具和传导机制也发生了重大变化。“稳定货币币值，并以此促进经济增长”的货币政策目标，以法律条文形式得到确立；存款准备金、再贷款、利率、信贷限额等货币政策工具得到广泛运用，公开市场操作、再贴现等货币政策工具也开始运用。货币政策的传导机制，正在从计划指标的层层落实转向通过调控经济变量影响最终目标。

在这三十多年间，我国曾几度出现经济发展过热的问题。中央银行积极探索运用货币政策进行宏观调控的方式和方法，不断调整货币政策的方针和力度，取得了明显的绩效，积累了宝贵的经验。特别是 1993 年以来，金融调控在成功实现经济“软着陆”的过程中发挥了重要的作用，货币政策成为最重要的宏观调控手段。

【案例阅读】

2015 年第四季度中国货币政策执行报告（节选）

第二部分　货币政策操作

2015 年以来，中国经济下行压力有所加大，价格涨幅保持低位，来自外部的不确定性冲击也明显增多。根据党中央、国务院的统一部署，中国人民银行主动适应经济发展新常态，坚持稳中求进的总基调，继续实施稳健的货币政策，灵活运用各类货币政策工具，加强预调微调，保持流动性合理充裕，引导降低融资成本，促进经济结构调整，同时坚定推动金融市场化改革，进一步完善货币政策调控框架。

一、灵活开展公开市场操作，加强对货币市场利率的引导和调节

2015 年，受美联储加息以及人民币汇率预期变化等因素影响，外汇由流入变为流出，银行体系流动性需求有所增加。同时，地方政府债大量发行、股票市场剧烈波动、新股 IPO 以及金融监管考核等因素也加大了银行体系流动性变化的不确定性，流动性管理的难度和复杂性趋于上升。

按照稳健货币政策的要求，中国人民银行密切关注美联储加息等因素对银行体系流动性的影响，根据流动性供求格局变化，以逆回购为主灵活开展公开市场操作，与下调法定存款准备金率等其他货币政策工具协调配合，有效对冲外汇占款下降等因素对流动性的影响，保持流动性总量合理充裕，促进流动性供求大体均衡，收到了较好的操作效果。同时，针对国内外金融市场波动有所增大、调控环境更加复杂多变的情况，加强预调微调，灵活运用短期流动性调节工具（SLO）及时熨平公开市场常规操作间歇期流动性短期波动，既促进了金融市场的平稳运行，也为货币信贷平稳增长创造了良好的流动性环境。全年公开市场累计开展逆回购操作 32 380 亿元，未开展正回购操作；开展 SLO 操作累计投放流动性 5 200 亿元。年末公开市场逆回购操作余额为 100 亿元；SLO 余额为 0；央行票据余额为 4 222 亿元。

按照利率调控的总体要求，结合货币政策调控框架转型需要，中国人民银行加强对货币市场利率的引导和调节，综合运用“量、价”工具，引导货币市场利率平稳下行，并采取有效措施降低货币市场利率波动，优化利率期限结构。2015 年，配合存贷款基准利率下调，公开市场 7 天期逆回购操作利率先后 9 次下行，年末操作利率为 2.25%，较年初下降 160 个基点，对引导货币市场利率下行发挥了关键作用。同时，进一步提高公开市场 7 天期逆回购操作的连续性和稳定性，通过连续释放公开市场操作利率信号，有效引导和稳定市场预期，既增强了公开市场操作对货币市场利率的引导能力，也促进了货币市场 7 天与隔夜利率利差的合理收窄，进一步优化了利率期限结构。

二、适时开展常备借贷便利和中期借贷便利操作

2015 年年初，为贯彻中央经济工作会议精神，完善中央银行对中小金融机构提供流动性支持的渠道，促进货币市场平稳运行，中国人民银行在前期 10 省（市）分支机构常备借贷便利操作试点形成可复制经验的基础上，在全国推广分支机构常备借贷便利。11 月，为探索分支机构常备借贷便利利率发挥利率走廊上限的作用，结合当时的流动性形势和货币政策调控需求，中国人民银行决定适当下调分支机构常备借贷便利利率，对符合宏观审慎要求的地方法人金融机构，隔夜、7 天的利率分别为 2.75%、3.25%。2015 年全年累计开展常备借贷便利操作 3 348.35 亿元，其中各季度分别开展常备借贷便利操作 3 347 亿元、0 亿元、0 亿元和 1.35 亿元，期末常备借贷便利余额为 0.4 亿元。

三、普降和定向相结合调整存款准备金率，实施平均法考核准备金制度

2015 年以来，中国人民银行五次调整了存款准备金率，包含四次普遍降准和五次定向降准，累计普遍下调金融机构存款准备金率 2.5 个百分点，累计额外定向下调金融机构存款准备金率 0.5—6.515 个百分点。具体看，一是支持“三农”和小微企业等重点领域，累计额外下调满足审慎经营要求且“三农”或小微企业贷款达到一定比例的商业银行存款准备金率 0.5—1 个百分点，累计额外下调农村金融机构（农村合作银行、农村信用社和村镇银行）存款准备金率 2—2.5 个百分点；二是支持重大水利工程和基础设施建设，累计额外下调农业发展银行存款准备金率 6.5 个百分点；三是支持企业提高效益和支持扩大消费，累计额外下调财务公司、金融租赁公司和汽车金融公司存款准备金率 4—4.5 个百分点。总的来看，享受定向降准政策机构占全部金融机构的比例超过 98%。

四、完善宏观审慎政策框架

中国人民银行进一步完善宏观审慎政策框架，更好地发挥逆周期调节作用。一是将差别准备金动态调整机制“升级”为宏观审慎评估体系，在保持对宏观审慎资本充足率核心关注的基础上，将单一指标拓展为七个方面的十多项指标，兼顾量和价，兼顾间接融资和直接融资，由事前引导转为事中监测和事后评估，建立了更为全面、更有弹性的宏观审慎政策框架，引导金融机构加强自我约束和自律管理。二是将外汇流动性和跨境资金流动纳入宏观审慎管理范畴，对远期售汇征收风险准备金，扩大本外币一体化的全口径跨境融资宏观审慎管理，对境外金融机构在境内金融机构存放执行正常的存款准备金率。

五、运用再贷款、再贴现和抵押补充贷款工具，加大重点领域和薄弱环节信贷投放

中国人民银行积极运用信贷政策支持再贷款、再贴现和抵押补充贷款等工具引导金融机构加大对小微企业、“三农”和棚改等国民经济重点领域和薄弱环节的支持力度。2015年年末，全国支农再贷款余额1 962 亿元，支小再贷款余额752 亿元，再贴现余额1 305 亿元。经国务院批准，从2015 年10 月起，中国人民银行将抵押补充贷款的对象由国家开发银行扩大至中国农业发展银行、中国进出口银行，主要用于支持三家银行发放棚改贷款、重大水利工程贷款、人民币“走出去”项目贷款等。根据三家银行上述贷款的发放进度，2015 年，中国人民银行向三家银行提供抵押补充贷款共6 981 亿元，期末抵押补充贷款余额为10 812 亿元。

六、充分发挥窗口指导和信贷政策的结构引导作用

中国人民银行加强窗口指导和信贷政策的信号及结构引导作用，引导金融机构更好地用好增量、盘活存量，探索创新组织架构、抵押品、产品和服务模式，将更多信贷资金配置到重点领域和薄弱环节，大力支持稳增长、调结构、惠民生。一是鼓励和引导银行业金融机构全面支持制造强国建设，继续做好产业结构战略性调整、基础设施建设和船舶、铁路、流通、能源等重点领域改革发展的金融服务，加大对养老、健康等服务业发展的金融支持，加大消费信贷产品创新力度，积极满足居民六大消费领域的合理信贷需求。二是扎实做好涉农和小微企业金融服务，以新型农业经营主体为抓手，继续扎实推行主办行制度，慎重稳妥地推进“两权”抵押贷款试点，支持符合条件的金融机构发行金融债券专项用于小微企业贷款。三是督促银行业金融机构落实好金融支持化解产能过剩矛盾的各项政策，建立和完善绿色金融政策体系，大力发展绿色金融。四是做好京津冀协同发展、长江经济带建设金融支持工作，不断提升促进区域协调发展的金融服务的水平。五是继续完善扶贫、就业、助学、少数民族、农民工、大学生村官等民生金融服务。加大金融精准扶贫力度，大力发展普惠金融，着力支持贫困地区经济社会持续健康发展和贫困人口脱贫致富。此外，进一步完善信贷政策导向效果评估工作机制，鼓励金融机构通过信贷资产证券化、用好收回再贷资金等方式盘活存量资产，探索开展不良资产证券化，为盘活信贷资产存量、优化金融资源配置创造良好条件。

从政策实施效果看，信贷投放对“三农”、小微企业等重点领域的支持力度总体较强。截至2015 年年末，人民币小微企业贷款余额为17.4 万亿元，同比增长13.9%，增速比同期大型和中型企业贷款增速分别高2.7 个和5.3 个百分点；金融机构本外币涉农贷款余额26.4 万亿元，同比增长11.7%，占各项贷款的比重为27.8%。

七、下调存贷款基准利率，放开存款利率浮动上限

灵活发挥利率杠杆的调节作用，引导市场利率平稳适度下行。2015 年以来，为推动社会融资成本下行，加大金融支持实体经济的力度，中国人民银行连续五次下调金融机构人民币存贷款基准利率，其中，金融机构一年期贷款基准利率累计下调 1.25 个百分点至 4.35%；一年期存款基准利率累计下调 1.25 个百分点至 1.5%。随着各项政策措施效果的逐步显现，金融机构贷款利率明显下降，货币市场、债券市场利率继续走低，企业融资成本高的问题得到有效缓解。存款利率总体下行，分层有序、差异化竞争的金融机构存款定价格局进一步形成。

资料来源：中国人民银行网（http：//www.pbc.gov.cn），2015 年第四季度中国货币政策执行报告。

【主要术语】

货币政策　法定存款准备金　基础货币　窗口指导

【复习思考题】

1. 简述货币政策目标及目标间的冲突。
2. 简述货币中介目标的选择标准。
3. 简述一般性货币政策工具体系的主要内容。
4. 简述凯恩斯主义关于货币政策传导机制的理论。
5. 简述现代货币主义关于货币政策传导机制的理论。
6. 如何理解微观主体的预期对货币政策效应的抵消作用？

第十二章 资产组合及资产定价

学习目标：

- 了解风险和金融风险的概念；
- 了解套利定价模型的主要内容；
- 掌握单一资产及资产组合的收益和风险的衡量，掌握有效资产组合的概念；
- 掌握资本市场线和证券市场线方程。

第一节 风险与资产组合

一、金融风险的概念和种类

（一）风险的概念

在现实社会经济生活中，风险这个词常常被人们提及。我们经常能听到人们谈论投资风险、信用风险、就业风险等，与风险有关的新生词语或新鲜事物比比皆是，如风险资本、风险投资等。那么，究竟什么是风险？到目前为止，还没有一个公认的定义，不同的学者以及不同的学科对之有不同的理解。

在经济学领域，最早提出风险概念的是美国学者海斯（Haise），他早在 1895 年就在其所著的《经济中的风险》一书中将风险定义为“损害或损失发生的可能性”。美国经济学家、芝加哥经济学派创始人奈特（Knight）在其 1921 年出版的经典著作《风险、不确定性和利润》中，对风险与不确定性的关系进行了比较全面的分析，并将风险定义为“从事后角度来看的，由于不确定性因素而造成的损失”。亚洲风险与危机管理协会认为，“风险是指在特定条件下与给定期间内，可能发生结果与期望结果之间的负差异”。由此可见，风险的本质特征是不确定的。

本书将采用下面的定义：风险是指未来结果的不确定性。如果一个事件未来一定时期内可能发生的结果只有一个，我们认为该事件没有风险；如果未来结果不止一个，则认为该事件有风险。不确定性越大，风险越大。

（二）金融风险的概念

金融风险，是指金融市场各个构成要素（如金融变量、制度性因素、市场主体等）的变动，对金融活动的最终结果产生的不确定性影响，从而使经济主体遭受亏损的可能性。金融是现代经济的核心，只要存在投资或融资活动，就必然存在金融风险。在资金的融通和货币的经营过程中，任何与金融市场相关的市场要素发生变动，如利率的提高、汇率的贬值、经济的波动等，都可能使经济主体的实际收益与预期收益产生较大偏差，乃至因防范措施不当遭受严重的亏损。

人们进行一项投资的最直接的动机是获得收益，因而投资决策的目标是使得收益最大化，但是由于收益与投资之间存在时间上的滞后，这种滞后导致收益受许多未来不确定性因素的影响，从而使得收益成为一个未知变量。投资者在进行决策时只能根据经验和所掌握的资料对未来形势进行判断及预测，形成对收益的估计或预期。未来收益的实现将受不确定性因素的影响而偏离预期，这种偏离将导致投资者面临得不到预期的收益甚至亏损的危险，这种危险便是投资的风险。因而，投资者在进行投资决策时，不仅要考虑投资的收益，还要考虑投资的风险，决策的目标应该是追求收益的最大化和风险的最小化，在收益和风险这一对相互关联、相互作用的矛盾的统一体中寻求某种均衡。

（三）金融风险的种类

金融风险大体上可分为市场风险、信用风险、流动性风险、操作风险、法律风险、政策风险等。在实践中，这些风险往往是相互影响的。

1．市场风险

市场风险，是指由基础金融变量，如利率、汇率、股票价格、通货膨胀率等方面的变动所引起的金融资产或负债的市场价值变化而给投资者带来的损失可能性。这是金融投资中最普遍、最常见的风险，无论投资于股票、债券、期货、期权、票据、外币、基金等有价证券，还是投资于房地产、贵重金属、国际贸易等有形资产，或是其他实体项目，几乎所有投资者都必须承受这种风险。这种风险来自市场买卖双方供求不平衡引起的价格波动，这种波动使得投资者在投资到期时可能得不到投资决策时所预期的收益。

《巴塞尔协议》根据风险因子来源的不同，将市场风险进一步划分为利率风险、汇率风险、股权风险和商品价格风险。其中，利率风险是最常见的金融风险。因为利率会受宏观经济环境变动的影响而时常变动，使得经济实体资产负债表中绝大部分项目的市场价值都有可能因利率变动而发生不利的影响。汇率风险是指因汇率变动而对以外币标价的收入与支出、资产与负债的市场价值产生的不确定性影响。在贸易与投资活动全球化的今天，越来越多具有涉外业务的银行、企业甚至国家都遭受着汇率风险的威胁。股权风险与商品价格风险是指与股票价格指数、商品价格指数有关的标的资产或衍生证券，因这两类基本市场变量的变化而蒙受经济损失的可能性。

2．信用风险

信用风险，是指交易对方不愿意或者不能履行契约的责任，导致另一方资产损失的风险。如果契约的一方不能履约，或者当信贷机构降低借贷者的信用等级时，通常会导致借贷者债务市场价值的变动，给金融机构带来损失。信用风险是金融风险的主要类型之一。

造成风险的因素很多，有的来自主观因素，由债务人的品质、能力等决定，如在远期外汇交易中，公司的对手方可能是持有外汇多头的投机者，在外币贬值时不履行合约而蒙受损失；有的来源于客观因素，如经济恶化、公司倒闭，这些债务人将丧失偿债能力。

3．流动性风险

流动性风险有两种含义：一种是由于市场的流动性不高，导致证券持有者无法及时变现而出现损失的风险；另一种是金融交易者本身在现金流方面出现困难，不得不提前将金融资产低价变现，以致账面损失变为实际损失的风险。

4. 操作风险

操作风险，是指由于操作系统不完善、管理控制缺陷、欺诈或其他人为错误导致损失的可能性。操作风险主要有两个来源：一是技术性因素，如信息系统、风险测量系统的不完善，技术人员的违规操作等；二是组织结构因素，如风险监测框架不完备、人员配备不齐，以及相关的法律法规不完善等。

5. 法律风险

法律风险，是指诸如签署的合同因不符合法律规定等而造成损失的风险；此外，还包括由于违反政府监管而遭受处罚的风险。这种风险与可以破坏政府监管的活动有关，如市场操纵、内部交易等。

6. 政策风险

政策风险，是指货币当局的货币政策以及政府的财政政策、对内对外的经济政策乃至政治、外交、军事等政策的变动，可能给投资者带来的风险。

二、资产组合理论

资产组合理论又称证券组合理论。现代资产组合理论是由美国纽约市立大学巴鲁克学院的经济学教授、诺贝尔经济学奖获得者马科维茨（Markowitz）创立的。1952 年 3 月，马科维茨在《金融杂志》上发表了题为《资产组合的选择》的论文，将概率论和线性代数的方法应用于证券投资组合的研究，从而使得投资风险的衡量可以数量化。该理论解释了投资者应当如何构建有效的证券组合并从中选出最优的证券组合。对证券进行分散化投资的目的，是在不牺牲预期收益的前提条件下降低证券组合的风险。资产组合理论将单一证券和证券组合的预期收益与风险加以量化，并证明分散投资可以在保证一定预期收益的情况下尽可能地降低风险。

（一）马科维茨的基本假设

一般投资者进行投资的目的是获得一定的收益。但是，收益是和风险形影相随、密切相连的，它们之间形成相互交换的关系，而投资者所能得到的预期收益，则依他对这种关系的态度不同而变化。

马科维茨为了抽象说明理论的本质，作了多种假设，作为研究资产组合理论的前提条件：（1）假设证券市场是有效的，市场上各种有价证券的风险与收益的变动及其影响因素都为投资者掌握或者至少可以得知；（2）假设所有投资都是完全可分的，每个人可以根据自己的意愿（和支出能力）选择尽可能多的或尽可能少的投资；（3）假设投资者以预期收益率（亦称收益率均值）来衡量未来实际收益率的总体水平，以收益率的方差（或标准差）来衡量收益率的不确定性（风险），投资者根据预期收益率和方差（或标准差）选择投资组合，而他们所选择的投资组合具有较高的预期收益率或较低的风险；（4）假设投资者是风险厌恶者，都愿意得到较高的收益率，如果要他们承受较大的风险，则必须以得到较高的预期收益作为补偿；（5）假设多种证券之间的收益都是相关的，如果得知每种证券之间的相关系数，就有可能选择最低风险的证券组合。

（二）单一资产的收益和风险

1. 单一资产的收益及其度量

投资的收益有两个来源：一是资产收入，如股息或利息收入；二是资本收入，即资本市价涨跌所带来的收入。比如在一定期间进行股票投资的收益率，等于现金股利加上价格的变化，再除以初始价格。假设投资者购买了 100 元的股票，该股票向投资者支付 7 元现金股利。一年后，该股票的价格上涨到 106 元。这样，该股票的投资收益率是（7+6）/100=13%。因此，特定期限内的投资收益率可以用如下公式来表示：

$$r=\frac{C+(P_1-P_0)}{P_0} \tag{12-1}$$

式中，C 为投资的资产收入；P_1 为期末价格；P_0 为期初价格；P_1-P_0 为该期间的资本收入。

在收益确定的情况下（比如将钱存入银行，不计通货膨胀的影响），投资者可以准确得知现在的投资到未来一定时期内可获得的收益。但在实际研究中，由于证券的收益率受到许多不确定因素的影响，从而是一个随机变量，因此服从一个概率分布。我们假设每一个收益率及出现的概率如表 12-1 所示。

表 12-1　资产的收益率与实现概率

收益率	r_1	r_2	r_3	r_4	…	r_n
概率	p_1	p_2	p_3	p_4	…	p_n

因此，该证券的期望收益率或预期收益率为：

$$E(r)=\sum_{i=1}^{n} r_i p_i \tag{12-2}$$

式中，r_i 为第 i 种可能的收益率；p_i 为第 i 种收益率出现的概率。

在实际操作中，我们通常根据证券收益率概率分布的历史信息来估计该证券的预期收益率。

2. 单一资产的风险及其度量

我们知道，证券的收益率是一个随机变量，其实际收益率与预期收益率往往存在一定的偏差。如果投资者以预期收益率为依据来进行决策，就必须意识到正在冒着得不到预期收益率的风险。实际收益率越分散，它们与预期收益率的偏离程度越高，投资者承担的风险也就越大。因此，证券风险的大小可由实际收益率与预期收益率的偏离程度来反映。具体来说，通常用统计学中的方差或标准差来表示。方差和标准差的计算公式如下：

$$\sigma^2(r)=\sum_{i=1}^{n}[r_i-E(r)]^2 p_i \tag{12-3}$$

$$\sigma(r)=\{\sum_{i=1}^{n}[r_i-E(r)]^2 p_i\}^{\frac{1}{2}}$$

式中，$\sigma^2(r)$ 为收益率 r 的方差；$\sigma(r)$ 为收益率 r 的标准差；r_i 为第 i 种可能的收益率；p_i 为第 i 种收益率出现的概率。

标准差的直接含义是，当证券收益率服从正态分布时，三分之二的收益率在 $\pm\sigma(r)$ 的范围之内，95% 的收益率在 $\pm 2\sigma(r)$ 的范围之内。

下面通过一个例子来说明预期收益率和标准差的计算。例如，某项资产第二年的收益率可能有六种结果，每一个估计的结果都有一个确定的概率与之对应，如表 12-2 所示。

表 12-2　某资产的收益率与实现概率

可能的收益率（r_i）	−0.10	−0.02	0.04	0.09	0.14	0.20	0.28
概率（p_i）	0.05	0.10	0.20	0.30	0.20	0.10	0.05

根据以上公式，可以计算出该项资产的预期收益率是：

$$\begin{aligned} E(r) &= (-0.01)\times 0.05 + (-0.02)\times 0.10 + 0.04\times 0.20 + 0.09\times 0.30 \\ &\quad + 0.14\times 0.20 + 0.20\times 0.10 + 0.28\times 0.05 \\ &= 0.09 \end{aligned}$$

同样，根据标准差的计算公式，可以计算出该项资产的风险度为：

$$\begin{aligned} \sigma^2(r) &= (-0.10-0.09)^2\times 0.05 + (-0.02-0.09)^2\times 0.10 + (0.04-0.09)^2\times 0.20 \\ &\quad + (0.09-0.09)^2\times 0.30 + (0.14-0.09)^2\times 0.20 + (0.20-0.09)^2\times 0.10 \\ &\quad + (0.28-0.09)^2\times 0.05 \\ &= 0.00703 \end{aligned}$$

$$\sigma(r) = \sqrt{0.00703} = 0.0838$$

（三）资产组合的收益和方差

1. 两种资产组合的收益和风险

假设投资者不是将所有资产投资于具有风险的单一资产，而是投资于两个具有风险的资产，那么该资产组合的收益和风险应如何计量呢？假设某投资者将其资金分别投资于具有风险的资产 A 和 B，其中 x_A 比例投资于资产 A，x_B 比例投资于资产 B，且 $x_A + x_B = 1$。假定资产 A 的收益率为 r_A，资产 B 的收益率为 r_B，则这一资产组合的预期收益率 $E(r_p)$ 可表示为：

$$E(r_p) = x_A E(r_A) + x_B E(r_B) \tag{12-4}$$

即双资产组合的预期收益率等于单个资产的预期收益以投资比重为权数的加权平均数。

由于两种资产的风险具有相互抵消的可能性，双资产组合的风险就不能简单地等于单个资产的风险以投资比重为权数的加权平均数。其收益率的方差和标准差的计算公式如下：

$$\begin{aligned} \sigma_p^{\,2} &= x_A^{\,2}\sigma_A^2 + x_B^2\sigma_B^2 + 2x_A x_B \sigma_A \sigma_B \rho_{AB} \\ \sigma_p &= (x_A^{\,2}\sigma_A^2 + x_B^2\sigma_B^2 + 2x_A x_B \sigma_A \sigma_B \rho_{AB})^{\frac{1}{2}} \end{aligned} \tag{12-5}$$

式中，ρ_{AB} 表示资产 A、B 收益率之间的相关系数；$\sigma_A\sigma_B\rho_{AB}$ 表示协方差。

协方差表示资产 A 和 B 实际收益率和预期收益率离差之积的期望值，可以用来衡量两个证券收益之间的互动性。正的协方差表明两个变量朝同一方向变动，负的协方差表明两个变量朝相反方向变动。两种证券收益率的协方差衡量这两种证券一起变动的方向和幅度。

相关系数的一个重要特征为其取值范围介于 −1 与 +1 之间，即 $-1 \leqslant \rho_{AB} \leqslant +1$。

当取值为 −1 时，表示资产 A、B 的收益变动完全负相关；当取值为 +1 时，表示证券

A、B 的收益变动完全正相关；当取值为 0 时，表示证券 A、B 的收益变动完全不相关。当 $0<\rho_{AB}<1$ 时，表示正相关；当 $-1<\rho_{AB}<0$ 时，表示负相关。

根据上面的分析可知，双资产组合的风险不仅取决于每种资产自身的风险（用方差或者标准差表示），还取决于每两种资产之间的互动性（用协方差或相关系数表示）。

2．多种资产组合的收益和风险

由上面的分析可知，资产组合的预期收益率就是组成该组合的各种资产的预期收益率的加权平均数，权数是投资于各种资产的资金占总投资额的比例。用公式表示：

$$E(r_p) = \sum_{i=1}^{n} x_i E(r_i) \tag{12-6}$$

式中，$E(r_p)$ 表示资产组合的预期收益率；$E(r_i)$ 表示组合内第 i 种资产的预期收益率；x_i 表示第 i 种资产在整个资产组合中所占的比重；n 表示组合中不同资产的总数目。

与投资于单一资产不同，资产组合的风险的计算就不能简单地通过把组合中每个资产的方差或标准差进行加权平均而得到。用其收益率的方差 $\sigma_p{}^2$ 表示，其计算公式为：

$$\begin{aligned}\sigma_p^2 &= \sum_{i=1}^{n}\sum_{j=1}^{n} x_i x_j \operatorname{cov}_{ij} \\ &= \sum_{i=1}^{n}\sum_{j=1}^{n} x_i x_j \sigma_i \sigma_j \rho_{ij} \\ &= \sum_{i=1}^{n} x_i{}^2 \sigma_i{}^2 + 2 \cdot \sum_{1\leqslant i<j\leqslant n} x_i x_j \sigma_i \sigma_j \rho_{ij}\end{aligned} \tag{12-7}$$

式中，x_i、x_j 分别表示第 i、j 种资产在整个资产组合中所占的比重；cov_{ij} 表示第 i 种资产和第 j 种资产可能收益率的协方差；ρ_{ij} 表示第 i 种资产和第 j 种资产收益率之间的相关系数；$\sum_{i=1}^{n}\sum_{j=1}^{n}$ 表示双重加总符号，表示所有有关资产的协方差都要相加。

由上可知，资产组合的方差不仅取决于单个资产的方差，而且还取决于各种资产间的协方差。随着组合中资产数目的增加，在决定组合方差时，协方差的作用越来越大，而方差的作用越来越小。在一个由两个资产组成的组合中，有两个加权方差和两个加权协方差。但是对一个大的组合而言，总方差主要取决于任意两种资产间的协方差。例如，在一个由 30 种资产组成的组合中，有 30 个方差和 870 个协方差。若一个组合进一步扩大到包括所有的资产，则协方差几乎就成了组合标准差的决定性因素。

只要两种资产的相关系数小于 1，资产组合的标准差就要小于两种资产的标准差的加权平均数。实际上，不论资产组合中包括多少种资产，只要资产组合中每对资产间的相关系数小于 1，资产组合的标准差就会小于单个资产标准差的加权平均数，这意味着只要资产的变动不完全一致，单个有高风险的资产就能组成一个只有中低风险的资产组合。

（四）资产组合与分散风险

传统的投资理念告诉我们，规避风险的一个好方法就是“不要把所有的鸡蛋放在同一个篮子里”。应用在投资决策中，就是说，不要将所有的钱投资于同一资产，通过分散投资可以降低投资风险。

资产组合的风险分为两类：系统性风险和非系统性风险。所谓非系统性风险，是指那种通过增加持有资产的种类就可以相互抵消的风险。系统性风险是指无法通过增加持有资产的种类而消除的风险。

如前所述，资产组合的风险不仅取决于单个资产的风险和投资比重，还取决于两种资产收益的协方差或相关系数，而协方差或相关系数起着特别重要的作用。因此，投资者建立的资产组合就不是一般的拼凑，而是要通过各证券收益波动的相关系数来分析。

由于每种资产的全部风险并非完全相关，构成一个资产组合时，单一资产收益率变化的一部分就可能被其他资产收益率的反向变化所减弱或者完全抵消。事实上，可以发现资产组合的标准差一般都低于组合中单一资产的标准差，因为各组成资产的总风险已经被分散化从而大量抵消。

根据资产组合预期收益率和风险的计算公式可知，不管组合中资产的数量是多少，资产组合的收益率只是单个资产收益率的加权平均数，分散投资不会影响到组合的收益率。但是分散投资可以降低收益率变动的波动性。各个资产之间收益率变化的相关关系越弱，分散投资降低风险的效果就越明显。

从理论上讲，一个资产组合只要包含了足够多的相关关系弱的资产，就完全有可能消除所有的风险。但是在现实的资产市场上，各资产收益率的正相关程度很高，因为各资产的收益率在一定程度上受同一因素（如经济周期、利率的变化等）影响，因此，分散投资可以消除资产组合的非系统性风险，但是并不能消除系统性风险。

（五）有效资产组合

资产组合理论提出了有效边界理念。按照这个理念，任何一个投资组合均存在有效与无效之分。同时满足以下两个条件的一组资产组合，称为有效组合：第一，在各种预期收益率水平条件下，提供最小的风险；第二，在各种风险条件下，提供最大的预期收益率。

如果选择 n 种资产进行投资，投资者投资于每种资产的资金比例的变动，将产生无数的资产组合，每种组合都有对应的收益和风险。在图 12-1 中，落在 *ABCD* 区间内的任何一点都代表在 n 种资产范围内所组成的某一特定组合，即可行组合，而有效组合就隐含在可行组合中。可行组合代表从 n 种资产中所能得到的所有资产组合的集合，这种集合一般呈伞状。除了一些特殊情况外，所有可行组合的形状都是相似的。

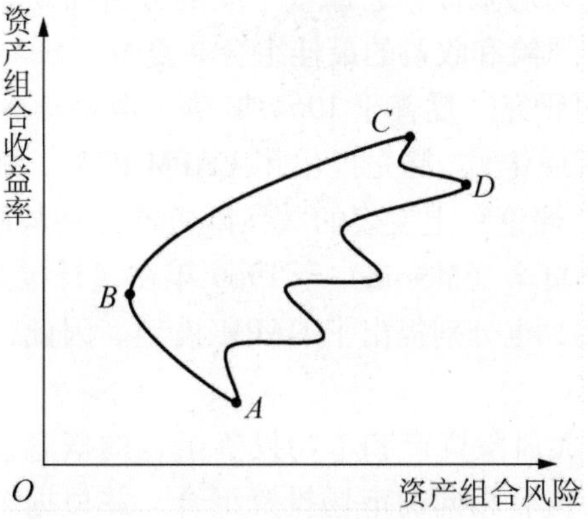

图 12-1　资产组合的曲线与有效边界

对理性投资者而言，他们总是厌恶风险而追求收益最大化，所以，他们只会选择同样收益率水平下具有最小风险的组合，或者选择同样风险水平下具有最大收益率的组合。我们可以运用有效组合的定理从可行组合中找出有效组合。

首先，考虑同样收益率水平下具有最小风险的组合。在所有组合中，*A* 点的预期收益率最小，*C* 点的预期收益率最大。因此，对各种预期收益率而言，从 *A* 点到 *C* 点的范围包含了各种资产组合能够提供的预期收益率。在此范围内，任意作一条横轴的平行线，发现在既定的预期收益率水平下，具有最小风险的资产组合位于从 *A* 点到 *C* 点可行组合左边的边界上。

其次，考虑同样风险水平下具有最大收益率的组合。在所有组合中，*B* 点的风险最小，*D* 点的风险最大。因此，从 *B* 点到 *D* 点的范围包含了各种资产组合的所有风险。在此范围内，任意作一条纵轴的平行线，发现在既定的风险水平下，具有最大预期收益率的资产组合位于从 *B* 点到 *D* 点的可行组合左上角的边界上。

而同时满足以上两个条件的资产组合，是曲线段 *ABC* 和 *BCD* 的交集，也就是曲线段 *BC*，所以这条曲线称为有效边界。这一有效边界是一条向右上方倾斜的曲线，反映了高风险、高收益的关系。有效边界上的所有组合都是有效组合，在有效边界以下和右边的任何组合都不是有效组合。

有效边界的原理向我们展示了一个理性投资人所应选择的资产组合在哪里。但是，有效边界只提供了一个资产选择的有效区间，而不是一个确定的点，而具体选择哪一个点则取决于投资人的偏好。

第二节　资本资产定价模型

一、资本资产定价模型的理论渊源

在资本市场中，影响资产价格的因素是多种多样的，学者们若想致力于对资产定价的定量研究，就必须借助简化的资产定价模型，这导致了资本资产定价模型（capital asset pricing model，CAPM）的产生。资本资产定价理论源于马科维茨的资产组合理论的研究。但是，马科维茨的理论有一定的局限性，它偏重于质的分析而缺乏量的分析，无从知道证券该分散到何种程度才能达到风险和收益的最佳组合。夏普（Sharp）在此基础上对证券市场价格机制进行了积极深入的研究。夏普于 1964 年在《金融杂志》上发表了《资本资产定价：风险条件下的市场均衡理论》，首先提出了 CAPM 模型。随后，林特纳（Lintner）于 1965 年在《经济学和统计学评论》上发表的《风险资产评估与股票组合中的风险资产选择以及资本预算》一文，以及莫辛（Mossin）于 1966 年在《计量经济学杂志》上发表的《资本资产市场中的均衡》一文，也分别提出了 CAPM 模型。因此，资本资产定价模型也叫做“夏普—林特纳—莫辛模型”。

CAPM 模型首先引入了无风险资产和市场投资组合的概念，认为在市场是完全有效的条件下，理性的投资者都会持有相同的市场投资组合，并根据个人的风险偏好选择不同的无风险资产和投资组合资产比例，从而导出资本市场线。然后，再通过具体资产与市场投资组合相关系数以及衡量个别资产与市场投资组合风险的相关系数 β 推导出资本资产定价模型。该模型着重描述了资产组合的预期收益率和风险的关系，对证券均衡价格的确定作出了系统性的解释，成为现代金融投资理论的核心。该模型的重要意义是将数学引入了理性投资分析，为金融市场的发展和规范提供了依据。

二、资本资产定价模型的基本假设

资本资产定价模型是以马科维茨的资产组合理论为基础的，除了马科维茨模型中的假设条件外，资本资产定价模型还补充了以下假设条件：（1）假设存在无风险资产，也就是说，任何投资者都可以以无风险利率借入或贷出任意数量的资金；（2）每个资产或资产组合的分析都是在单一时期进行的；（3）所有的投资者都以相同的观点和分析方法来对待各种投资工具，他们对所交易的金融工具未来的收益现金流的概率分布、预期收益率和方差等都有相同的估计，也即具有一致的预期；（4）在不同的系统风险中，投资者之所以选择不同的投资组合，是由于他们对风险的偏好不同；（5）资本市场是完善的，不存在有限的可分性、税收、交易成本等障碍，证券价格是一种均衡价格。

三、资本市场线

在资产组合理论中，我们假设构造的组合中所有资产都是风险资产。资本资产定价模型假设还存在一种无风险资产，这样投资者不仅可以投资于风险资产，还可以投资于无风险资产。在资产组合中引入无风险资产，并且假定投资者对于风险资产的投资是按照一个特定的市场组合进行的，则新构成的组合是包含一种无风险资产和一组风险资产的特定组合。无风险资产在一个经济体中基本只有一类，如政府债券；一组风险资产组合中的风险资产，实际上是限定在证券市场上的风险资产，如股票。股票价格的变化反映发行人的风险以及发行人所在行业、社会的风险；而股票市场则汇聚了来自多行业的众多企业的股票。所以，股票市场所有资产的组合，在一定意义上可以代表社会所有风险资产的集合。这样的风险资产组合称为市场组合。

当投资者将一种无风险资产和市场组合结合起来，就形成一个新的资产组合。用 F 和 M 分别代表一种无风险资产和市场组合。这个新资产组合的预期收益率和风险（用收益率的标准差表示）的计算公式如下：

$$E(r_p)=x_f r_f+x_m E(r_m)=(1-x_m)r_f+x_m E(r_m)=r_f+x_m[E(r_m)-r_f]$$

$$\sigma_p=(x_f{}^2\sigma_f^2+x_m^2\sigma_m^2+2x_f x_m\sigma_f\sigma_m\rho_{fm})^{\frac{1}{2}} \tag{12-8}$$

式中，x_f 表示无风险资产在整个资产组合中所占的比重，r_f 表示无风险资产的预期收益率，x_m 表示市场组合在整个资产组合中所占的比重，$E(r_m)$表示资产组合的预期收益率，σ_f 表示无风险资产的标准差，σ_m 表示市场组合的标准差，ρ_{fm}表示无风险资产和市场组合之间的相关系数。

由于资本资产定价模型假定投资是单一时期的投资，因而无风险资产的收益是确定的，无风险资产的风险为零，即 $\sigma_f=0$，那么引入无风险资产的新资产组合的风险相当于风险资产在组合中的比重乘以其标准差，即

$$\sigma_p=x_m\sigma_m \tag{12-9}$$

根据式（12-9），有 $x_m=\dfrac{\sigma_p}{\sigma_m}$，代入公式 $E(r_p)=r_f+x_m[E(r_m)-r_f]$中，则有：

$$E(r_p)=r_f+\frac{E(r_m)-r_f}{\sigma_m}\sigma_p \tag{12-10}$$

由于 r_f、$E(r_m)$ 和 σ_m 已知，式（12-10）为一线性函数，其中 $\frac{E(r_m)-r_f}{\sigma_m}$ 为单位风险报酬。根据同时包含一种无风险资产 F 与市场组合 M 的新资产组合的预期收益率和风险，可以在坐标图上画出一条向上倾斜的、连接无风险资产和风险资产并与马科维茨资产组合曲线相切的直线，叫做资本市场线（capital market line，CML），如图 12-2 所示。

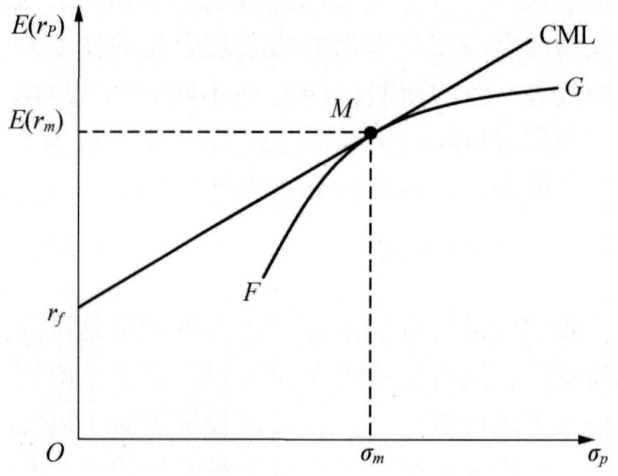

图 12-2　资本市场线

在图 12-2 中，CML 直线的斜率是 $\frac{E(r_m)-r_f}{\sigma_m}$，它表示单位风险报酬；$r_f$ 点是无风险资产的预期收益率，即无风险利率，表示当资产组合中的所有资金投资于无风险资产时，该资产组合所对应的风险与收益率。

在资本市场线上，所有的点均表示一种无风险资产 F 与市场组合 M 这两者的任一种组合所对应的风险与收益。资本市场线上的 M 点同时位于马科维茨的有效边界上，它表示当所有的资金全部投资于风险资产组合时，与资产组合的风险及收益相对应的点。其中，r_fM 线段上的点表示 x_f 与 x_m 在 0、1 之间相互消长的变动。在这个线段上，对于 F 和 M 的投资都是正方向的。在 M 点向右上方延伸的线段上，所有的点代表与如下一种情况相对应的风险与收益：无风险资产为负，而市场组合的投资比重大于 1。当以无风险利率借入无风险资产并全部投资于市场组合时，此时的无风险资产为负。借入的无风险资产比例越大，投资点就越远离 M 点。

四、证券市场线

资本市场线只是揭示了有效组合的收益风险均衡关系，由资本市场线公式得出的预期收益率并没有针对某一个资产，因而无法解决某个资产的定价问题。经济学家希望能在资本市场线公式的基础上进一步发展，得到单个资产的预期收益率。

为实现这个目标，首先需要知道单个风险资产（如股票）的收益率与市场组合收益率之间的关系。假定投资人持有的是一组资产而不是单一资产。因此，对于每一项资产，投资人所关心的不是该资产本身的风险，而是持有该资产后，对整个资产组合风险的影响程度。在此基础上确定该资产的风险补偿以及预期收益率。

为能够分辨单个资产对市场组合风险影响程度的大小，我们自然要对衡量市场组合风险水平的指数——方差 σ_m^2 进行考察。根据资产组合方差公式，我们可以得出市场组合的方差公式：

$$\sigma_m^2 = \sum_{i=1}^{n} \sum_{j=1}^{n} x_i x_j \text{cov}_{ij} \tag{12-11}$$

式中，x_i、x_j 分别表示市场组合中第 i、j 种资产在整个市场组合中所占的比重；cov_{ij}表示第 i 种资产和第 j 种资产可能收益率的协方差。根据协方差性质，第 i 种资产与市场组合的协方差可以表示为每种资产与第 i 种资产的协方差的加权和，则上式可表示为：

$$\sigma_m^2 = x_1 \text{cov}_{1m} + x_2 \text{cov}_{2m} + x_3 \text{cov}_{3m} + \cdots + x_n \text{cov}_{nm}$$

式中，cov_{nm}表示第 n 种资产和市场组合 M 的协方差。

把市场组合的方差改写成上式的形式，就使我们能够清晰地从中分离出单个资产对市场组合风险的影响程度。式中的 $x_i \text{cov}_{im}$（$i=1, 2, 3, \cdots, n$）可被视为投资比重为 x_i 的第 i 种资产对市场组合 M 的风险影响大小的绝对度量，而cov_{im}便被视为投资比重为 x_i 的第 i 种资产对市场组合 M 的风险影响大小的相对度量。

预期收益率 $E(r_m) - r_f$ 可被视为市场对市场组合 M 的风险补偿，也即相当于对方差 σ_m^2 的补偿。于是，按其对 σ_m^2 的相对贡献，分配给单位资金规模的第 i 种资产的补偿应为：$\frac{\text{cov}_{im}}{\sigma_m^2} \cdot [E(r_m) - r_f]$。由于单位资金规模的第 i 种资产的补偿又等于$E(r_i) - r_f$，其中 $E(r_i)$ 表示第 i 种资产的预期收益率。于是有：

$$E(r_i) - r_f = \frac{\text{cov}_{im}}{\sigma_m^2} \cdot [E(r_m) - r_f]$$

记 $\beta_i = \frac{\text{cov}_{im}}{\sigma_m^2}$，则上述方程可改写为：

$$E(r_i) = r_f + \beta_i [E(r_m) - r_f] \tag{12-12}$$

这个公式即为资本资产定价模型的核心关系式。该方程表明：单个资产（第 i 种资产）的预期收益率与其对市场组合方差的贡献率之间存在着线性关系。从该公式可以知道，无风险资产的 β 系数为零，市场组合的 β 系数为 1，即 $\beta_m = 1$。

资本资产定价模型反映的是一个特定资产的风险与预期收益率的关系。公式右边的第一项表示投资的机会成本补偿，用无风险利率表示，第二项表示投资的风险补偿，通常称为“风险溢价”，它与承担的风险的大小成正比。

表示特定资产风险与预期收益率的关系的直线，称为证券市场线（securities market line，SML），如图 12-3 所示。

证券市场线是以无风险利率 r_f 为截距，斜率为 $E(r_m) - r_f$ 的直线。它直观地表现出特定资产的风险与预期收益率的关系。

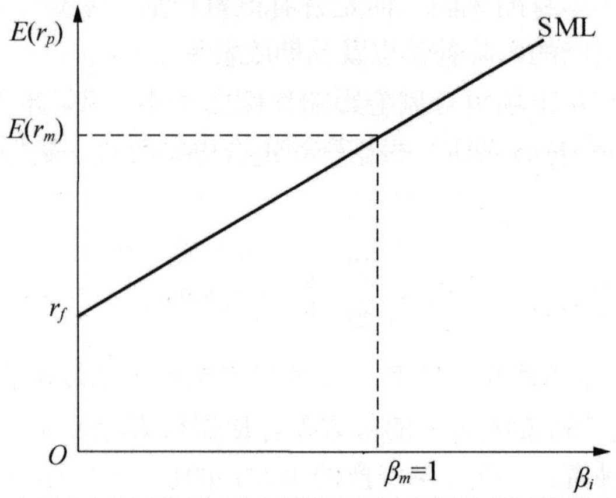

图 12-3　证券市场线

第三节　套利定价理论

一、套利定价理论的基本假设

1976 年，美国学者斯蒂芬·罗斯在《经济理论杂志》上发表了经典论文《资本资产定价的套利理论》，提出了一种新的资产定价模型，此即套利定价理论（the arbitrage pricing theory，APT）。套利定价理论用套利概念定义均衡，认为套利行为是现代有效率市场（即市场均衡价格）形成的一个决定因素。套利定价理论作为描述资本资产价格形成机制的一种新方法，其基础是价格规律：在均衡市场上，两种性质相同的商品不能以不同的价格出售；如果市场未达到均衡状态，市场上就会存在无风险套利机会。套利定价模型虽然被称作套利定价模型，但实际与套利交易无关，是适用于所有资产的估值模型。其理论基础是一项资产的价格是由不同因素驱动的，将这些因素乘以该因素对资产价格影响的 β 系数，加总后，再加上无风险收益率，就可以得出该项资产的价值。套利定价理论导出了与资本资产定价模型相似的一种市场关系。套利定价理论以收益率形成过程的多因子模型为基础，认为证券收益率与一组因子线性相关，这组因子代表证券收益率的一些基本因素。事实上，当收益率通过单一因子（市场组合）形成时，我们将会发现套利定价理论形成了一种与资本资产定价模型相同的关系。因此，套利定价理论可以被认为是一种广义的资本资产定价模型，为投资者提供了一种替代性的方法，来理解市场中的风险与收益率之间的均衡关系。

套利定价理论是在无套利原则下推导出来的，其基本假设如下：

（1）资本市场是完全竞争的、无摩擦的。

（2）投资者是厌恶风险的，且是非满足的。当具有套利机会时，他们会构造套利组合来增加自己的财富，从而追求效用最大化。

（3）所有投资者有相同的预期。任何证券 i 的收益率都是一个线性函数，其中包含 k 个影响该证券收益率的因素。

（4）市场上的证券的个数远远大于因素的数量。

（5）每个证券的随机误差项用来衡量证券收益中的非系统风险部分，它与所有影响因素及证券不相关，任何两个证券的随机误差项不相关。

二、套利组合

套利组合是预期收益增加而风险没有增加的投资组合。套利组合要满足以下三个条件：

1. 不需要投资者增加任何额外投资

如果 x_i 表示在套利组合中证券 i 的权重的变化，那么要满足证券 i 所占投资比例变化而总投资不变的条件，可以通过以卖出某些证券来买进其他一些证券的方式，而不需要追加投资，即 $\sum_{i=1}^{n} x_i = 0$。

2. 组合的风险为零，即该组合既没有系统性风险，又没有非系统性风险

为了得到无风险的资产组合，我们必须消除系统性风险（因素风险）和非系统性风险（非因素风险）。满足下面三个条件的资产组合符合这一要求：① 选择的投资比例变动 x_i 充分小；② 所包括的证券种类尽量多，以分散风险；③ 选择特定的投资比例变动 x_i，使得证券 i 的因素灵敏度系数 b_i（即证券收益率对该因素的敏感度）与投资比例的加权平均数等于零，即 $\sum_{i=1}^{n} x_i b_i = 0$。

3. 组合的预期收益率必须是正数，即 $\sum_{i=1}^{n} x_i E(r_i) > 0$

根据前两个条件，该组合既不需要追加投资，又没有任何风险，如果该组合的收益不为零，它就是一个套利组合。这一特征组合表明，如果投资者持有这一套利组合，他就会在不追加投资的情况下获得无风险套利利润，直到资产的价格达到均衡价格为止。

【例 12-1】 假如市场上有三种证券，每个投资者都认为它们满足单因素模型，且具有以下的预期收益率和因素敏感度：

证券	$E(r_i)$（%）	b_i（%）
1	20	4.0
2	15	2.5
3	10	3.0

假设证券 1、证券 2、证券 3 的资金比例变动为：$x_1 = 0.05$，$x_2 = 0.1$，$x_3 = -0.15$。

则有：

$$x_1 + x_2 + x_3 = 0.05 + 0.1 - 0.15 = 0$$
$$x_1 b_1 + x_2 b_2 + x_3 b_3 = 0.05 \times 4 + 0.1 \times 2.5 - 0.15 \times 3 = 0$$
$$x_1 E(r_1) + x_2 E(r_2) + x_3 E(r_3) = 0.05 \times 20\% + 0.1 \times 15\% - 0.15 \times 10\% = 1\% > 0$$

假定投资者持有这三种证券的市值各为 100 万元，那么套利资产组合的市值为 300 万元。

为了套利，该投资者可以：

出售 15% 的证券 3：$-0.15 \times 10\% \times 300 = -4.5$ 万元

购买 5% 的证券 1：$0.05 \times 20\% \times 300 = 3$ 万元

购买 10% 的证券 2：0.10 × 15% × 300 = 4.5 万元

其和为：1% × 300 = 3 万元

因此，投资者可以在没有任何风险的情况下获得较高收益。它是非投资获利，没有因素风险且有正的预期收益。此时，投资者有套利机会。对于任何只关心更高回报率而忽略非因素风险的投资者，这种套利组合是相当有吸引力的。

三、套利定价模型

套利定价模型的理论要点是证券的收益率与一组影响它的要素线性相关。假设所有证券的收益率受到 N 个共同因素 F_1，F_2，F_3，…，F_N 的影响，则证券的收益率可以用如下方程表示：

$$r_i = a_i + b_{i1}F_1 + b_{i2}F_2 + \cdots b_{iN}F_N + e_i = a_i + \sum_{j=1}^{N} b_{ij}F_j + e_i$$

式中，r_i 为第 i 种证券的收益率；F_j 为第 j 个影响证券收益率的要素；b_{ij} 为证券 i 的收益率对要素 j 的敏感程度；a_i 为截距项，表示 F_1，F_2，F_3，…，F_N 都为零时，证券 i 的预期收益率。e_i 为随机误差项，并有 $E(e_i)=0$，$\mathrm{cov}(F_i, e_j)=\mathrm{cov}(e_i, e_j)=0$，其中 $i \neq j$。

我们可以对上面的方程取数学期望，因此得到证券 i 的预期收益率为：

$$\begin{aligned} E(r_i) &= a_i + b_{i1}E(F_1) + b_{i2}E(F_2) + \cdots + b_{iN}E(F_N) \\ &= a_i + \sum_{k=1}^{K} b_{iN}E(F_N) \end{aligned}$$

套利组合理论认为，当市场上存在套利机会时，投资者会不断地进行套利交易，从而不断推动证券的价格向套利机会消失的方向变动，直到套利机会消失为止，此时证券的价格即为均衡价格，市场也就进入均衡状态。可以证明，当且仅当证券的预期收益率是敏感性的线性函数时，不再存在套利机会。此时，证券的预期收益率具有下述构成形式：

$$E(r_i) = r_f + b_{i1} \times \lambda_1 + ... + b_{iN} \times \lambda_N \tag{12-13}$$

这就是套利定价理论的一般表达式。

下面我们解释一下方程式中 λ 的含义。考虑一个对因素 F_j 有单位敏感度但对别的因素的敏感度为零的资产组合 δ_j，此时 $b_j = 1$，则该组合的预期收益率为 $E(\delta_i) = r_f + \lambda_j$，所以 $\lambda_j = E(\delta_i) - r_f$，它是单位敏感度的资产组合的预期超额回报率，也称为因素风险酬金。

【案例阅读】

美互联网金融推智能投资组合获百亿美元追捧

随着美股及相关基金收益的持续走高，一种通过电脑计算得出的基金投资组合方式在美国青年投资者中盛行。统计显示，2014 年年中以来，已有超过百亿美元资金流入此类基金账户。

通常，美国的投资顾问都是以面对面的形式管理投资组合。嘉信理财（Charles

Schwab）等互联网金融公司则开始以投资专家设计的电脑算法来替代人工，帮助投资者构建股票 ETF、债券 ETF 以及商品 ETF 和现金等一篮子组合资产。投资者只需完成在线风险偏好调查，并存入 5 000 美元就可以获得一份电脑计算出来的基金投资组合。该组合会随市场波动进行调整，而这一组合不收取佣金、咨询费或者账户管理费。

嘉信智能组合（Charles Schwab Intelligent Portfolios）网页展示了其投资选项，智能组合会依据投资者对风险的理解，自动调整股票、固定收益、商品和现金投资的比例，并给出是否需要额外的定期投资、投资期限等选项，利用图表给出期限内预计的资产总额和年化投资收益，组合所提供的 ETF 产品就多达数十种。

嘉信理财 2015 年 3 月推出这项服务，目前已有账户 24 000 个，管理的总资产达到 15 亿美元。《巴伦周刊》数据显示，除了嘉信理财，美国还有财富前线（Wealthfront）、Betterment 等公司提供类似的服务。2014 年年中以来，上述公司的智能投资组合获得 157 亿美元资金流入。

从投资者结构上看，这种网上智能投资组合更受年轻人的青睐。嘉信投资 CEO Walter Bettinger 表示，将近三分之二的新注册用户年龄在 45 岁以下，而已有的零售渠道客户，超过三分之二的客户年龄在 45 岁以上。

目前，推出智能投资组合的互联网公司主要靠基金公司的产品费用，一些互联网金融公司也会推荐旗下自有的 ETF 产品，嘉信理财还会给投资组合配置 6% 到 30% 不等的现金，而嘉信理财可以获得客户的现金利息。

除了电脑智能算法配置 ETF 及现金资产外，嘉信理财还计划在今年年中推出机构投资者管理的智能账户，让注册投资分析师替代电脑帮助投资者配置资产。

资料来源：姚波，《美互联网金融推智能投资组合获百亿美元追捧》，《中国基金报》，2015 年 4 月 27 日。

【主要术语】

金融风险　有效资产组合　市场组合　资本市场线　证券市场线　套利组合

【复习思考题】

1. 什么是有效组合？如何从可行组合中找出有效组合？
2. 引入无风险资产后，有效边界有什么变化？什么是资本市场线？
3. 什么是证券市场线？如何根据证券市场线方程计算资产或资产组合的预期收益率？
4. 比较资本市场线与证券市场线之间的异同。
5. 套利组合的三个条件是什么？
6. 简述资本资产定价模型的前提假设，以及它们与真实的投资决策过程的联系。

第十三章　金融发展与金融改革

学习目标：

- 了解金融发展与金融改革历程；
- 掌握金融发展理论的主流观点；
- 了解金融抑制与金融深化理论的内容与意义；
- 理解金融改革对金融发展的影响作用。

金融发展理论既是关于金融自身如何发展的理论，又是关于金融发展如何作用于经济发展的理论。就其现实表现来看，金融发展和金融改革表现为发展中国家的金融深化过程和发达国家的金融创新过程，这两种发展形式是内在一致的，也就是金融自由化过程。金融发展理论阐述的核心是经济与金融之间相互联系、相互促进的关系。本章将详细介绍金融发展理论和金融创新理论的内容，结合实际分析中国金融发展和金融改革的情况。

第一节　金融发展理论

一、金融发展理论的发展历程

（一）金融结构理论

雷蒙德·W. 戈德史密斯（Raymond W. Goldsmith）1969 年出版的《金融结构与金融发展》一书，奠定了金融发展理论的基础，开创了金融结构论体系，他本人也从而成为金融发展理论的鼻祖。

金融结构理论延续了货币非中性的思想。戈德史密斯认为，反映各国金融发展差异的主要指标是金融结构指标。因此，为了反映各国金融发展的差异，探悉金融发展的规律和方向，必须从解析一国的金融结构入手。

金融结构理论认为，金融发展是指金融结构的变化，即金融结构的两个重要方面——金融工具与金融机构的组合变化。众多的金融工具和金融机构一起构成了金融体系。不同类型的金融工具与金融机构组合，构成不同特征的金融结构。金融工具的种类、数量、流动性和先进程度，金融机构的数量、种类、规模、效率和服务范围，都是评价金融结构发展成熟程度的标准。

金融结构理论揭示了金融深化的内在路径和规律。尽管各国金融结构不同，但金融发展的趋势是相似的，金融相关比率、金融机构在金融资产总额中的比重、银行系统的地位等方面的变化都呈现出一定的规律性，只是由于通货膨胀等因素会出现偏离。这就说明，虽然各国金融发展水平不同，但金融发展的基本趋势是一致的。

（二）金融深化理论

麦金农（Mckinnon）和肖（Shaw）的金融深化理论一反主流经济理论以发达国家为研究对象和偏重实物要素的研究方法，认为适用于发达国家的货币理论是不大能适用于发展中国家的，而是以发展中国家为研究对象，集中研究货币金融与经济发展的内在联系。金融深化理论建立了一套比较适合发展中国家特征的货币金融理论，被认为是发展经济学和货币金融理论的重大突破。

虽然金融深化理论提倡的金融自由化促进了经济的发展，但是它也存在着不足，后来的经济学家对该理论有了新的分析研究。卡普尔（Kapur）1976 年在《欠发达经济稳定政策的选择》一文中提出了金融自由化可以增加投资数量的观点。政府为了平抑通货膨胀和促进经济增长，可以通过降低货币供给增长率和提高存款利率、增加投资资金两种措施来抑制需求，使经济长期保持均衡状态。卡普尔 1979 年在《欠发达经济的适宜金融和外汇自由化》一文中提出，如果一国处于贸易赤字、通货膨胀和低经济增长的过渡时期，实际汇率应该逐步贬值，以避免短期资本流入过快，加剧该国的通货膨胀。

弗莱（Fry）通过自己设计的动态模型，肯定了利率的储蓄效应。他认为，决定经济增长的因素有三个：

（1）实际价格与预期价格之比，或者说是实际通货膨胀率与预期通货膨胀率之差。如果前者超过后者，就会刺激企业增加生产和资本投入，从而有利于实际资本收入的增长。

（2）预期通货膨胀率与存款的关系。如果前者超过后者，实际存款利率的下降就会减少资金来源，对私人生产性投资产生“挤出效应”。

（3）政府的产业政策。政府对其扶持产业提供优惠低息贷款，并在信贷配额中优先照顾这些部门，就会妨碍其他部门的发展，进而降低实际经济的增长率。

盖贝斯（Galbis）通过模型分析得出，金融自由化是通过改善投资质量，即提高投资效率来提高经济效益的。他的模型论证了投资是如何从低收益部门转移到高收益部门来提高投资效率、促进经济发展的。

马锡森（Mathieson）在 1980 年用模型证明了实际投资效率与经济增长率正相关，名义贷款利率和资本产出比率则与经济增长率负相关。因此，在金融抑制状况下，应当提高实际存款利率和降低实际贷款利率以增加储蓄，促进投资和经济增长。他认为，只有实际存款利率不变，货币和信贷市场才能实现均衡。如果金融抑制、通货膨胀和经济低增长同时并存，则应当先逐步提高存贷款利率和降低货币供给增长率，然后再逐步降低存贷款利率。在开放经济模型中，汇率政策应当与利率和货币供应量的变化相配合。

金融深化理论纠正了传统的经济发展理论忽视金融因素的偏颇：在理论方面，金融深化理论指出主流货币金融理论认为货币与实物资本是替代品的假定并不适用于发展中国家，相反，在这些国家，货币和实物资本在相当范围内是互补品；在政策主张上，金融深化理论既不同于凯恩斯主义，也与现代货币主义有异，它主张通过提高利率来刺激储蓄和投资。此外，金融深化理论还指出，为促成金融体系和实际经济的良性循环与增长，除金融领域外，还应在其他政策领域也采取相应的配套措施，并充分发挥市场机制的调节功能。

（三）金融约束理论

进入20世纪90年代，随着国家金融发展理论研究的不断深入，特别是信息经济研究取得重大突破，尤其是应用到政府行为的分析中，为金融发展理论的研究奠定了微观基础，一些经济学家对金融深化理论提出了挑战。以赫尔曼（Hellman）、默多克（Murdock）和斯蒂格利茨（Stiglitz）为代表的新凯恩斯主义经济学家从不完全信息市场的角度提出了金融约束理论，重新审视了金融体制中的放松管制与加强政府干预的问题。

金融约束理论认为，麦金农和肖的金融深化理论的假设前提为金融市场是完全竞争的，市场中的信息是完善和公开的，并存在一个竞争完全不受任何阻碍和干扰的市场结构，且市场中的主体是理性的。然而在现实中，这种均衡条件难以成立。况且，由于经济中存在着信息不对称、道德风险等，即使在完全竞争的金融市场条件下，资金资源也难以被有效配置。所以政府的适当干预是十分必要的。

对发展中国家来说，金融约束可以成为国家在保证市场效率的前提下干预经济的手段。而且与过度金融自由化所带来的消极影响相比，金融约束一定程度上是与金融渐进改革相适应的，是摆脱金融抑制、走向金融深化的必要阶段和必由之路。

金融约束理论的政策主张包括：

（1）政府应控制存贷款利率。政府应将存款利率控制在一个较低的水平上，降低银行成本，减少银行的道德风险，激励其长期经营。

（2）通过严格的市场准入限制政策限制竞争。限制竞争可提高金融体系的安全性，对整个社会经济也具有重要的外部效应。

（3）限制资产替代性政策。发展中国家必须采取限制资产替代性政策，保证将较少的资金资源用于发展社会经济。

（4）金融约束作为政策制度要与时俱进。金融约束不是自由放任和政府干预之间的静态的政策权衡，而应随着经济的发展和金融深化的进程而进行调整。

金融约束理论用信息经济学理论对发展中国家的金融市场和金融体系进行了研究，提出了政府干预的经济政策主张，对发展中国家在金融深化过程中政府政策的制定具有借鉴价值。

二、金融发展与经济发展之间的关系

自20世纪七八十年代的金融创新和金融自由化运动以来，特别是随着非银行金融机构的迅速发展，金融发展与经济增长的关系变得非常紧密。传统的经济增长主要靠项目，靠实物资源、技术进步，现代经济增长则在很大程度上依赖于金融的发展程度，不仅要靠实物资源的开发和技术进步，更重要的是要靠金融资源的开发利用。传统的金融交易都是以实质商品的交易为基础，以实现商品的价值补偿和实物替换为己任，那么，现代金融交易中的相当部分则与实质商品交易无直接关系，金融交易的规模、结构以及对整个社会经济的影响力等都远远超过实质商品交易。

（一）金融发展与经济发展的相互作用

1. 金融发展对于经济发展的积极作用

（1）有助于实现资本的积聚与集中，实现现代化的大规模生产经营，取得规模经济效益。

（2）有助于提高资源的使用效率，从而提高社会经济效率。

（3）有助于提高用金融资产进行储蓄的比例，从而提高社会的投资水平。

2. 经济发展对于金融发展的作用

（1）经济发展使社会的收入水平不断提高，因而提高人们对金融投资和理财服务的需求。这是金融发展的原动力。

（2）经济发展形成越来越多的大企业集团，要求与其融资需求相匹配的现代金融机构为其提供服务。

（二）金融发展与经济增长的相互关系指标

1. 金融相关率

金融相关率是指一定时期内社会金融活动总量（金融资产总额）与经济活动总量（国民生产总值）的比值，它是衡量金融上层结构规模的最广泛的尺度。金融资产包括：非金融部门发行的金融工具（即股票、债券及各种信贷凭证），金融部门（中央银行、商业银行、保险公司等）发行的金融工具（如通货与活期存款、居民储蓄、保险凭单等）和国外部门的金融工具等。

2. 货币化比率

货币化比率，即社会的货币化程度，是指一定时期内用货币进行商品与服务交换的价值占国民生产总值的比重，用以衡量一国的货币化程度。由于货币是金融资产的一个重要部门，所以货币化比率是反映一个社会的金融发展程度的重要指标之一。

三、对金融发展理论的评价

自20世纪60年代被创立开始，金融发展理论已经走过了四五十年的发展历史。随着金融环境的日新月异，以及经济学界各种理论的蓬勃发展，金融发展理论虽然观点与时俱进，但是始终难以对实体经济发展起到前瞻作用，存在诸多值得探讨的问题。

20世纪90年代的金融发展理论较好地结合了内生增长理论等主流经济学的最新成果，引入微观分析，对金融在经济体系中的效能作了富有启发的技术性的探讨与诠释。但是，依据数学模型终究无法完全模拟并代替对现实世界的理解，90年代的金融发展理论在急速变化的世界金融格局中也显得苍白无力。

总之，金融发展理论的研究正处于继续发展与成熟之中。对金融之于经济的作用，不能局限于内生增长理论的宏观分析，更不能片面局限于经济学范畴，而应把研究视角细化到金融中介体、金融市场等金融资源的微观作用机制并延伸到社会政治体系、文化环境与管理制度的分析。

第二节　金融抑制与金融深化

一、金融抑制的概念和具体表现

金融抑制，是指市场机制的作用还没有得到充分发挥的发展中国家中存在的过多金融管制，如对利率和汇率的人为操纵、设置信贷配额、金融资产单调等现象。金融抑制阻碍了经济的发展和成长。

大多数发展中国家，由于其金融市场普遍不够发达，因此都存在着不同程度的金融抑制现象。这种金融抑制现象具体表现在以下几个方面：

（1）金融机构高度国有化，没有引入竞争机制的国有银行利用垄断优势获得利润，经营和服务效率低下，缺乏金融创新的动力和环境。

（2）金融市场尤其是资本市场不够发达，存在分割现象；金融资产品种少、存量低；缺乏金融中介机构，造成储蓄者和贷款者相互隔绝，企业尤其是中小企业很难从正规市场融资。在这一阶段，中小企业多以民间融资、集资等非正规市场手段来筹集发展所需的资金，付出比正规市场高很多的成本。

（3）市场利率受到政府管制。在人为压低的利率水平下，尽管存在旺盛的资金需求，但资金供求缺口受到政府管制，资金往往通过信贷配额提供给有特权却最没有经济效率的国有企业，资金实际利用效率不高。后来束缚中国银行业发展的呆账、坏账很多都是在这一阶段形成的。此外，信贷配额制度还滋生了很多金融领域的官员腐败事件。

（4）对汇率进行人为干涉。发展中国家高估本国货币汇率，造成对外汇的过度需求，迫使政府对中间产品进口实行外汇管制和要求出口商将外汇换成国内通货。金融抑制束缚了发展中国家的内部储蓄，加强了它们对国外资本的依赖。20世纪80年代，在中国三种汇率——外汇官价、市场调节价和“黑市价”并存，所谓“黑市价”和官价的差距在一倍以上。

发展中国家存在的金融抑制现象，加剧了金融体系的不平衡，造成了金融市场的很多不良隐患，在一定条件下，会爆发金融危机，对金融市场损害极大，比如1997年发生的亚洲金融风暴和21世纪初南美洲阿根廷等国发生的金融危机。

二、金融抑制对经济发展的负效应

金融抑制对经济的影响是多方面的，主要表现为以下四个负效应：

（一）负收入效应

公众持有的实际货币量越大，进行储蓄和投资的货币也就越多，而储蓄和投资的增加可以带来生产的增长和收入的提高。但是在许多发展中国家，个人货币持有量的增加没有带来生产和收入的增长，却引起严重的通货膨胀。这是因为这些国家的名义利率都受到管制，长期被限制在很低的水平上，造成居民对通货膨胀引起的货币贬值的恐慌，减少以货币形式保有的储蓄，导致投资货币来源的紧张，影响了生产的扩大和收入的增长。

（二）负储蓄效应

许多发展中国家试图用规定名义利率上限的做法来控制货币数量。在通货膨胀率很高的情况下，较低的名义利率只能造就更低的实际利率，存款人获得很低的利率，储蓄者为了回避货币贬值风险，被迫降低储蓄倾向，转而增加消费支出、购买物质财富或者选择向国外转移资金。发展中国家的金融资产种类单调，流通性差，对储蓄者吸引力不够。这些因素都影响了社会中储蓄占国民收入的比重。

（三）负投资效应

发展中国家，尤其一些新兴市场国家，都处于重化工发展时期，由国家政策引导，大量的资金都投入规模大、周期长的重工产业，而其他产业则不得不面对投入资金不足的局面。投入资金大的行业不一定是产出效益好的行业。资金不讲究使用效率，盲目投入，会造成投资的浪费。

（四）负就业效应

投资向资本密集型企业倾斜使得传统行业投资不足，造成劳动力的流动。但是这些转移来的劳动力不能被新建立的资本密集型企业完全吸收，造成大量失业人口。

三、金融深化的概念和具体内容

金融深化，是指政府放弃对金融市场和金融体系的过度干预，放松对利率和汇率的严格管制，使利率和汇率成为资金供求和外汇供求对比变化的信号，从而有利于增加储蓄和投资，促进经济增长。

（一）金融深化的含义

金融深化具有以下两方面的含义：

（1）在发展中国家发展不完善的金融市场中，扩大金融活动的深度和广度，充分调动国内闲置资金，提高国内金融资本存量，建立高效的现代金融机构，为中小企业提供良好的融资渠道。

（2）把市场机制引入金融领域，促进利率市场化，使之能真正反映资金的价格，让资金持有者能在衡量投资和消费的机会成本条件下作出理智选择。充分地调动金融中介，发挥它在金融资本市场中的作用。

金融深化可以优化金融环境，吸引国内储蓄和国际资本的流入；而市场机制可以促进国内金融业的良性发展，市场化利率更能提高资金的使用效率，促进资本存量的结构优化和金融资产的国际竞争力的提升。金融行业的发展最终会扩大就业，实现总收入的增加。这就是金融深化的储蓄效应、投资效应、就业效应和收入效应（与金融抑制的四个负效应相对应）。

（二）金融深化的实质就是金融自由化

金融自由化的主要内容包括：

（1）利率自由化。指政府必须放开对利率的限制，使其真正市场化，使储蓄的流动能通过真实利率进行调节，使资金的利用更有效率。

（2）机构自由化。指向银行业引入市场机制，打破国有银行的垄断，成立更多商业银行参与竞争，允许金融领域向民营资本和国外资本开放，建立更多非银行金融机构，鼓励金融创新和更多金融衍生工具进入。

（3）业务自由化。开放金融领域，允许金融机构的混业经营。取消信贷配给制，鼓励金融行业的公平竞争。

（4）汇率自由化。实行自由汇率，允许外汇的自由买卖，取消对进出口的财政和行政上的限制，如关税或配额指标等；不人为干预汇率，在真实汇率基础上实现对外贸易的自由化。

四、金融抑制和金融深化的理论与实践

1973 年，美国经济学家麦金农在其《经济发展中的货币与资本》一书中，提出了困扰发展中国家的金融抑制和金融深化问题。同年，另一位美国经济学家肖也在《经济发展中的金融深化》一书中提出了这两个理论。

自第二次世界大战结束到20世纪六七十年代，大批发展中国家从原殖民地状况下独立，这些国家普遍经济落后，外汇储备不足，实际利率低，金融市场不完善，制度不健全。同时期，国际金融市场也在发生巨大变革，自1971年黄金—美元本位制崩溃后，新的金融秩序还在形成。在这个大环境下，麦金农和肖对发展中国家经济落后的金融背景进行了分析，较为科学地指出了发展中国家金融市场落后导致经济发展落后的原因。肖强调，金融抑制的特征是国家干预主义，而金融深化的特征就是用市场去代替官僚机构发挥作用。金融自由化很重要，但是要和金融部门外的其他手段共同作用。麦金农认为，经济发展的优先策略是直接放松国内金融和对外贸易，即推行金融自由化和贸易自由化，而不是仅仅依靠外资来解决问题。生产要素市场的扭曲，削弱了发展中国家国内企业的增长，加重了对国外资本的依赖。发展中国家应该逐步减少对外国直接投资的依赖，立足于本国的经济平衡发展。

麦金农和肖认为政府干预是不必要也是无效的，他们特别强调作为金融资产价格的利率市场化改革的极端重要性，认为发展中国家只要放弃人为规定的低利率政策，让利率既能真实反映市场资金的供求状况，又能反映替代现时消费的未来消费的机会成本，就一定能发挥金融中介的积极作用，增加投资的总量和提高投资的效率，改善资源配置并促进经济增长。

金融抑制理论和金融深化理论为发展中国家的金融改革提供了理论依据，这直接导致了20世纪70年后期经济自由主义在发展中国家的兴起。其中既有智利这样一年实现利率自由化的激进国家，也有韩国这样实行伸缩性利率自由化循序渐进的国家。由于金融自由化也是国际货币基金组织对发展中国家的要求，多数发展中国家都开始了金融深化的改革。金融深化理论虽然透彻地分析了利率市场化的原因和好处，但忽略了利率市场化的适当环境和实现方式，因此许多国家在利率市场化过程中出现了大量的负面效应，甚至有些国家的利率市场化改革完全失败。以拉美国家阿根廷为例，阿根廷在20世纪70年代实行激进的金融自由化，完全开放金融业，使利率市场化，外资大举进入，经济发展迅速。由于阿根廷开放程度高，外来资金造成了国内的高通货膨胀率，货币存在贬值风险。为了稳定国民对本币的信心，也为了维持外资不撤离，阿根廷的市场利率常年保持在10%以上。阿根廷脆弱的金融市场在其后几十年中，历经多次经济危机。由于过分依赖外资，阿根廷的利率市场和汇率市场经常陷入大幅波动状态，每次波动政府都被迫重新实行金融管制。

金融深化理论的主要缺陷在于：一方面，未能找到发展中国家落后的根本原因。“金融深化论”仅仅将发展中国家的落后过分归因于金融体系的落后。另一方面，理论本身存在疑问。在大多数发展中国家人均收入很低，仅供维持基本消费的情况下，提高利率是否能吸收足够的储蓄作为经济发展资金是有疑问的。完全取消政府干预的“自由主义”主张难以成立。

“金融深化论”在某种程度上又可称为“金融自由化”。在发展中国家实践过程中，完全放开对银行和其他金融机构的管制，使利率和汇率市场化，金融制度本身的薄弱使得金融危机经常发生，对金融市场的伤害很大。即使在完全自由竞争的市场经济条件下，政府仍然对银行及其他金融机构实行适度的管理和监督，以免金融机构因管理不善和其他原因而触发金融危机，更何况在发展中国家。发展中国家在进行金融自由化的道路上，选择的路径各不相同，结果也有得有失。总结经验，每个国家都应该按照自己国家金融市场的现状定位，进行金融深化的方式方法要符合自己国家政治和经济的特点。

第三节　我国的金融改革与金融发展

一、我国金融改革的历程回顾

从 20 世纪 70 年代末期开始，我国的金融改革已经经历了三十多年的历程，涉及金融领域的各个部门，涵盖了对金融机构、货币政策、监管体制、外汇体制四个方面的改革。

（一）金融机构改革

1979 年我国恢复设立了两家专业银行——中国银行和中国农业银行，设立了中国国际信托投资公司。1983 年 9 月，国务院正式确定中国人民银行为我国的中央银行，分离了中国人民银行的城市商业银行业务，标志着我国向二元银行体系过渡的完成。1984 年，中国工商银行成立，承接了中国人民银行分离出的工商信贷业务。为引入竞争，1987 年，成立了两家综合性银行，可以在所有领域与其他银行竞争。90 年代以后，特别是实行市场经济体制改革以后，更多的商业银行、政策性银行和综合性银行纷纷建立。1992 年，我国逐步批准了更多的商业银行，主要是城市的商业银行。1993 年 11 月，国务院颁布了《关于金融体制改革的决定》，1994 年，国家开发银行、中国进出口银行、中国农业发展银行三家政策性银行宣告成立，标志着国有银行政策性业务与金融性业务的分离和国有专业银行向商业银行转变的开始。同期，各地纷纷设立金融机构，包括信用社和信托公司等。1998 年，为加快金融体制改革，适应经济发展的需要，中国人民银行撤销了人民银行省级分行，改按经济区划设立人民银行的分支机构。1999 年，我国成立了信达、东方、长城和华融资产管理公司，专门解决四大商业银行剥离出的不良资产。2003 年国务院批准设立中央汇金投资有限责任公司，由其代表国家对有关国有重点金融机构履行出资人职能，同时明确了对国有资本保值增值的责任与措施。2003 年国家决定动用外汇储备分别向中国银行和中国建设银行注资 225 亿美元，正式启动了两家银行股份制改革的试点工作。自 2005 年起，我国多家商业银行陆续完成整合，在 A 股市场和香港证券市场上市。

经过三十多年的发展，我国已建立起以中央银行为核心、以国有商业银行和政策性银行为主体、多种金融机构并存的金融体系格局。但是，我国金融机构体系的现状并不乐观：银行业改革滞后；金融机构体系产权单一，各种机构成分比重不合理；银行、保险、证券业发展不成熟，银行机构与非银行机构协调发展能力差；金融中介机构缺乏；金融机构面临着巨大风险等。这一系列问题都严重阻碍了金融机构功能的发挥，阻碍了经济的发展。

面对严峻的经济形势，我国银行、保险、证券、信托等金融机构的改革已迫在眉睫。金融机构不仅要提高自身的经营能力，处置好不良资产，更要进行根本性的结构性调整，以提升综合实力，才能与全能型的国际金融集团竞争。党的十八届三中全会通过的《中共中央关于全面深化改革若干重大问题的决定》明确指出“推进政策性金融机构改革”。政策性金融服务作为商业性金融的重要和有益补充，对于支持国家经济建设和社会事业发展、实现国民经济平稳较快增长，发挥着不可替代的重要作用。2014 年适逢政策性金融改革的窗口期，分析研究我国政策性银行经营发展中存在的问题，探索我国政策性银行改革的方向和思路，具有重要的实践意义。国家开发银行、中国进出口银行、中国农业发展银行三家政策性银行在支持国家经济建设方面发挥了重要和积极的作用。然而，随着社会主义市场经济体制的不断完善，政策性金融总体规模偏小的问题日益突出，无法满足日益增长的需求，特别是在“三农”、小微企业、扶贫、助学等薄弱领域和环节，政策性金融的支持力度远远不足。除此以外，政策性功能定位模糊、监管弱化等问题日益显现。

2015 年 5 月，银监会发布《中国银行业监督管理委员会 2014 年报》（以下简称《年报》），这是银监会自 2006 年起连续第九年发布《年报》。《年报》指出，2015 年将推进银行业金融机构混合所有制改革，拓宽民间资本进入银行业的渠道。此外，银监会还将推动银行业务管理框架改革，探索部分业务板块和条线子公司制改革。

《年报》显示，2015 年银监会将进一步鼓励民间资本进入银行业。积极推进民间银行相关工作；扩大消费金融公司试点范围，广泛吸收符合条件的民间资本参与；扩大村镇银行民资股比范围，支持民间资本参与发起设立村镇银行，提高民间资本占比；扩大民间资本参与机构重组范围；推进银行业金融机构混合所有制改革，拓宽民间资本进入银行业的渠道。银行业治理体系改革进展顺利，民间资本进入银行业取得历史性突破。

（二）货币政策和资本市场的改革

1984 年，我国实行了存款准备金制度，对不同的存款实行不同的准备金率（20%—40%）。1985 年，将法定准备金率统一降为 10%。1986 年，规定银行可以在规定利率的 10% 的幅度内确定贷款利率，信贷计划变得更具指导性。1987 年，为治理整顿和防止经济过热，我国将存款准备金率提高到 12%。1988 年又进一步将存款准备金率提高到 13%。1989 年，我国引入“超额准备金”制度，本币存款的 5%—7% 要作为超额准备金，并于同年终止了 1986 年的允许银行浮动贷款利率的改革，信贷规模再次成为指令性计划。1990 年，才重新允许银行在规定的幅度内确定贷款利率（农村信用社为 60%，城市信用社为 30%，其他银行为 20%）。直到 1998 年，我国才取消了信贷规模控制，并将法定存款准备金账户与备付金账户合并，并将存款准备金率降到 8%。1999 年年底，我国进一步将法定准备金率降至 6%。

我国的利率市场化改革也是一个逐步推进的过程。1995 年，货币当局制订了放松利率管制的计划。在利率市场化呼声日益强烈的情况下，原中国人民银行行长戴相龙在 2000 年公开表示，我国利率市场化的步伐将依照先外币后本币、先贷款后存款、先大额后小额的顺序逐渐放开，在 3 年内逐步放宽利率管制，形成一个以中央银行基准利率为基础、货币市场利率为中介、由市场供求决定金融机构存贷款利率水平的市场化利率形成机制。这就为我国利率市场化进程作了安排。中国人民银行行长周小川在 2003 年接受记者采访时表示，利率市场化改革总的方向是有力度地逐步推进，因为在改革过程中，要考虑到当前改革开放的程度以及当前宏观经济调控的因素，因此利率市场化改革是一个逐步的过程。

2014 年，以习近平为首的新一届党中央政府成立以来出台的重要金融政策及成效：(1) 在完善金融宏观调控方面，我国推进人民币利率市场化，非对称下调存款贷款利率，定向降低存款准备金率，完善金融监管政策，推进人民币汇率形成机制改革。加大金融服务实体经济力度方面，金融支持经济结构调整和转型升级，拓宽金融服务“三农”发展，金融支持小微企业发展，降低企业融资成本。(2) 在深化金融改革方面，建立存款保险制度，建立开发银行住宅金融事业部，深化农业发展银行改革，开展民营银行试点，扩大信贷资产证券化试点规模，推进资本市场健康发展，加快发展现代保险服务业，拓宽外汇储备运用渠道。(3) 在防范化解金融风险方面，建立金融监管协调部际联席会议制度，界定中央和地方金融监管职责，防范重点领域的金融风险。(4) 在扩大金融对外开放方面，启动沪港通交易试点，金融支持上海自贸区建设，推动双边本币互换。

2015 年资本市场改革卓有成效，主要体现在多层次资本市场建设、资本市场双向开放、监管转型、稽查执法和投资者保护等领域。第一，推进多层次股权市场建设，稳步提升投融资功能，有力支持实体经济发展。第二，积极稳妥推动资本市场双向开放。2015 年证监会推进境外上市审批制度改革，取消境外上市财务审核和 A/H 定价限制；稳步推进合格境外机构投资者（QFII）资格审批，扩大人民币合格境外机构投资者（RQFII）试点机构范围至瑞士等 16 个国家和地区，总投资额度超过 1 万亿元。第三，推进监管转型，深化行政审批制度改革，加强事中事后监管。第四，强化法治建设和稽查执法，严厉打击违法违规行为，加强投资者保护工作。

（三）监管机制改革

1998 年，中央银行管理体制实行重大改革，在全国建立 9 个跨行政区分行作为中央银行的派出机构。同时，中央银行通过资产负债比例管理实现对商业银行的监控。另外，银行、证券、保险分业经营分业管理体制的实施，使中央银行实现由专门执行货币政策到在执行货币政策的同时加强金融监管、防范和化解金融风险的转变。

在金融发展过程中，为进一步加强金融监管，2003 年 3 月第十届全国人民代表大会上，国务院机构改革方案的决议获得通过，决定设立中国银行业监督管理委员会，中央银行的监管职责正式移交给银监会。银监会不仅承托了中央银行之前的监管范围，还延续了中央银行之前的监管职能，如监管银行的资产质量、资本充足率和高管层任职认定等。当然，中央银行的宏观调控和银监会的监管工作互相补充、互相促进，共享监管信息。银监会的成立，实现了货币政策与银行监管职能的分离，使中央银行可以更专注于货币政策的制定和调整，这是我国金融发展史上的一件大事，是完善金融监管体制的重大决策。

在分业监管方面，我国把银行、证券、保险完全由中央银行一家监管分成三家，分别成立保监会和银监会，中央银行把证券公司的监管交给了证监会。目前我国三大金融监管部门的理念和具体标准不断向国际标准靠齐，这是亚洲金融危机重要的启示。部门合作方面，目前我国的金融监管不仅包括国际合作，也包括内部合作。具体形式为“3 + 2”协调，三个监管部门加上中央银行和财政部。

（四）外汇体制改革

1985 年，我国取消了贸易内部结算汇率，所有交易都执行国家外汇管理局确定的官方汇率。1986 年，经济特区里的国内企业和外商投资企业被允许按自身协商的汇率进行外汇交易。1988 年，所有国内外贸企业都被允许买卖留成的外汇额度，有留成外汇的企业可以在外汇调剂中心买卖留成的额度，到 1988 年 10 月，我国已建立了 80 家外汇调剂中心。1994 年 1 月，实现汇率并轨，实行以市场供求为基础的、单一的、有管理的浮动汇率制。1996 年 12 月，实现人民币在经常项目下的可自由兑换。目前，人民币在资本项目下部分可兑换，自由兑换是我国汇率体制改革改的最终目标。此外，人民币对周边国家的影响也逐步加大，中国人民银行允许居民出境携带人民币的限额也逐步放开，人民币的国际化步伐正在加快。2005 年我国对汇率体制进行了改革，人民币不再钉住单一美元，而是采取了

“一揽子”货币政策，以此形成有管理的、更富弹性的人民币汇率机制。

2013 年 11 月 26 日，中国人民银行行长周小川提出，中国要进一步扩大合格境内机构投资者（QDII）和合格境外机构投资者（QFII）的主体资格，增加投资额度。条件成熟时取消资格额度审批。将扩大人民币汇率上下浮动比例，直至取消浮动管制，让市场在汇率形成中起决定性作用。这说明我国外汇体制改革步伐正在加快，外汇市场形成机制市场化的程度正在提高。

二、我国金融发展的状况分析

（一）目前我国金融改革存在的问题

改革开放后，随着我国经济实力的不断壮大，我国的经济结构发生了巨大的变化，国有资本比重逐渐下降，民营资本比重逐年上升，与此相应，我国的金融制度变迁的步伐一直未停止。但是，目前我国金融体制的发展还滞后于实体经济的发展，不能适应经济发展和结构调整的客观需要，市场化步伐迟缓，积累了一定的矛盾、问题和风险。

1. 国有商业银行现代金融企业制度尚未真正建立

到目前为止，我国国有金融机构产权结构仍然相当单一，国有金融机构内部治理结构不健全，金融机构体制改革相对滞后，现代金融制度有待建立。国有商业银行尚有很多问题需要尽快解决，比如：法人治理结构问题；消化不良资产，增强盈利能力，提高坏账准备金提取比例问题。

2. 金融宏观调控机制还不够完善

改革开放以来，我国的宏观金融调控无论从理论上还是在实践中都发了重大的变化。在经济转型的过程中，宏观调控逐步从直接调控转向间接调控，但总体来看，还不能完全适应市场经济条件下金融发展的需要。主要存在利率市场化改革步伐有待加快、汇率的市场化形成机制和调控机制尚未建立、中央银行的宏观调控无法采用利率作为制定货币政策的标准等问题。

3. 金融市场体系不够健全

由于中小银行和各种金融中介发展不足，金融机构所提供的金融产品和金融服务还远远不能满足不同层次、不同类型经济主体的实际需要。从融资方式来看，扩大直接融资一直是我国追求的目标，但近年来直接融资比例不仅没有扩大，反而有所下降。资本市场体系层次简单，市场结构不够完善。金融产品单一，各融资市场之间，特别是资本市场与货币市场之间尚未建立起有效的联系机制。

4. 金融监管体系不完全适应金融现代化的需要

首先，当前混业经营已经成为一种比较普遍的趋势，而我国实行的还是比较严格的分业经营、分业监管的体制，会造成一些行业过度监管，而另一些行业疏于监管。其次，目前的金融监管法制化进程还有待加快。最后，目前银行和上市公司还存在很多的信息不对称现象。

5. 国有商业银行不良资产偏高，潜在金融风险仍然较大

我国的金融风险主要来自银行系统。而银行系统存在的风险，最明显的、突出的外部表现就是银行大量的不良资产。我国商业银行的不良贷款比率一度超过 1997 年爆发金融危机的东南亚国家的商业银行。

（二）我国金融发展的方向

1．建立完善的金融组织体系

（1）加速推进银行、证券、保险领域的改革。进一步改革商业银行、证券公司、保险公司等金融机构，使其成为资本充足、内控严密、运营安全、服务和效益良好的现代金融企业。建立现代金融企业制度，完善企业内部法人治理结构。

（2）推进农村金融体制改革。深化农村信用社改革，明晰产权关系，完善法人治理结构；继续完善和发展农村政策性金融服务，明确中国农业发展银行作为国家政策性银行的职能定位；加快健全农信社、农行、邮政储蓄等多种金融机构分工协作、平等竞争的农村金融体系；逐步改革农村利率体制，推进农村利率市场化进程；建立有效的监管框架，完善农村金融法律法规。

2．发展多层次金融市场体系

（1）发展扩大资本市场，扩大直接融资。推进资本市场的改革开放和稳定发展，要不断完善资本市场的层次结构和品种结构，不仅要发展股票市场，还要大力发展债券市场；不仅要培育个人投资者，还要下大力气培育机构投资者；不仅要进一步完善证券发行市场，还要进一步完善证券交易市场，以适应市场投资者和筹资者的不同需要。要不断完善资本市场法律法规体系，切实保护投资者；加大对上市公司违规行为的处罚力度，提高市场主体的内控机制和规范化运作水平；提高我国资本市场的对外开放水平，加大我国资本市场的对外开放力度。

（2）发展投资银行和保险机构。继续发展投资银行体系，完善和发挥投资银行功能。加速保险公司资产结构重组，引入国外战略投资伙伴，加快股份制改革，时机成熟后整体上市。

（3）发展金融衍生工具市场。推出更多规避金融市场风险和活跃市场交易的金融衍生工具品种。

3．提高金融宏观调控水平

（1）完善经济金融运行趋势监测指标体系，增强货币政策的前瞻性和科学性。

（2）建立健全金融市场体系，完善货币政策传导机制。

（3）稳步推进利率市场化，充分发挥利率机制的调控作用。

（4）完善人民币汇率形成机制，保持人民币汇率在合理均衡水平上的基本稳定，增强汇率杠杆对经济的调节作用。

（5）综合运用利率、汇率等各种货币政策工具，实现金融宏观调控。

（6）要提高货币政策调控效力，加大对金融控股公司混业经营的交叉性金融工具与风险的监管。

（7）大力发展货币市场基金，培育货币市场的发展。

4．健全金融监管体系

（1）转变金融监管理念。拓宽金融监管覆盖面；实现监管信息共享；完善监管责任制度体系，增强监管效能；提高监管人员素质。

（2）加强三大监管主体的协调及与国际、区域监管机构的合作。

（3）加强金融立法，健全我国金融监管的法规。

（4）建立良好的金融机构内部自律机制，营造依照市场经济规则办事的市场氛围。

5. 提高金融对外开放水平

(1) 逐步推进人民币资本项目可兑换。我国应继续采取循序渐进、先易后难的策略，有次序地开放资本项目，给国内经济足够的缓冲余地，逐步提高宏微观经济的真实水平，最终实现资本项目的可兑换。

(2) 培育高效的符合国际规范的外汇市场。我国要进一步完善汇率形成机制和市场基础设施建设，进行产品创新和组织创新，尽快与国际外汇市场接轨，推动我国外汇市场的对外开放。

(3) 推行人民币有限制的可兑换。随着我国宏观调控手段的不断建立和完善、资本项目可兑换的逐步实现，要推进人民币在周边国家有条件的可兑换，放松我国目前实行的较为严格的银行结汇制。

【案例阅读】

解读温州金融改革试验方案

“民间借贷风波”“资金链断裂”“老板跑路”…… 2011 年，这些关键词都与温州这一民营经济发展最为迅速的城市相关联，温州也成为民间借贷风险集中爆发的地方。为了从根本上引导民间资本阳光化、规范化，温州制定了多项金融改革举措。2012 年 3 月 28 日，国务院常务会议决定设立温州市金融综合改革试验区，批准实施《浙江省温州市金融综合改革试验区总体方案》。方案提出 12 项待解任务，要求通过体制机制创新，构建与经济社会发展相匹配的多元化金融体系，使金融服务明显改进，防范和化解金融风险，金融环境明显优化，为全国金融改革提供经验。

方案 1：规范发展民间融资。制定规范民间融资的管理办法，建立民间融资备案管理制度，建立健全民间融资监测体系。

解读：在去年银根持续收紧的背景下，民营企业资金链断裂、老板“跑路”现象引发了社会的广泛关注，社会各界呼吁赋予民间金融的合法地位，今年“两会”期间多位代表也提议让民间融资阳光化。本次国务院设立温州金融改革试验区的首要任务就是规范民间融资。

方案 2：加快发展新型金融组织。鼓励和支持民间资金参与地方金融机构改革，依法发起设立或参股村镇银行、贷款公司、农村资金互助社等新型金融组织。符合条件的小额贷款公司可改制为村镇银行。

解读：为破解农村金融空白、破解小微企业贷款难题，近年来监管部门大力推动村镇银行、贷款公司等新型金融机构。但在经历了短暂的“冲动”之后，资金来源匮乏、渠道狭窄等瓶颈正制约着新型金融机构的生存与发展。根据银监会此前制订的工作计划，2009 年至 2011 年间，全国要设立村镇银行 1 027 家、贷款公司 106 家、农村资金互助社 161 家，共计 1 294 家新型农村金融机构。但截至去年年底，全国已组建的新型农村金融机构仅 786 家，与原定目标相距甚远。

方案 3：发展专业资产管理机构。引导民间资金，依法设立创业投资企业、股权投资企业及相关投资管理机构。

解读：2011 年 11 月，温州市出台了加快地方金融业创新发展的“1 + 8”政策，提出了打造“全国民间资本之都”的构想，其中包括开展民间资本管理公司试点。此后，温州瓯海、乐清、瑞安、鹿城等地开始紧锣密鼓地筹备相关试点工作。这不仅是温州实施地方金融体制创新改革方案中的一项重大举措，更标志着将地方民间资本引向规范化、阳光化改革取得了突破。

方案4：个人境外直接投资。研究开展个人境外直接投资试点，探索建立规范便捷的直接投资渠道。

解读：3.18万亿美元外汇储备规模让我国稳居全球第一。但随着国际经济形势的不确定性，我国巨额外汇储备的风险也越来越大。为了分散外汇储备风险、平衡贸易顺差，我国正在积极向外投资，鼓励民间投资海外也是我国向海外投资的一种方式。

方案5：深化地方金融机构改革。鼓励国有银行和股份制银行在符合条件的前提下设立小企业信贷专营机构。支持金融租赁公司等非银行金融机构开展业务。推进农村合作金融机构股份制改造。

解读：众所周知，温州地区是小工厂、小作坊的密集区，但这些小企业由于规模小、抵押物少等问题很难获得融资。小微企业贷款缺少传统的抵押担保，也没有完整的财务报表、信用记录等，所以想解决这类企业的贷款难题，就是要设立小企业信贷专营机构。这类专营机构有别于传统的银行信贷部门。

方案6：创新发展面向小微企业和“三农”的金融产品与服务，探索建立多层次金融服务体系。鼓励温州辖区内各银行机构加大对小微企业的信贷支持。支持发展面向小微企业和“三农”的融资租赁企业。建立小微企业融资综合服务中心。

解读：在日前召开的2012年农村中小金融机构监管工作会议上，银监会相关负责人指出，农村中小金融机构作为“三农”金融服务的主力军，必须落实好金融服务实体经济的要求，加大对当地“三农”发展的金融支持。具体工作中要把强化“三农”市场定位贯穿各项工作的始终，努力做到“四个牢固坚持”，坚决不能把农村中小金融机构办成农村资金的“抽水机”。

方案7：培育发展地方资本市场。依法合规开展非上市公司股份转让及技术、文化等产权交易。

解读：2011年以来，全国各地要求发展地方资本市场的呼声渐高。企业融资虽然是市场行为，但破解中小企业融资难，离不开地方政府这只“有形之手”。

方案8：积极发展各类债券产品。推动更多企业尤其是小微企业通过债券市场融资。建立健全小微企业再担保体系。

解读：2011年10月底，银监会发布“银十条”的补充通知，其中着重支持商业银行发行专项用于小企业贷款的金融债，从此小微企业金融债快速获批、破冰、发行。据不完全统计，全国性的股份制银行拟发或已发行小微企业金融债总计近2 800亿元。日前，光大银行又获准发行不超过300亿元的人民币小微企业金融债券，2012年该行小微金融贷款投放比重占全行新增贷款的比重将超过50%。

方案9：拓宽保险服务领域，创新发展服务于专业市场和产业集群的保险产品，鼓励和支持商业保险参与社会保障体系建设。

解读：小微企业迫切需要解决的问题是融资难，由于实力薄弱、质押资产有限等导致中小企业还贷风险加大，这也是此类企业贷款难题迟迟难以解决的主要因素。

方案 10：加强社会信用体系建设。推进政务诚信、商务诚信、社会诚信和司法公信建设，推动小微企业和农村信用体系建设。加强信用市场监管。

解读：小微企业在民间借贷时，往往凭借的是个人信誉，而法律和制度保障体系往往缺乏。一旦小微企业经营环境遭遇“寒流”，对于民间借贷双方将是致命的打击。

方案 11：完善地方金融管理体制，防止出现监管真空，防范系统性风险及区域性风险。建立金融业综合统计制度，加强监测预警。

解读：我国第一轮以大银行为代表的大型金融机构改革成功后，金融创新主要集中在地方的小型金融机构和金融组织上。近年来，温州成为多项金融改革的试点，其中小金融机构和准金融机构快速发展，各类金融组织和产品创新活动、混业经营的不断发展，使得当前中央金融监管部门垂直管理、分业监管为主的金融管理体制难以适应，往往出现一些监管交叉或监管真空的领域。

方案 12：建立金融综合改革风险防范机制：清晰界定地方金融管理的职责边界，强化和落实地方政府处置金融风险及维护地方金融稳定的责任。

解读：从 2011 年开始，从鄂尔多斯、河南、江苏、浙江到广东，均出现了高利贷崩溃、担保公司链条断裂的信息。此番民间金融链条崩溃蔓延面积广泛，几乎遍及半个中国，而温州也处于民间资本崩盘这股飓风的重灾区。加强地方政府金融监管职责的任务迫在眉睫。地方政府对民间金融机构缺乏作为，如果对于优秀的民间金融机构进行科学有效的引导，加大监管力度规范民间融资活动，就可以避免地方金融风险的蔓延。

资料来源：摘自《解读温州金融改革试验方案》，《北京商报》，2012 年 3 月 29 日。

【主要术语】

金融改革　金融发展　金融抑制负效应　金融自由化

【复习思考题】

1. 请简述金融发展与金融改革的关系。
2. 金融抑制的负效应表现在哪些方面？
3. 金融自由化对发展中国家经济有哪些影响？

第十四章　金融创新与金融监管

学习目标：

- 了解金融创新与金融监管的含义和主要内容；
- 理解金融创新理论的发展及差异化；
- 掌握金融创新与金融监管的方法；
- 掌握金融创新对经济、金融的影响与意义。

第一节　金融创新及其理论

一、金融创新的含义

金融创新的概念基本上是衍生于创新理论的倡导者经济学家熊彼特（Schumpeter）的观点。熊彼特是西方第一个从理论角度研究创新的经济学家，但他当时研究的对象是整个经济发展中的创新。熊彼特在1912年出版的《经济发展理论》一书中对创新下的定义是：创新是指新的生产函数的建立，也就是企业家对生产要素实行新的组合，它包括五种情况：（1）新产品的出现；（2）新技术或新生产方法的采用；（3）新市场的开拓；（4）新原材料供应来源的发现；（5）新企业管理方法或组织形式的推广。创新理论在20世纪50年代开始受到重视，六七十年代逐步应用于工业领域和金融领域。人们将创新理论在金融领域引起的变化称为金融创新。

所谓金融创新，乃是金融业各种要素的重新组合，具体是指金融机构和金融管理当局出于对微观利益和宏观效益的考虑而对机构设置、业务品种、金融工具及制度安排所进行的金融业创造性变革和开发活动。

首先，金融创新的主题是金融机构和金融管理当局，他们是所有金融创新活动的策划者、发动者和维护者。其次，金融创新的根本目的主要有两方面：从微观金融机构看，是为了盈利，无论是逃避管制的创新、转嫁风险的创新，还是信用创造的创新，都离不开这个最终目的；从金融管理当局看，是为了提高整个金融业的宏观效益，通过金融监管制度的创新既促进金融机构效率的提高，又确保金融秩序的稳定运行。再次，金融创新的本质是金融业的创造性变革和开发，即所谓金融要素的重新组合。最后，金融创新的表现形式是金融机构、金融业务、金融工具以及金融制度的创新，既有微观层次的创新，也有宏观层次的变革。此外，金融创新具有明显的历史阶段性，在不同历史时期金融创新的环境、特征不同，对经济的影响也不同。

二、金融创新理论

（一）技术推进理论

技术推进理论认为，新技术革命的出现，特别是电脑、电信工业的技术和设备成果在金融业的应用，是促成金融创新的主要原因。其理由是，高科技在金融业的广泛应用，带来了金融业务的电子计算机化和通信设备现代化，为金融创新提供了物质上和技术上的保证。

但是技术创新理论主要是针对企业创新，未曾论及金融创新本身。另外，促进金融创新的因素是多方面的，技术推进理论无法解释许多因竞争和政府放宽管制而出现的金融创新。

（二）货币促成理论

货币促成理论认为，货币因素的变化促成了金融创新的出现。20 世纪 70 年代通货膨胀和汇率、利率反复无常的波动，是金融创新的重要成因。例如，70 年代出现的可转让支付命令账户（NOW 账户）、浮动利息票据、浮动利息债券、与物价指数挂钩的公债、外汇期货等对通货膨胀率、利率和汇率具有高度敏感性的金融创新工具的产生，就是为了抵御通货膨胀、利率、汇率波动造成的冲击，使投资者获得相对稳定的收益。

20 世纪 70 年代布雷顿森林体系解体后出现的多种转嫁汇率、利率、通货膨胀风险的创新工具和业务都可以用货币促成理论来解释。但它不能解释 70 年代以前规避管制及 80 年代产生信用和股权的金融创新。

（三）财富增长理论

财富增长理论认为，经济的高速发展所带来的财富的迅速增长是金融创新的主要原因。财富的增长加大了人们对金融资产和金融交易的需求，引发了金融创新以满足日益增长的金融需求。

财富增长理论主要从金融需求角度探讨金融创新的成因，这是片面的。首先，单纯的需求并不一定能推动新金融产品的出现，还需要有金融管制的放松。其次，金融供给也是不可或缺的因素，主动的供给才能使金融创新得以推广和持久。另外，财富的替代效应也会影响金融创新。显然，该理论也是不完善的。

（四）约束诱导理论

约束诱导理论认为，金融业回避或摆脱内部和外部的制约是金融创新的根本原因。因此，它主要是从供给方面讨论金融创新。金融机构之所以发明种种新的金融工具、交易方式、服务种类、管理方法，其目的在于摆脱或逃避其面临的种种内部和外部制约。内部制约指的是金融机构内部传统的增长率、波动资产比率、资本率等管理指标。外部制约指的是金融当局的种种管理和制约，以及金融市场上的一些制约。当经济形式的变化使这些内、外制约阻碍了金融机构实现其利润最大化的终极目标时，势必迫使它们探索新的金融工具、服务品种和管理方法来回避内外制约，增强其实力和竞争力。

约束诱导理论有其局限性。首先，它关于金融创新成因的探讨不能充分体现金融创新的特征和个性。其次，该理论过分强调“逆境创新”，使得金融创新的内涵过窄。最后，该理论也没有涉及与金融企业相关联的市场创新及宏观经济环境引发的金融创新。而实际上，金融创新并非金融企业的孤立行为，它是金融领域内各种要素的重新组合。因而，约束诱导理论不能全面地解释形式多样的金融创新。

（五）制度改革理论

制度改革理论认为，金融创新是一种与经济制度相互影响、互为因果的制度改革，因而，金融体系的任何因制度改革而引起的变动都可以视为金融创新。因而，政府为稳定金融体制和防止收入不均而采取的一些措施，如存款保险制度，也是金融创新。该理论认为，金融创新的成因可能是降低成本以增加收入，也可能是稳定金融体系以防止收入不均的恶化。

该理论将政府行为也视为金融创新的成因，实际上是将金融创新的内涵扩大到包括金融业务创新与制度创新两方面。相对于其他理论，它对金融创新的探讨的范围更广。但是，这种将金融创新与制度创新紧密相连，并视为金融创新的一个组成部分，特别是将带有金融管制色彩的规章制度也视为金融创新的观点也是颇有争议的。金融管制本身就是金融创新的阻力和障碍，因而，作为金融管制象征的规章制度无疑应是金融深化的对象。

（六）规避管制理论

规避管制理论认为，金融创新主要是由于金融机构为了获取利润而回避政府的管制引起的。许多形式的政府管制与控制，性质上等于隐含的税收，阻碍了金融机构的盈利机会。因此，金融机构会通过金融创新来逃避政府管制。而当金融创新可能危及金融和货币政策时，金融当局又会加强管制，而新管制又会导致新的创新，两者交替，形成一个相互推动的过程。

规避管制理论主要强调金融创新源自外部环境的影响，并且强调外部环境与金融企业规避管制的相互作用。此外，它将金融管制视为金融创新的外部压力，即金融创新的动因。

（七）交易成本理论

交易成本理论认为，金融创新的支配因素是降低交易成本。其含义包括两方面：一是金融创新的首要动机是降低交易成本，交易成本的高低决定了金融业务和金融工具的创新是否具有价值；二是金融创新实质上是对科技进步导致交易成本降低的反应。

交易成本理论把交易成本的降低作为金融创新的主要动因，并侧重于从微观经济结构的变化来研究金融创新，从另一个角度说明金融创新的根本原因在于微观金融结构的逐利行为。但是该理论过分强调金融微观结构变化引起的交易成本下降，有一定的局限性。因为竞争也会使交易成本下降，促进金融创新。

西方的金融创新理论对金融创新的研究主要侧重于金融创新的生成动因，而对金融创新的效应和后果很少涉及，因而其研究不够系统。此外，各种理论没有将宏观、微观层面以及供给、需求因素结合起来研究。

三、金融创新的动因

（一）金融业竞争加剧

金融业的迅速发展和市场边界的不断扩大，使进入竞争性市场的经营主体迅猛增加。由于竞争个体的数目扩大，竞争必然加剧，其结果是金融机构的成本增加，收益普遍下降。在这种竞争局面下，金融机构只维持传统的经营和服务项目已经不能保证正常的发展，甚至还会危及生存，于是，开发业务新品种、开辟新领域，成为金融机构首选的谋生之道。

（二）通货膨胀和利率波动

从20世纪60年代便开始蔓延的通货膨胀，在70年代中期演变为“滞胀”。针对这种情况，各国纷纷将货币政策中介指标由利率转为货币供应量，加强了对货币供给的控制。货币收紧，再加上对利率管制的放松，导致利率上升。与高通货膨胀率、高利率相伴随的是物价水平和市场利率的频繁波动。在这种情况下，金融机构一方面要防止物价变动给其造成的实际利率的损失，另一方面还要防止市场利率变动给其造成的收入和盈利的损失，由此引发了金融机构积极创造旨在应付价格和利率波动、规避市场风险的金融工具的活动热情。

（三）科学技术的迅猛发展

20世纪70年代以后，以计算机技术为核心的通信技术在金融业得到广泛应用，它为金融创新提供了强大的技术支持。例如，利用电子通信技术的辐射功能和电脑的自动化信息处理功能，银行业务实现了跨越时空的延伸，一家银行可以同时处理与远在另一半球的分支机构或客户之间的业务，ATM机（自动提款机）、POS机（销售终端机）、电话银行、自助银行、网络银行等可以连续24小时准确及时地为所有通过电信联系的机构和客户服务，银行业务的创新随着金融市场全球化、一体化的进程而不断向纵深发展，新工具的设计、定价、运行和管理等，统统都在最先进的电子信息技术支持下进行，创新更具有紧迫性和挑战性。

（四）金融管制

第二次世界大战后西方国家为维持金融稳定而对金融业实行了长时间的严格管制，使金融机构在业务范围、利率、信贷规模、分支机构的设立等诸多方面受到限制，这些限制实际上构成了对金融机构的成本追加或隐含税收，因而成为诱发旨在逃避管制、摆脱不利于利润最大化的约束条件的金融创新活动的重要因素。如在美国，商业银行通过开设可转让支付命令账户（NOW）和自动转账服务账户（ATS）等来规避金融当局的利率管制，通过设立控股公司来规避金融当局对商业银行不准跨州设立分支机构的限制。

四、金融创新的内容

（一）金融产品、工具的创新

金融产品和金融工具的创新包括满足客户对收益、流动性和规避风险要求的各种创新，如浮动利率存款、浮动利率贷款、大额可转让存单、回购协议、可转让支付命令账户、自动转账服务账户、利率互换、远期利率协议等，还包括提高支付系统效率的创新（各种电子卡的设计和运用均属于这类创新），以及信用票据化、资产证券化等旨在拓宽融资渠道、改善融资方式的创新，等等。

（二）金融服务的创新

电脑在金融领域的广泛普及和运用，使金融服务水平空前提高。电脑开始充当业务经理的角色，自动完成有关业务处理的全部流程；电脑更新了业务合法性的检验手段，能够对客户的印鉴、密押、资金转账授权、业务操作权限等各项内容进行审核；电脑将传统的柜台业务通过自动取款机、自动银行、网络银行等延伸到每一个方便的角落，甚至延伸到每个客户的家里。所有这些，都体现了现代金融服务已经进入了电子化、自动化时代。有了电子化、自动化的金融服务，客户可享受到全方位的金融服务，他可以随时获得各种市场信息，随时查询有关账目，随时办理存款、贷款、转账、证券买卖等各项业务，甚至还可以享受到由金融部门提供的支付电话费和水电费、缴纳税款、领取工资、购物等超级服务。这也说明，当代金融业正在向第三产业的深度和广度发展。

（三）金融机构功能和金融市场组织体系的创新

这主要体现在放松金融管制后，金融机构的功能由传统的单一型向多功能型转变，商业银行业务与投资银行业务，银行业与证券业、保险业，银行与非银行金融机构的传统界限不断被打破；与此同时，金融市场组织体系也由分割型转向统一型，各种金融机构和市场交易主体进入市场的条件在创新的不断冲撞下，在自由化的进程中渐渐被放松，全社会统一的大市场已经形成；而且，随着通信技术的飞速发展，金融市场体系明显地朝着全球一体化的方向发展。

金融创新已经使金融经营突破了原有分业经营范围的限制。一方面，金融创新改变了银行业一枝独秀的金融格局，金融市场中的各金融机构面临的将是全面而残酷的竞争；另一方面，各金融机构的职能趋于同质化、多样化和全能化，而这些恰是金融业经营从分业走向混业的开始。

金融体系的正常运行需要金融行为的规范和有序，但行为的规范和有序不能仅靠行为主体的自觉，还需要法律的强制和行政的监督管理。金融监管正是金融体系正常运行的重要保障。

第二节　金融监管概述

一、金融监管的含义

金融监管是金融监督和金融管理的总称，是指政府通过特定机构（如中央银行）对金融交易行为主体进行的某种限制或规定。从词义上讲，金融监督是指金融主管当局对金融机构实施全面的、经常性的检查和督促，并以此促进金融机构依法稳健地经营和发展。金融监管本质上是一种具有特定内涵的政府行为，是金融主管当局依法对金融机构及其经营活动实行的领导、组织、协调和控制等一系列的活动。

金融监管有狭义和广义之分，狭义的金融监管指中央银行或其他金融监管当局依据国家法律规定对整个金融业（包括金融机构和金融业务）实施的监督管理。广义的金融监管在上述含义之外，还包括了金融机构的内部控制和稽查、同业自律性组织的监管、社会中介组织的监管等内容。

金融监管的目标是依法维护金融市场公开、公平、有序竞争，有效防范系统性风险，保护存款人、投资者和其他债权人的合法权益。

二、金融监管的原则

1997 年 9 月，世界银行和国际货币基金组织在香港年会上通过了巴塞尔委员会提出的《有效银行监管的核心原则》，这些原则的制定涉及了监管体系的各个方面，渗透在监管工作的各个环节，贯穿于监管活动的整个过程。具体原则可以概括为以下几点：

（一）监管主体独立性原则

《有效银行监管的核心原则》中明确：在一个有效的银行监管体系下，参与银行监管的各个机构要有明确的责任和目标，并应享有操作上的自主权和充分的资源。有效的银行监管需要一些先决条件：稳健且可持续的宏观经济政策、完善的公共金融基础设施、高效率解决银行问题的程序、提供适当的系统性保护的机制。

（二）依法监管原则

各国金融管理体制不同，但是在依法管理上是一致的。这包含两个方面的含义：一是金融机构必须接受国家金融管理当局的监督管理，有法可依；二是实施监管也必须依法，监管要有法律依据。这样才能保证管理的权威性、严肃性、强制性、一贯性及有效性。

（三）合理适度竞争原则

金融监管应遵循合理竞争原则。虽然竞争和优胜劣汰是一种有效机制，但是金融管理的重心应该放在创造适度竞争上，既要避免金融高度垄断、排斥竞争从而丧失效率和活力，又要防止过度竞争、恶性竞争从而波及银行业的安全稳定，引起经常性的银行破产以及剧烈的社会动荡。

（四）自我约束和外部强制相结合的原则

金融监管仅仅依靠金融机构自觉、自愿的自我约束是不可行的，还必须要有外部强制监管，而强制监管又是有限的，因此金融机构必须将强制监管与自我约束相结合。

（五）安全稳健与经济效益相结合的原则

促使金融机构安全稳健经营是金融监管的重要目标和原则。一方面，监管当局必须采取种种预防和补救措施，督促金融机构依法经营、降低风险；另一方面，金融监管不应是消极地、单纯地防范风险，而应与提高经济效益相协调，金融监管要为金融业的发展提供更加良好的环境，从而为社会开展优质有效的金融服务。事实上，安全稳健与提高效率是辩证统一的：只有安全经营稳健，才能降低风险，进而提高经营效率；只有提高经营效率，才能提高金融机构的利润和抗风险能力，实现安全稳健的经营。

（六）统一监管原则

监管必须集中于统一部门，不能多个部门就同一问题重复监督检查。监管的标准、手段和技术也必须执行统一标准。

三、金融监管的主要内容

（一）市场准入的监管

市场准入是所有国家金融监管的起点。通过市场准入的控制，可以将那些可能对存款人利益或金融体系健康运营造成危害的金融机构拒之门外。对市场准入的监管可以从两个方面考虑。

1. 金融机构存在的必要性

对一个国家或地区的经济发展而言，适量的金融机构能促进经济效率的提高，但过多的金融机构引起的恶性竞争也是经济危机的根源之一。因此，对新的金融机构的审批必须做到：符合国民经济发展的需要，符合金融业发展政策和方向，符合分业经营、分业管理的规定，符合合理布局与公平竞争的要求。

2. 金融机构存在的可能性

一是具有符合规定的本外币资本金，如《中华人民共和国公司法》《中华人民共和国商业银行法》和《金融机构管理规定》对金融机构准入的资本金作出了明确的规定。资本金是否充足是金融机构抵抗风险能力的重要标志，因为金融机构一旦进入市场运作，随之而来的经营风险将不可避免。二是具有符合条件的法人代表、高级管理人和优秀团队，金融业的专业性较强，对经营人员的素质要求更高。三是具有周密的可行性计划、合理的内部组织结构和严格的内控制度。四是具有固定的营业场所和安全、消防及与业务有关的其他设施。

（二）业务范围的监管

监管当局对金融机构业务范围的限制程度，不仅与该国的经济、金融业的发展程度相关，也与该国的金融监管水平或者该国的传统习惯相关。在当今世界金融格局一体化、经营业务多样化、金融创新层出不穷的新形势下，银行、证券、保险等传统业务正逐渐被打破，种种限制趋于放松和取消，监管难度更大。对金融机构业务范围的限制应视该国的具体情况而定。

（三）经营过程的审计检查

金融机构一经成立和注册登记，领取营业执照，就要按照规定定期向监管当局提交经营报告，披露金融企业的资产负债、收入和红利、产权结构、外汇经营等详细情况。监管当局还要对金融机构进行至少每年一次的审计检查，以确定金融机构的金融状况。这种审计检查一般采取现场检查和非现场检查两种方式。现场检查的主要特点是具有较强的直观性、及时性、灵活性和深入性；非现场检查也称为常规检查，主要检查六个方面：资本充足性、资产质量、经营管理水平、盈利水平、流动性、对市场风险的敏感性等。

（四）市场退出的监管

市场退出的监管是和市场准入的监管相对应的，是出于审慎监管的目的。监管机构有必要对金融机构的倒闭和清算进行有力的监管，以完成全过程的监管。各国对金融机构的市场退出的监管都通过法律予以明确，都有很细致的技术性规定。我国对金融机构的市场退出也是由法律予以规定，一般有四种形式：解散、被撤销和关闭、托管、破产。

目前中国银行业监督管理委员会的监管对象，包括政策性银行、商业银行（包括国有独资商业银行、股份制商业银行、住房储蓄银行、城市商业银行、外资银行）、信用合作社（包括城市信用社和农村信用社，其中还有单一法人社和联社）、非银行金融机构（包括资产管理公司、邮政储蓄机构、信托投资公司、企业集团财务公司和金融租赁公司）等四大类若干小类不同性质的金融机构。由于其性质、服务对象和公司组织结构、股东结构上的差别，因此在实施金融监管之前，先要明确每一类金融机构的功能定位，进而分类制定和实施不同的监管标准，再按照不同类别的监管标准，对金融机构实行规范的、连续的和系统性的监管，建立一个行之有效的金融风险监测、评价、预警和处置系统。目前金融监管的主要内容有市场准入管理、日常监管、风险处置和市场退出等。

四、金融机构和金融市场监管的国际比较

（一）对外资银行市场准入的监管

市场准入监管是指东道国对允许哪些外资银行进入本国金融市场作出筛选，以保证只有合适的外国银行和人员进入市场，这是各国对外资银行进行监管的第一道屏障。一般而言，市场准入监管的具体内容包括对外资银行进入的限制程度、申请进入的外资银行应具备的条件以及机构形式要求等。

国际上，绝大多数国家对外资银行进入本国市场都有控制，只是控制程度不同。大多数发达国家及一些自由贸易区和避税港型金融中心对外资银行的准入控制较松，如美国、英国、中国香港地区、开曼群岛等。而大多数发展中国家和少数发达国家对外资银行的准入控制较严，存在程度不一的限制性措施，如葡萄牙 1975 年的银行法规定，禁止外资银行在葡开设分行。

对外资银行进入的资格要求和其他限制主要包括：(1) 最低资本金和总资产要求，以保证只有达到一定金融实力的银行方可进入本国市场。大多数国家对外资银行的资本金和总资产均有明确规定，如法国政府规定外资银行在法开业必须至少拥有资本或营运资金 1 500 万法郎，如果资产总额超过 20 亿法郎，要在 18 个月内将资本补增到 3 000 万法郎。(2) 经营管理水平要求，包括母行以往经营记录、业务重点、在国际银行业中的地位及其高层管理人员的素质和能力。如《德国银行法》规定，外国银行在德国开设分行，不仅要符合国内银行业有关开业资本和负责人资格的要求，而且其任命的 2 名负责人中，至少要有 1 名曾在德国境内的银行有 3 年以上的工作经验，其他负责人可在国外有 3 年以上的经验，但必须有在德国从事银行业务 1 年以上的经验。(3) 开设机构的组织形式限制，如加拿大只允许外国银行以附属机构的形式进入市场，中国香港地区则鼓励采取设立分行的形式。(4) 母国金融当局的有效监管。根据国际上对跨国银行监管权限的划分，母国应对该国的跨国银行负主要的监管责任，东道国负当地监管责任，因此母国金融当局能否对该国的跨国银行进行有效监管，便成为东道国在对外资银行的进入申请进行审批时考虑的重要因素。对此，《巴塞尔协议》提出，如果外国银行未受到其母国金融监管当局充分有效的监管，则东道国应限制或禁止其进入本国市场。

(二) 对外资银行市场运作的监管

对于完整的外资银行监管来说，仅有市场准入的管制难以保证监管目标的实现，即使这一初步筛选没有任何差错，进入者都有能力进行正常经营，实践中也不一定能确保外资银行按监管当局的意愿行事，所以对外资银行的市场运作要有进一步的监管举措。各国对外资银行市场运作的监管一般包括以下几方面。

1. 资本充足性管理

在各类金融机构中，对银行实行资本充足率管理最为重要，外资银行也不例外。各国一般都要求外资银行的资本/资产、资本/风险资产比例达到一定的比值，大多数国家要求外资银行资本充足率至少达到《巴塞尔协议》的要求。但有些国家从谨慎角度出发提出了更高的要求，如英国要求外资银行核心资本的充足率最低达到 6%，大多数情况下为 8% 左右，对总资本要求一般达到 12%—15%。

2. 流动性管理

银行流动性是指银行可以在任何时候，以适当的价格获取足够的资金来满足其客户随时提现需要的能力。各国对外资银行的流动性监管有很大差异。有些国家并不制定正式指标，如英国只抽象地要求外资银行必须具有应付挤提存款的能力；有些国家以流动资产与流动负债或流动资产与总存款不得低于一定比例加以限制，如日本规定外资银行流动资产不得低于其总存款的 30%，1 年以上的中长期贷款的 40% 必须由其中长期存款和负债作保证；有些国家以外资银行负债的期限和周转速度来限制资产的期限结构，如瑞士、德国、荷兰等国；有些国家把外资银行的短期存款业务从长期银行业务中分开单独管制，如法国、意大利等国。

3. 贷款集中度管理

贷款集中度管理的实质在于限制外资银行贷款风险过度集中，合理分散贷款风险。贷款集中度管理包括广义的贷款集中度管理和狭义的贷款集中度管理。广义的贷款集中度管理包括对单个客户（或客户集团）贷款的控制、对特定部门贷款的控制和对特定行业贷款的控制；狭义的贷款集中度管理仅指对单个客户贷款的控制，各国通常规定对单个客户的贷款不得超过银行资本金或自有资金的一定比例。如美国规定，商业银行对任何单一客户的贷款不得超过该行资本的15%，但在有足价适销的抵押品作担保的情况下，该比例限制可放宽至25%。德国规定，任何银行对单一客户的贷款超过该行资本的18%，应立即向金融监管当局报告；任何一笔单一贷款最多不得超过该银行资本的7.5%。英国规定，银行对单一客户发放的贷款超过其自有资本金的10%，应迅速上报监管当局备案；若超过25%，则需事先报当局批准。

4. 外资银行业务限制管理

外资银行业务限制管理的目标是通过限制外资银行的业务范围和业务量来保护国内银行的竞争力。主要包括：（1）业务币种管理。有些国家限制外资银行经营本币业务，如秘鲁禁止外资银行吸收本币定期存款。（2）业务范围管理。大多数国家都限制或禁止外资银行经营一些业务或行业，最常见的是禁止外资商业银行从事投资银行业务和信托业务。如韩国规定外资银行不能经营一些信托金融业务和投资银行业务，不能参与投资短期信贷金融公司和专业银行，不能从事某些地区的信用证开立业务等。（3）业务对象限制。有些国家对外资银行的顾客群体作出限制，如马来西亚的外资银行不可接受政府或准政府的存款。（4）分支网络限制。许多国家规定外资银行可以设立分支机构的地区和数量，以限制外资银行分支网络的扩张。例如，韩国规定外资银行只能在同一个城市开设一家办事机构，且分行个数不能超过两家，印度只允许外资银行在5个城市设立分行，孟加拉国则将外资银行分行限制在港口城市。（5）资产规模控制。例如，加拿大规定外资银行在本国金融市场所占市场份额不得超过12%（美国银行除外）。

5. 外资银行资本市场并购管理

资本市场并购管理是东道国为了确保本国银行业安全和金融主权而对外资银行的并购活动及外国股权份额做出限制。例如，在美国，禁止外资银行吞并、购买美国的非银行公司和企业，外国银行在购买美国银行5%—25%的股份前，必须获得美联储的批准。在英国，英格兰银行允许外国银行可持有某家存款机构或银行15%以下股权而不必事先征得它的同意，超过15%的比例，无论本国银行还是外国银行都得经过英格兰银行的许可。新加坡规定，未经当局批准，任何外资银行不能与其他银行或有关机构合并，或被接管，或拥有本地银行40%以上的股权，或拥有其他企业股权。另外，新加坡还对外资银行的不动产拥有量进行限制。

（三）对外国银行分行从事零售业务的限制

不同国家对外国银行分行在本国从事零售业务作出了不同的限制。

美国：1991年颁布的《对外国银行加强监督法》规定，1991年以后新设的外国银行分行不能加入存款保险体系，因此不能吸收10万美元以下的存款。

加拿大：《银行法》规定，当地注册的外资银行可以从事批发和零售等业务，并参加存款保险制度；但外国银行分行不能参加存款保险制度，只能吸收高于15万加元以上的批发存款。

澳大利亚：1959年的《银行法》规定，外国银行分行不能向个人和非公司机构吸收首笔低于25万澳元的存款或其他资金（但注册实体、非居民和银行员工不在此列）。外国银行分行还必须按照澳大利亚审慎监管署的规定向客户披露其不适用《银行法》规定的存款人保护条款。

新西兰：规定在以下三种情况下，外国银行分行必须转为当地注册的法人银行，包括：对银行体系影响重大的银行；零售存款份额很高，但清算时母国存款人优先于海外存款人的银行；零售存款份额很高，但是母国未能披露足以让存款人有效评估银行财务状况信息的银行。

新加坡：实行分级银行执照制度，外资银行按所持银行执照的不同，在业务范围上受到不同的限制。获得限制性银行执照的外资银行，只能吸收25万新元以上的存款，只准许在新加坡设立1个营业场所，不许开设分支机构。获得全面性银行执照的外资银行可以从事零售银行业务，但是网点和结算方式也受到限制。此外，新加坡规定以下情况必须设立法人机构：银行业务的风险传导性强；母行支持度低，母国监管弱；在本地金融市场规模很大且非常重要。

马来西亚：不允许外国银行以分行的形式进入马来西亚市场。1989年颁布的《银行及金融机构法》要求外国银行分行在1994年以前，必须转制为当地注册的法人银行。同时，限制外资法人银行设立分支机构和建立ATM机网络，限制外资银行数量，未承诺允许外资银行进入，自主决定外资银行进入的数量和待遇。

（四）对外资银行市场退出的监管

对外资银行市场退出的监管，各国在实际监管中都持谨慎态度，一般是根据日常监管中发现的各种问题的严重程度而采取不同的处理措施。例如，在英国，当外资银行出现一般性不审慎行为时，监管当局要求其采取相应措施限期加以改正；当问题比较严重时，采取诸如限制或停止其原有业务、限制或停止支付红利、禁止其资产的转让与出售等；当问题极为严重时，实施强制性接管措施，或通过与母行、母国协调开展紧急援救，或促成有实力的金融机构对其进行兼并、收购等。只有在所有努力都无法奏效时，监管当局才对其采取退出和关闭政策。

五、金融企业的行业自律

金融企业的行业自律是指金融企业设立行业自律组织，通过制定同业公约提供行业服务，加强相互监督等方式，实现银行业的自我约束、自我管理，以规范同业经营行为，保护行业的共同利益，促进各家会员机构按照国家金融、经济政策的要求，努力提高管理水平，优化业务品种，完善金融服务。

银行业的行业自律组织实行会员制，采用同业协会的组织形式，为独立的社团法人。理事会是会员大会的执行机构，中国银行业协会成立于2000年5月10日。

行业自律的基本内容是：制定同业公约及其他自律规章；对会员进行监督检查；提供行业服务；发挥同业协会的桥梁与纽带作用，加强会员与政府有关部门之间、会员与监管当局之间的沟通和联系，及时反映会员在经营中所遇到的各种困难、问题和要求，争取社会各界对银行业的理解和支持。

六、社会监督

为了有效防范金融风险，除了金融企业的内部控制和监管当局的外部监管外，金融机构还要接受社会监督。社会监督是对监管当局金融监管的有力补充，也是监管当局重要的监管信息来源。主要方式包括信息披露、审计检查和公众监督。

金融信息的适当披露，是通过强化市场约束、增强金融企业经营的透明度，保护存款人、投资人和其他债权人合法权益的重要手段。按照巴塞尔银行监管委员会的有关要求，金融机构应主要披露以下信息：经营业绩（资本、资产收益率，主要收支项目）；风险披露（资产质量、流动性风险和市场风险等）；资本（资本结构、资本充足率及计算方法、呆账准备金水平和政策）；风险管理战略；会计政策；主体业务、经营管理与公司治理结构等信息。

审计检查，是指金融企业接受国家审计部门的检查，被检查的主要内容是财务制度及其执行情况。必要时，审计部门应将一些审计中发现的重大情况通报监管当局。

公众监督，主要是新闻媒体的舆论监督、群众来信反映情况等。特别是群众来信，由于其点多面广，因此是监管当局现场检查的重要信息资源。

防范和化解金融风险除了金融企业加强内部控制、监管当局强化监督管理和社会监督外，还必须具备良好的外部环境。金融企业良好的外部经营和管理环境包括：稳定的社会政治经济环境和良好的宏观经济发展态势；整个社会信用环境、法律环境的逐步改善；企业体制、投资体制和财税体制及制度的进一步改革，企业经营租赁管理水平的提高；司法、公安、审计、财政和税务等部门的支持与配合等。

改革开放二十多年来我国金融发展的进程表明：金融业的对外开放是人类社会发展到一定阶段的产物，是经济金融化、金融全球化背景下我国金融业发展的必然选择。一国金融业对外开放的程度、广度、深度和速度是由该国的政治、经济、社会、文化等一系列因素同世界因素共同作用的结果。这种对外开放的方式和状态是以一定的条件而结合的，它只能在一定的时期、一定的范围内维持，不可能永远不变，也就是说，金融对外开放是动态的，而不是静止的，这也正是金融对外开放发展的生命力之所在。我国金融对外开放问题是一个自然的历史演进过程，归根到底是由国际社会生产力发展的水平所决定的。在一定时期，可能采取一些办法延缓或加速金融对外开放的进程，但金融发展中的对外开放是一种客观的存在，无法阻止或改变，我们只能去适应这一趋势，积极构建我国金融对外开放发展的良好氛围，在我国金融对外开放的基础上促进我国经济乃至世界经济的发展，推动人类社会的文明进步。同时，没有金融安全的金融开放是不成功的，因此在这一进程中，我们又必须关注国家的金融安全问题。

第三节　金融创新与金融监管的关系

金融创新是金融自由化的必然产物，而金融监管则是国家干预主义在金融业的逻辑延伸。经济发展史表明，绝对的自由化和绝对的政府干预的作用都是有限的。金融发展一方面需要金融创新作为动力，另一方面又需要加强金融监管以维护金融安全，以利于金融业持续、健康、稳定的发展。金融创新与金融监管就这样互相作用，作为一对矛盾统一体，在自身发展的同时，共同促进金融改革的深化。

一、金融创新对金融监管的影响

1．金融创新改变了金融监管运作的基础条件，客观上需要金融监管机构作出适当调整

金融创新的不断涌现，使银行业与非银行金融业、金融业与非金融业、货币资产与金融资产的界限正在变得越来越模糊。这必然使得金融监管机构的原有调节范围、方式和工具产生许多不适性及疏落，需要重新进行调整。

2．金融创新在推动金融业和金融市场发展的同时，也在总体上增大了金融体系的风险，从而极大地增加了监管的难度

金融创新是将诸多风险以不同的组合方式再包装，这种组合后的风险相对于传统金融业务显得更加复杂，使金融监管机构难以控制货币及信贷量，从而使货币政策的执行复杂化，一旦风险触发，可能会导致金融体系的危机。墨西哥金融危机、东南亚金融危机还有美国次贷危机就是最好的例证。金融创新工具的大量繁衍使得金融市场更加捉摸不定，一些金融创新工具最初的目的是防范和化解汇率、利率波动的风险，但在实际运用中投机性越来越强。英国巴林银行倒闭、日本大和银行纽约分行的破产和法国兴业银行投机失败都是因为交易员从事金融期货炒作导致巨额亏损引发的。金融创新的高速发展给市场主体提供了巨额利润来源，因此常被一些冒进的金融机构滥用，也常被不法分子利用，给金融业带来混乱。但我们不能因噎废食，禁止金融创新，而应相应地调整我们的监管手段，加强防范和化解系统性金融风险的能力。

3．金融创新导致金融监管主体的重叠与缺位并存

现行分业监管过程中，大都采取机构性监管，实行业务审批制。这样，当不同金融机构业务日益交叉时，一项新业务的推出通常需要经过多个部门长时间的协调才能完成。此外，有的新金融业务处于不同金融机构业务边缘，成为交叉性业务，如储蓄保险是一种既包括储蓄功能又包括保险功能的业务品种，对于这些金融创新，既可能导致监管重复，也可能出现监管缺位。

4．金融创新导致金融监管制度出现重大创新

金融创新使传统监管制度失去了赖以存在的基础。各国监管制度为了适应金融创新也发生了很多创新。这种创新主要体现在：在监管方式上，从机构监管过渡到功能监管。由于金融机构的全能化发展，传统的以机构为监管对象的方式便不再适应，而应以功能为基础进行监管。在监管标准上，从资本监管到全面性的风险监管。传统监管以资本充足率为标准，这种监管主要是针对信贷风险的，但金融创新使金融机构面临其他各种风险，仅仅对信贷风险进行监管难以实现有效监管的目的。对信用风险、市场风险、利率风险、流动性风险等各种风险实现全面风险管理，已经成为各国及国际监管制度发展的一个重要趋势。在控制制度上，传统监管制度注重外部控制制度，随着金融创新的发展，各国及国际监管机构对金融内部控制制度的健全性、有效性越来越给予高度重视。

二、金融监管对金融创新的影响

（一）金融监管对积极金融创新的影响

积极金融创新是指金融机构为提高自身竞争力和获利能力，在现有的法律框架范围内，

针对金融市场需求，主动进行的创新行为。电子计算机等技术的广泛应用和激烈竞争的压力迫使金融机构积极进行金融创新。通过金融创新，发展多种金融机构，形成大批互相竞争的市场主体；通过推出新的具有吸引力的金融资产，使市场工具多样化。只有市场主体和交易工具发育成熟，才有助于建立一个发达的金融市场。对于积极金融创新，作为国家干预的金融监管应该“消极”应对，尽可能地给金融机构创造更多的“自由”空间，采取各种激励措施，鼓励积极金融创新。但是，由于积极金融创新也存在产生风险的可能性，金融监管机构不能完全放弃监管，任其为所欲为。无约束的“自由”是产生金融风险以致爆发金融危机的根本原因。必须处理好风险防范与金融创新的关系，既不能以风险为由抑制金融创新，也不能为创新而忽视风险防范，同时还要有效利用金融创新的风险防范功能。

（二）金融监管对消极金融创新的影响

金融监管是一个公益性的管制问题，它既有利于受监管的产业（金融业），又有利于不受监管的产业（非金融业）。但这种公益性是就整体和宏观意义而言的，从单个或微观金融机构看，金融监管总是通过限制性的方式出现的。在特定条件下，金融制度和体系中的微观金融机构作为一个特殊的企业和市场主体总是倾向于生产更多的金融产品，以求得更多的利润。受获利冲动的驱使，金融机构会通过创新的金融工具或经营方式以逃避监管，寻求新的盈利机会，扩大生存空间。这种“个人理性”行为规则在无约束的条件下就可能导致单纯市场调节的失败和金融体系的灾难性危机，即引起整体的“非理性”。其结果必然是：消极金融创新部分抵消了某些金融监管的预期效果，但随之而来的是另一种内容和结构的金融监管政策。金融监管的公益性决定了金融监管对消极金融创新必须采取积极抑制或规范的对策。

【案例阅读】

案例一：微信银行

2013 年下半年，浦发银行推出业内首个深入融合微信交互模式的微信银行，微信银行内的微理财功能率先实现了理财产品查询、购买、分享、理财经理互动等功能。在移动支付时代，银行卡的地位岌岌可危。对于这种现状，浦发银行进行了大胆的尝试，成为国内首家将自身业务与热门社交工具深入融合到一起的金融机构。浦发微信银行创造性地将微信互动与预约取款合二为一，使手机不仅是移动支付的载体，也是预约提取现金的“移动入口”。而将交易结果分享到微信朋友圈，和好友共同分享财富升值的喜悦，也成为浦发微信银行的附加价值。值得一提的是，浦发微信银行应用并非行业内首家，但是其基于微信功能的研发与同业相比有着明显的进步，例如：可以在微信平台上通过“拍拍付”，远程分享二维码或声波，实现跨行实时转账。毫无疑问，这些设计的细节将会极大地改善客户对移动银行业务的体验和感受。

资料来源：屈胜文，《浦发银行正式推出微信银行》，《西安日报》，2013 年 10 月 4 日。

案例二：互联网金融支付安全联盟

银联联合多方机构共同发起的互联网金融支付安全联盟于 2013 年 11 月 17 日成立。中国银联、公安部经济犯罪侦查局和网络安全保卫局、17家全国性商业银行以及9家主要非金融支付机构成为首批成员单位。互联网金融支付安全联盟作为国内互联网支付安全的开放式协作平台，旨在通过完善风险联合防范机制，保障网络支付交易安全，维护消费者利益，促进互联网支付健康、持续、稳定发展。该联盟成立后，参与各方将整合资源和服务优势，在风险信息共享、风险事件协查、风控技术研究、安全支付宣传、公安司法协作等领域开展合作，共同提升互联网支付风险管理水平。

当前支付产业正在发生深刻变革，以互联网为代表的创新支付为消费者带来支付便利的同时，也对支付安全提出了更高的要求。此次支付安全联盟的成立，不仅是产业各方履行社会责任的重要体现，而且也顺应了创新支付快速发展及跨界合作的需求，标志着产业风险联合防范进入新阶段，逐步打造安全的互联网金融支付生态圈。

资料来源：中国银联官网，2014年3月21日。

【主要术语】

金融创新　金融监管　金融管制

【复习思考题】

1. 简述金融创新的含义和内容。
2. 简述金融创新的各种理论分析有何差异。
3. 简述金融创新对经济、金融的影响。

参 考 文 献

[1] 黄达：《金融学》（第三版），中国人民大学出版社 2012 年版。

[2] 盖锐、孙晓娟：《金融学》（第二版），清华大学出版社 2012 年版。

[3] 蒋先玲：《货币金融学》，机械工业出版社 2013 年版。

[4] 霍文文：《证券投资学》（第四版），高等教育出版社 2013 年版。

[5] 吴晓求：《证券投资学》（第四版），中国人民大学出版社 2014 年版。

[6] 马晓军：《投资银行学：理论与案例》，机械工业出版社 2014 年版。

[7] 席德应：《商业银行机构金融业务》，中国金融出版社 2010 版。

[8] 陈选娟、柳永明：《金融机构与风险管理》，上海人民出版社 2014 版。

[9] 张中华、朱新蓉、张金林：《金融机构创新与风险管理》，中国金融出版社 2011 年版。

[10] 曹凤岐、贾春新：《金融市场与金融机构》（第二版），北京大学出版社 2014 年版。

[11] 王广谦：《中央银行学》（第三版），高等教育出版社 2011 年版。

[12] 易纲、吴有昌：《货币银行学》，格致出版社 2014 年版。

[13] 戴国强：《货币银行学》（第四版），高等教育出版社 2016 年版。

[14] 胡庆康：《现代货币银行学教程》（第四版），复旦大学出版社 2010 年版。

[15]〔美〕弗雷德里克·S. 米什金：《货币金融学》（第九版），中国人民大学出版社 2011 年版。

[16]〔美〕兹维·博迪、罗伯特·C. 莫顿：《金融学》（第二版），中国人民大学出版社 2013 年版。

[17]〔美〕托马斯·梅耶、詹姆斯·S. 杜森贝里、罗伯特·Z. 阿利伯：《货币银行与经济》（第 6 版），上海人民出版社 2007 年版。

[18]〔美〕迪恩·克罗绍：《货币银行学——银行系统的原理和货币政策对现实的影响》，中国市场出版社 2008 年版。

教师反馈及教辅申请表

北京大学出版社以"教材优先、学术为本、创建一流"为目标，主要为广大高等院校师生服务。为更有针对性地为广大教师服务，提升教学质量，在您确认将本书作为指定教材后，请您填好以下表格并经系主任签字盖章后寄回，我们将免费向您提供相应教辅资料。

<table>
<tr><td>书号/书名/作者</td><td colspan="4"></td></tr>
<tr><td>您的姓名</td><td colspan="4"></td></tr>
<tr><td>校/院/系</td><td colspan="4"></td></tr>
<tr><td>您所讲授的课程名称</td><td colspan="4"></td></tr>
<tr><td>每学期学生人数</td><td colspan="2">______ 人　　　______年级</td><td>学时</td><td></td></tr>
<tr><td>您准备何时用此书授课</td><td colspan="4"></td></tr>
<tr><td>您的联系地址</td><td colspan="4"></td></tr>
<tr><td>邮政编码</td><td></td><td>联系电话
（必填）</td><td colspan="2"></td></tr>
<tr><td>E-mail（必填）</td><td colspan="4"></td></tr>
<tr><td colspan="3">您对本书的建议：</td><td colspan="2">系主任签字

盖章</td></tr>
</table>

我们的联系方式：

北京大学出版社经济与管理图书事业部

北京市海淀区成府路 205 号，100871

联 系 人：徐　冰

电　　话：010-62767312 / 62757146

传　　真：010-62556201

电子邮件：xubingjn@yahoo.com.cn　em@pup.cn

网　　址：http://www.pup.cn